工作场所中的互联网
——新技术如何改变工作

〔美〕帕特里夏·华莱士 著

王思睿 印童 译
傅小兰 严正 汪波 审校

商务印书馆
2010年·北京

© *Patricia Wallace*
THE INTERNET IN THE WORKPLACE
How New Technology is Transforming Work
Cambridge University Press, 2004
根据剑桥大学出版社 2004 年版译出

目录

前言 ··· 1

第一章　互联网改变了工作场所 ····································· 4
工作场所中的互联网：简要介绍 ······································· 5
变化所处的背景：不断发展的以网络为中心的经济 ······················ 9
信息不对称 ·· 10
价值链的去居间化 ·· 14
受去居间化负面影响的公司做出反击 ·································· 19
极度去居间化：数字产品的案例 ······································ 22
商业模式、商业策略及产业竞争 ······································ 24
处于中间位置的工作场所 ·· 28

第二章　以网络为中心的技术的出现 ································· 32
技术转型浪潮 ·· 32
处于中心地位的互联网：设计原则 ···································· 35
处于边沿位置的技术 ·· 41
安全与以网络为中心的技术 ·· 53
在以网络为中心的浪潮中弄潮 ·· 58

第三章　工作、非工作以及两者间模糊的界线 ························ 61
我们正在工作得更多吗？ ·· 63
为什么有些人的工作时间更长？ ······································ 65
以网络为中心的技术与随时/随地的工作场所 ·························· 75

工作场所中的互联网——新技术如何改变工作

第四章　商务通信 ………………………………………… 88
　　信息发送者和接收者之间的通信 ………………………… 89
　　一些新的通信方式 ………………………………………… 91
　　对通信方式的描述 ………………………………………… 93
　　对新媒介的看法 …………………………………………… 98
　　电子邮件:个案研究 ……………………………………… 100
　　跨文化的商务通信 ………………………………………… 119
　　工作场所中的即时消息 …………………………………… 122
　　拓展网络规范 ……………………………………………… 125

第五章　互联网时代的领导艺术 ………………………… 129
　　显微镜下的领导艺术 ……………………………………… 130
　　互联网时代的领导风格 …………………………………… 134
　　互联网时代的领导者们所面临的新挑战 ………………… 137
　　未来的领导者 ……………………………………………… 151

第六章　知识管理 ………………………………………… 154
　　知识管理的起源 …………………………………………… 155
　　什么是知识? ……………………………………………… 158
　　为公司创造信息和外显知识:前互联网时代 …………… 160
　　后互联网时代的知识管理 ………………………………… 162
　　知识发现和数据挖掘 ……………………………………… 164
　　知识管理实践和项目 ……………………………………… 165
　　知识管理技术成熟曲线 …………………………………… 171
　　知识管理中的社会和心理因素 …………………………… 173
　　知识管理的未来 …………………………………………… 175

第七章　虚拟团队和计算机支持的协同工作 …………… 178
　　团队协作的技术支持 ……………………………………… 179

扩展团队协作圈的半径……………………………………… 181
　　团队协作的环境…………………………………………… 183
　　虚拟团队的团队动力学…………………………………… 186
　　问题解决与决策的团队动力学…………………………… 192
　　实际虚拟团队的绩效……………………………………… 199
　　什么能改善虚拟团队的绩效？…………………………… 202
　　未来的虚拟团队…………………………………………… 210

第八章　电子学习………………………………………………… 214
　　电子学习：一次虚拟的旅行……………………………… 215
　　定义术语…………………………………………………… 221
　　电子学习项目的优势……………………………………… 223
　　电子学习的效果如何？…………………………………… 225
　　电子学习面临的挑战……………………………………… 229
　　少即是多吗？……………………………………………… 237

第九章　工作场所的监视与隐私………………………………… 240
　　员工是如何被监控的？…………………………………… 241
　　为什么要监控工作场所？………………………………… 247
　　对生产率的关注…………………………………………… 251
　　绩效的电子监控…………………………………………… 254
　　互联网和脱抑制…………………………………………… 257
　　发展和实施监控项目……………………………………… 260
　　工作场所的隐私：矛盾的修饰？………………………… 267

第十章　变化中的就业环境……………………………………… 273
　　就业趋势与技术…………………………………………… 274
　　变化中的雇员－雇主关系………………………………… 279
　　管理新型雇佣关系的挑战………………………………… 282
　　变化中的组织形式………………………………………… 286

3

志愿者组织…………………………………………………… 290

第十一章　以网络为中心的工作场所：未来的趋势……… 296
　　互联网与生产率……………………………………………… 296
　　变革新旧经济产业…………………………………………… 298
　　未来的办公室………………………………………………… 303
　　工作场所中的互联网：SWOT 分析………………………… 310
　　社会的两难困境……………………………………………… 317
　　扩展范围……………………………………………………… 319

索引 ……………………………………………………………… 321

译后记 …………………………………………………………… 340

前言

工作场所和我们的工作生涯已经被互联网及其带来的以网络为中心的革新所转变。尽管那些连接网络的新的小玩意是变革的一部分,但它们只不过是影响企业中的工作性质和影响员工角色这场重大转型中的一种要素。奇妙的是,在办公室的物理环境方面这种转型甚至可能还不是一目了然的。多数办公室还没有太大改观,20世纪早期的职员可能很容易便认出房间中的多数东西。甚至连电脑也不会显得十分陌生,因为键盘和打字机的按键看上去极其相像。然而,工作场所的本质(从交流模式到管理风格,从团队合作方式到雇主雇员关系)发生了翻天覆地的变化。

以网络为中心的技术促生了众多新工具,赋予了工人更大的能力,特别是在信息获取、交流和协作领域。人们可以通过自己的台式电脑或笔记本电脑打开一扇通向数字世界的窗口,获取无限的信息与商业情报。24小时与同事和客户以及工作场所自身信息资源的连通已变得司空见惯。无论身处何地,团队成员都可以通过协作技术彼此合作。电子学习使工人们能够提升自我技能,在获取学位的同时免去奔波上课之苦。这些新功能使员工和企业获益匪浅,但随着其日益广泛的应用,我们也看到了随之而来的一些弊端。例如,持续的网络连通模糊了工作与非工作的界限,工作—生活的平衡也受到了影响。

除了互联网提供的这些新功能,以网络为中心的技术还从根本上改变了工作的经济环境以及对特定公司、技术和职业的需求。这些技术制造了一股破坏性的冲击波,改变了员工(及其所服务的企业)为某一产品或工序增值而必做之事。对特定的工作和特定技术的需求暴涨,然而许多职业、公司乃至整个产业却完全消失了。随着以网络为中心的革新深

工作场所中的互联网——新技术如何改变工作

入到每一个产业,将发生更多的改变。这些冲击波带动了工作场所内其他类型的改变,例如工作稳定性的降低、新的组织形式以及雇员雇主间更为松散的关系。

《工作场所中的互联网》探讨了以网络为中心的技术改变我们工作生活方式的多种途径,并向员工和企业呈现了这种改变所带来的正反两方面后果。然而,影响并非是单向的,人们有许多机会去影响并引领未来技术的发展,同时也有许多机会去制定在企业中如何利用以网络为中心的能力的政策。

鸣谢

本书的出版得益于许多人的贡献,在此向他们表示衷心的感谢。数百位同仁为本书提供了富有洞察力的意见,分享了他们的研究成果,描述了案例研究,以及回忆了与本书相关的各种逸事。尤其要感谢约翰霍普金斯大学、马里兰大学学院公园分校罗伯特·H. 史密斯商学院、马里兰大学学院分校的朋友们和同事们。世界各地在政府和商界的人们也给予了极大的帮助,并且提供了互联网对他们工作生活影响的非常具体的信息。众多在大学、政府和商界工作的人们都分享了见解,提供案例,评价初稿,或给予其他帮助,他们包括乔·阿登、麦克·鲍尔、约瑟夫·贝利、凯瑟琳·巴尔托尔、罗蒙·巴尔金、山多尔·博伊森、阿兰·卡斯韦尔、洛雷塔·卡斯塔尔迪、詹姆斯·克拉默、萨姆·唐纳森、克里斯廷·法贝拉、萨默尔·法拉杰、霍华德·弗兰克、内森·格斯纳、拉里·戈登、普拉卡什·古普塔、库珀、格雷厄姆·卡尔佛特、琼斯、朱利安·琼斯、P. K. 卡纳安、金、凯利、雷亚·基特里奇、特德、麦凯尔丁、唐·赖利、莱玛·森贝特、苏达卡尔·谢诺伊、约兰·索、苏珊·泰勒、皮特·沃纳和李·伊瓦拉。由于互联网带来的创造性的毁灭冲击波,我的很多正在谋求职业发展的学生适时而动,也值得大加赞赏。我还想感谢那些提出关心意见的

 2

前言

匿名评论家们，以及剑桥大学出版社团队，尤其是该书编辑茱莉亚·霍夫和菲尔·劳克林的杰出贡献和鼓励。

帕特里夏·华莱士博士

马里兰州巴尔的摩市

约翰霍普金斯大学英才少年中心

2003 年 8 月

第一章
互联网改变了工作场所

"人们尚未意识到互联网将改变一切。"
——约翰·钱伯斯(John Chambers),CISCO 公司 CEO

在 1970 年代,互联网事实上并不为商业领导们所知,而是仅限于神秘的学术和政府研究领域。然而,到 1980 年代后期,特别是在 1990 年代,在万维网登场亮相之后,互联网引发了一场影响波及全球商业的创造性破坏浪潮。约翰·钱伯斯,一位曾为互联网基础设施制作路由器的很不起眼的网络公司主席,迅速成为新纪元里声名鹊起的幻想家之一。发展"互联网策略"成为了许多公司的战斗口号,因为焦虑不安的领导们看到了亚马逊(Amazon.com)、易趣(eBay)等新兴网络公司在华尔街和公众意识中跃至的惊人高度。这些新公司的领导者,还有那些吸引了大量投资资本的科技知识广博的众多企业家们,似乎都"明白了"。然而,当大部分网络公司在这十年的后期纷纷倒闭的时候,已再清楚不过了,在互联网时代有效地竞争远比任何人所想象的都要困难。在互联网上冲浪并真正了解它的效果及其在巨大变化中的潜在作用,显然要比仅仅"明白了"复杂得多。

互联网对于商业模式和策略的巨大影响吸引了媒体的重点关注,商业领导者在开发网络获取先机的过程中正经历着一段十分动荡的时期。然而,在对电子商务趋之若鹜的过程中,互联网带给工作场所自身的改变却极少受到关注。如今,我们大多数人都处于**以网络为中心**(netcentric)的工作环境之中,在这样的环境里互联网的影响和能力已经渗透至我们

4

第一章 互联网改变了工作场所

的工作中。我们现在才开始了解这些变化的本质,了解它们对我们工作的组织以及对我们在组织中的角色带来了多么巨大的变化。例如,我们正在学习什么是"虚拟领导模式",我们正在了解当上至董事会下至炊事员的任何一个员工都可以给公司首席执行官发送邮件或建立一个网站批评公司的时候,内部权力关系会如何变化。我们刚刚开始见识全天候的电子邮件、网络及无线工具给员工本人及其家庭所带来的影响。在世界任何地方的办公室里,员工已经可以使用台式电脑连通互联网的每个角落,无论这些网络资源是否与工作相关。监督和控制员工活动的工具不但相当普遍而且易于实现,企业在尚未充分了解监督工具是如何影响工作场所中的生产率或心理特征之前就应用了这种工具。

工作场所中的互联网:简要介绍

在《工作场所中的互联网》中,我们探索了许多种改变,这些改变引发了网络的中心化。这其中一些变化是巨大的,而另一些却相当微妙。例如,多数办公室员工不但目睹了1990年代初处理能力有限的终端的退场,而且也迎来了新型的、能胜任更多任务的微机在办公桌面上的登场。人们不仅可以连通公司主机数据库,而且能够进行文字处理、电子制表、统计分析以及展示工作。多数电脑也能与一个本地或大范围地区的网络连接,而且能够共享文件和打印机,以及发送邮件、文档给其他人。增添必需的远程通信仪器与联网设备并不会对典型办公室或分区小间带来显著的物理特性上的变化。但是这种无形的变化却开辟了一条通向外部世界的途径,它超越了企业的围墙,已经并且将要继续产生深远的影响。

虽然从员工的角度看,互联网构建了一条"从桌面通向世界的道路"可能是最明显的变化,但是网络对工作场所的影响却远不止于此。它改变了工作环境,大体上改变了商业环境,而且也改变了整个行业的环境。互联网已成为新型商业模式、战略以及组织结构的催化剂。它引入了影

工作场所中的互联网——新技术如何改变工作

响竞争前景的新的因素、新的竞争以及许多企业家还未准备好应对之策的新的压力。它触发了怎样经营企业的各种新的思维方式,一些公司经营得很好,而另一些则惨淡收场。此外,它还引发了许多价值链环节上的外科手术。此类工作改变了价值链,使得在处于链条各个环节上的人们所扮演的角色不再有效——通常,这种变化是相当突然的。

互联网在技术创新中扮演着催化剂的角色,这是它对工作场所影响的另一个显著特征,也是第二章的主题。网络设计结构支持所有创新性附加软件,其中的部分软件已经应用于垃圾填埋、跳蚤市场或在线拍卖。虽然不是所有全新的配件和软件都能够使网络结构大大超前一个单一的季节,但是互联网本身和不断完善的标准及协议使网络结构为大量的创新提供了一个舞台。然而,以网络为中心的技术的确已经进入了工作场所,它们对工作场所的影响也正是本书所关注的。

互联网改变了商业环境,使其更富有竞争性,工作场所也带有了更强的快速移动性。而且,尤其是借助以网络为中心的技术,如手机、可收发电子邮件的无线设备,互联网也推进了 24 小时大范围连通的问世。与此同时,这些因素还导致了关于什么组成了"工作日"或"工作周"的概念重构。生活与工作间平衡的概念已经在高度竞争化、网络中心化、全球化的经济中被赋予了新的含义。在全球化经济中,在任何时间、地点都可以联系到每个员工,人们可以在任何一个地方与他们的同事、文件和数据相连通。对于许多人,这种"总是在线"的模式已经成为了第二本性(secondary nature),这也成为了互联网对工作场所产生的影响的一个主要优点或者说是主要缺点,而究竟是优点还是缺点取决于你的视角。

到了 1990 年代后期,电子邮件通信量超过电话通信量成为互联网影响沟通模式的一个里程碑式的转折点。即时通信已经随着基于以网络为中心的技术的数种其他通信方式一起实现了迅速增长。虽然商务信函、办公室之间的便笺仍未绝迹,但它们在企业中、企业间、企业和客户间所扮演的角色却发生了极大改变。然而人们对于如何写作和使用信件、便笺的长期、普遍的认识却没有体现在新的沟通方式中,因而一些不该犯的

第一章 互联网改变了工作场所

错误、误解和失策就成了司空见惯的现象。在本书中,我们将近距离地观察商业沟通的新模式,并且运用个案研究方法表明这些新模式是如何融入工作场所的。

　　管理和领导方式也同样受到了互联网的影响。以网络为中心的时代的到来,为如何管理不同类型的群体带来了新的机遇和挑战,尤其是对于那些在传统的面对面环境中磨练出管理技能的人来说更是如此。管理者如何使自己的风格适应一个多数时间都在使用网络交流、工作节奏不同步且又不断变化的公司?这种新环境对管理带来的挑战之一是,员工在电子邮件交流中使用(或者过度使用)诸如抄送(cc:)或匿名抄送(bcc:)这些功能的便捷度和频率。现在很多员工与其上司都有着十分频繁的例行对话,但他们在这些交流中其实很少面见上司、打电话或者留便笺,后几种方法只是在必要时才会使用。企业领导同样面临着新的挑战。一个原本依靠个人魅力影响变革、传达目标的领导者将如何利用互联网占得先机?

　　网络对工作场所的另一个影响与获取信息有关,对于"多未必是好"的认识不断强化。访问互联网对于每名员工案头所能接收的信息种类和数量都产生了巨大的影响。企业内网可以为员工提供大量的最新内部资讯,此外,互联网还为访问海量的商业情报提供了途径。员工间的电子邮件通常包含的重要知识有助于避免新员工和老同事重蹈覆辙。可是,怎样利用好此类信息资源并将其转化为帮助员工解决问题、提高生产率的知识,却比多数人所预期的更为困难。虽然"知识管理"在互联网普及之前就在不断发展,但很明确的是,网络资源多是未经过滤的原始信息,而这类信息并非必然产生有价值的"知识"。在本书中我们探索了知识管理这一处于起步阶段的新兴领域,并且描述了在企业中一些初步利用知识已取得的进展。挑战所包含的远不止技术层面,由于经常遭到企业的抵制,对知识管理的努力所取得的成绩可谓好坏参半。

　　互联网业已实现了远程教育(distance education)和"电子学习"(e-learning),也改变了许多企业为员工提供培训和职业规划的方式。远

4

7

工作场所中的互联网——新技术如何改变工作

程教育项目正以惊人的速度增长,随之而来的是大量虚拟大学、在线学习团体以及在出版商、教育机构、商业培训项目、机构内部发展和提供远程学习环境的科技公司之间数不清的合作关系。如果能够取得成功,在工作场所中开展远程项目的好处是显而易见的,因为它可以在极大程度上削减因公出行的费用和时间。当多数课堂培训和事先必须安排妥当的培训方式无法实现时,远程项目还能够提供及时的职业培训(just-in-time learning)。正如你将在本书中看到的,已经出现了各种不同的电子学习方法,许多研究也已经开始了这方面的探索:相对于更为传统的面对面课堂环境,电子培训项目的效率如何。

在互联网开始向工作场所渗透很久之前,团队协作的价值就已是相当明确的了,但团队成员多数时间还是通过有形的方式相互协作。会议、头脑风暴式的讨论、工作完成后的放松和正式上报给老板的团队简报都是在一种面对面的模式下进行的。而互联网以及基于全球化网络建立起来的协作技术使全球化的虚拟团队成为可能。在本书后面的章节中,你将会看到虚拟团队是如何运作的,以及团体动力学是如何在团队成员有可能从未谋面的情况下发展的。需要特别指出的是,信任是任何团队成功的关键要素,虚拟团队需要依靠新策略来发展团队成员间的互信。

互联网在工作场所中所扮演的角色最受争议的一个方面与工作场所的监控和员工的隐私有关。虽然通常雇主有较大程度的合法权利监督工作场所中的行为,但是以网络为中心的环境扩大了监督的范围,也降低了监督的难度。数字文档(包括电子邮件)被存储起来,并且在数年后仍可读取。此外,追踪网页浏览、下载、有效键盘敲击的软件工具也得到了广泛的应用。小而不贵的数码相机可以成为网络相机,形成在世界的任何地方都可以从网上获取的视频图像。在本书中,我们通过雇主考察了监控增多背后的原因,也关注到了其中所涉及的伦理和法律问题。

近几个世纪以来,技术进步对雇佣关系和裁员的影响一直是争论的重要议题。在第十章中,我们探讨了过去历史上的种种争论,并特别关注了近期由互联网迅猛发展而引发的一股错位、去居间化和补偿金巨变的

8

第一章　互联网改变了工作场所

浪潮。例如，由于劳动力短缺，许多企业把受过信息技术培训的员工划分为特定的、有特权的类别。一些特定类型的 IT 从业人员一直保持着供不应求的状况，人力资源经理人也运用特殊的补偿计划作为应对之策。虽然在部分领域存在着短缺的现象，但另一些职业以及整个商业单元却因为互联网的产生而注定出现去居间化并遭遇逐步停产的命运。本章所要探索的是此类趋势以及它们对公平、保持力（retention）和职业规划的意义。

最后，鉴于网络中心化在全球范围内区域的拓展和影响力的增强，我们关注的是工作场所的未来。互联网本身就是各种趋势怎样速来速去和各种预言（甚至源自那些有识之士）怎样频繁产生的鲜活提示，这些远不止是标志。例如，在网络上你很容易就能找到 IBM 总裁托马斯·沃森（Thomas Watson）的言论。1943 年，他曾预言："我认为，也许五台计算机便能形成一个市场。"我提出的是各种备选的未来方案，而不是关于下一代工作场所的预测。根据我们对网络中心化已有的了解，以及它对工作场所中的人们所带来的心理学和社会学上的影响，这些未来方案将会是好坏兼备。

变化所处的背景：不断发展的以网络为中心的经济

互联网对工作场所的实质性影响源自受到数字化网络发展冲击的经济环境本身。如比尔·盖茨所言，尽管我们还没有以人们预期的速度开展经营，但是进程已是相当迅速了，这主要得益于海量信息传输及处理速度得到了大大的提升。同样重要的，信息传输的成本已经大幅下降，这使得信息可以传递得更远，信息可以传递给更多的人，信息可以触及全球的任何角落。

我们听说过"互联网时间"（Internet time），这一术语被用于许多不同的商业程序之中。例如，用于产品研发的时间大大压缩，因而新产品的

9

工作场所中的互联网——新技术如何改变工作

问世和销售速度都大幅提升。系统研发的时间也同样明显减少。希望通过电子商务设备与客户沟通并进行网上交易的企业不想在过时的"瀑布"式生命周期系统研发中等待,这种系统研发过程中的子阶段(从可行性研究到需求分析,再到软件开发,最后到执行)彼此间均按次序相连。这种方法通常是缓慢的,而在互联网时代这可能会导致灾难性的后果。鉴于企业根据顾客需求及新竞争对手而做出反应的迅速程度,在研发中的软件在进入第二阶段之前可能已经过时了。另一种备选方案是,迅速将软件投入试用阶段,例如,即便是在还未经多种不同浏览器或电脑平台全面检测前,就实现这一阶段。网络用户对于这种运作方式非常熟悉——假如某一在线软件无法正常工作,甚至导致电脑死机,用户也丝毫不会感到惊讶。此外,"创建中"这类网站图标也是司空见惯的。但是想象一下,如果这种模式运用于其他技术环境下将会是多么的可怕,比如运用在厨房用具中。倘若顾客在欲使用咖啡豆磨具时看到"创建中"的字眼,他肯定会立刻退货,而不是耸耸肩,过一会儿再用。

企业间竞争激烈程度的增加是毋庸置疑的。与此同时,企业应对新竞争压力的策略还不成熟,没有进行良好的检测。让我们来看看是哪些潜在的力量令新型的商业环境呈现出如此紧张的态势,并分析一下企业用于应对这些力量的一些策略。

信息不对称

现在消费者可以毫不费力地获得竞争产品、价格、特性、维修记录和企业形象方面的信息,这是改变行业环境的主要原因。以前,**信息不对称**(information asymmetries)是商业环境中难以回避的现象。在商业交易中,一方比另一方占有更多的信息是较常见的,信息的不对等打破了力量的均衡。例如,当零售商在决定以何种方式销售产品之时,他知道多数消费者不会花时间和精力去全面细致、毫无遗漏地对比不同销售商所提供

10

的相似产品在产品特性、价格、服务协议或可靠性记录等方面的优劣。这些比较需要做大量的调查,而且消费者花在开车、停车或者至少是打电话上的时间也非常多。这实在是太麻烦了,所以多数消费者会采用快速调查的方式,或者仅在一、两家竞争者间进行对比。虽然在某些环境中网络并不会对信息不对称性产生多大的影响,但是对于价格这一重要的量化指标,网络已成为一种主要的信息平衡机制。这里,网络计算机的分析能力开始施展拳脚了。

信息不对称与互联网价格:早期探索

价格方面的信息不对称已明显受到了互联网的影响,对以电子商务模式营销的产品而言更是如此。通过各种购物虫(shopbots)或价格比较引擎,消费者不费吹灰之力就可以浏览全国甚至全世界多个销售商的供货价格。若将搜索结果制成图表,就能使产品价格的比较变得更加便捷。各种产品可以按照销售商、价格、型号或其他特征分类,这样消费者很容易就能完成比较。例如,近期使用MySimon搜索打印机的价格,竟然发现不同渠道出货的同种打印机价格相差高达100美元。消费者只需点击一下最低价格旁边的"现在购买"键,就能直接链接到销售商的电子商务网站并完成交易。这大大地降低了消费者的查询成本,也使得销售相似产品的销售商之间的竞争变得异常激烈。

原则上说,随着信息不对称性的降低,不断缩减的消费比较成本使电子市场的运营效率不断提高,因而通过互联网销售的产品,其价格应比传统渠道更低。虽然它改变了同行业中销售商间竞争的激烈程度,但对消费者来说这是大有裨益的。然而结果却发现,产品定价变得更棘手了。对这个问题的研究表明,企业一直都在努力采取各种策略以求得生存,但对于如何应对新的信息不对称或与其他公司的竞争似乎仍无十足把握。正如在本书中数次看到的,我们正处于电子商务的初始阶段,试验性的探索不过是家常便饭,如影相随的常常是惨痛的结果。目前鲜有研究和历史记录能够帮助企业了解如何在数字化经济中真正健康地经营运作,也无法预测企业行为将会对消费者、竞争对手或企业自身的财政状况产生怎样的影响。

马里兰大学的罗伯特·H.史密斯商学院的约瑟夫·P.贝利在1990年代中期跟踪研究了一个采购篮中书籍、CD和软件等产品在互联网上的销售价格,同时追踪了这些产品在传统店铺销售的价格。[1] 令人惊讶的是,他发现这些产品在网上的销售价格实际上要高于在店铺中的价格,尽管这些产品本身是完全相同的。他认为,这种结果可能是由于电子市场的不成熟而造成的。鉴于此类市场在当时还属于新生事物,所以就此认为它最终不能以更高的效率、更低的价格向消费者提供所需商品还为时过早。企业极有可能正处于试验性探索之中,它们对消费者或其竞争对手会做出怎样的行为反应还没有十足的把握。毕竟,企业必须先在基础技术设施建设上投入资金,以确保能够使用网络销售自己的产品,所以价格偏高是为了收回初期投资而做出的尝试。企业也许还认为,由于享受到在线购物的便捷,消费者因而可能愿意承担一小部分的额外费用。

1997年,贝利为更多的试验性探索找到了证据支持,当时还是采购篮商品主要销售渠道的亚马逊网站受到了一个强劲的竞争对手巴诺书店(Barnes and Noble)的挑战。当巴诺书店开通了自己的在线销售渠道之后,亚马逊的反应十分强烈。在对方3月9日开业之后的3个月中,亚马逊的价格下调了10%。

市场效率和冲突

在90年代末(在这个十年的末期),电子市场开始表现出经济学家所预期的增长。基于在1998年和1999年间的15个月中在网上和传统零售环境下采集到的超过8500个价格观测值,麻省理工学院斯隆管理学院的埃里克·布伦乔尔森和迈克尔·史密斯比较了图书和CD产品的价格。[2] 他们发现,即便将航运、装卸以及当地营业税都考虑进来,这些产品的在线价格还是要比店铺售价低9%到16%。虽然电子市场中并非没有

第一章 互联网改变了工作场所

冲突、摩擦,但是其商品销售成本似乎确实低于商店里商品的销售成本,或者说至少电子市场所售商品的价格要更低一些,这可能是因为竞争的残酷性以及顾客可以轻松地在电子商家间随意切换。

这次调查中另一个有趣的发现是,网络零售商会根据在线供应状况对价格做微调,有时微调的幅度能小到 1 美分。用于这种变更的成本称为调配成本,在线的调配成本远远低于传统销售渠道。对于在线商品,零售商只需更改中央数据库中的价格,因而无论购买者何时查看商品细节,新价格就会立即呈现。与此相反,传统零售商则必须要给所有店铺货架上的商品打上新的标签。

低调配成本使在线零售商在尝试各种价格策略时并不会有太多的后顾之忧,它同时也使企业可以很快地对其竞争对手的降价举措做出反应。事实上,加利福尼亚大学伯克利分校信息管理与系统学院的院长哈尔·维瑞恩就指出,得益于低微的调配成本,比较购物虫的效应对双方面都有影响。一方面,它削减了消费者所面临的信息不对称性,有助于降低市场中的摩擦冲突;但另一方面,它在某些环境下却会导致更高而非更低的价格。[3] 这部分是由于竞争定价一旦发生变更就会通过购物虫表现出来。假如降价手段能在对手做出反应之前就为零售商吸引足够多的新顾客,那么降价就是招揽新生意最有效的方法。可是,一旦对手的动作比消费者还要快,那么降价就没有任何益处了。这就是"互联网时间",也是如何创造快得令人难以判断的商业环境的又一个范例。

价格不是消费者用来决定光顾哪家公司的唯一因素,对于不少人,它也不是主要因素。在线价格最低的商品不一定占有最高的市场份额,因为消费者还会受到诸如品牌名称、信誉等其他因素的影响。正是这些因素吸引了很多大企业投身于电子商务,有些企业甚至是在传统店铺与在线营销相互竞争的时候向电子商务进军的。这还引发了对于有价值的在线"不动产"的激烈竞争,消费者可以因此很容易就找到你,这场竞争激发了占据有利地势的技术尝试,并由此引发了更多的市场摩擦。

举例来说,确定消费者在搜索产品时可能会用到哪些关键词,之后再

13

设计一个网站把这些能被搜索引擎识别为"高度相关"的关键词放在首页上,已经成为一项极其重要的工作。被广泛使用的搜索引擎Google所采用的排队算法,就是考虑某网站的"流行度",也就是计算在多少其他网页上含有该站点的链接。[4] 当匹配的站点被罗列出来时,一个包含有用户关键词的更流行的站点会排在不那么流行的站点前面。Google认为,这是一种与口耳相传(word-of-mouth)类似的公平排序法。但是,为了人为地操纵流行度高低,而不是静待局外人添加其网站链接,设计者建立了"链接地带"(link farm)。这种循环网站的目的就是为了提升排序位置而来回地链接。Google并没有公布所有的排序依据,并警告网站设计者们不要使用诸如链接地带这类把戏来对付搜索系统、操纵排序位置。Google甚至威胁称,如有违反,则其网站绝对不会再出现在Google的搜索结果中。毕竟,链接地带引入了一种新的市场无能,妨碍了消费者做出最优化选择。它们也降低了公众对搜索结果可信度与公平性的信心。

价值链的去居间化

正如有充分证据可证明的那样,这是与以网络为中心的经济相关、字符最多、最难发音、同时还是最令人担忧的词语之一。韦氏大学词典(Merriam-Webster Collegiate Dictionary)对**去居间化**(disintermediate)的定义是,对存款的转移,从低固定利率转向高产出的证券。在互联网时代这个词被赋予了新的含义,它指的是绕开各类中间人或者中介,而传统意义上的中介指的是价值链上连接产品供应商或厂商与购买者之间的链条。中介、中间人在这一过程中扮演着多种角色。例如,中介有可能为了寻找某一特定的服务而把能够提供这种服务的公司都召集到一个社交会上,也有可能会把众多购买者聚集起来以形成对商品更大的需求量。中介能够起到过滤的作用,它通过对产品或企业的资质评估从而节约了购买者自身花在这些评估上的时间。中介还可能以多种相关产品分销商的

第一章 互联网改变了工作场所

身份提供服务,因此产品的生产者或厂商就无需单打独斗地各自上市或分销了。

各种类型的去居间化是互联网所带来的创造性毁灭浪潮中的关键成分,而且它也撼动了整个产业的基础。1990年代,在网络公司纷纷倒闭之后,人们的担忧在某种程度上有所减轻,特别是许多曾扮演中介者角色的人在数字化经济的初始背景下找到了如何在价值链上获得价值增益的新方式。然而互联网已经从根本上改变了价值链的外在形态以及能够为价值链增加价值的活动的类型。

例如,作者原则上可以绕开编辑、印刷厂、版面设计师、出版商、分销商以及产业中其他的中介者,通过互联网直接同读者与书迷交流。史蒂芬·金就是第一个通过网络在印刷前出版了一本其著作的畅销书作者。在最初的48小时之内,近50万人下载了电子书《骑弹飞行》(Riding the Bullet),金声称他获得了近50万美元的版税。电子书对于消费者来说成本低廉,但出版商却能给作者提供更高的版税,因为出版商无需负担实际出版印刷本的费用。例如,兰登书屋(Random House)称,电子书的作者可得到销售收入的50%,这个比例明显高于通常情况下的10%到15%。[5]在极端情况下,作者可以在网上发布其作品,要么收费要么免费阅读。当然,是否有人注意到它或付费阅读就是另一个问题了。

消亡中的中介业

中介在许多行业中扮演着重要角色,如保险业、房地产业、旅游业及金融服务业等。另一个去居间化的例子是客户利用电子贸易(E-Trade)进行在线股票查询以及在线买进卖出股票。因此,股票经纪人的角色地位和委托佣金都受到了很大影响。

旅游业中,在旅客和航空公司之间起中介作用的独立代理商也受到了来自网络的负面影响。航空公司主动促销在线票务以及提供"仅在网上"交易的特别折扣都促使顾客绕过旅游代理商或电话订购方式。航空公司也为旅客使用电子机票提供了便利。例如,在洛杉矶机场,当同行与

15

会的同事花半个钟头在登记处排队的时候,我却走到用不着排队的电子机票亭很快办完了登机手续。

消费者现在可以在线对假期旅行做大量的调查和对比了。他们搜索信息的范围远远超出旅游公司在其网上发布的似是而非的虚华广告和促销宣传,并且可以扩展到由到过某些旅游点并在当地酒店住过的旅友所构建的各个新闻组和论坛。例如,对墨西哥的巴托毕拉斯进行快速搜索会得到几十个相关商业站点,其中一些站点付费给搜索引擎以得到靠前的排名位置。包含酒店、休闲、主要建筑景观、博物馆、夜生活和适于儿童活动的信息列表都是极有价值的。过去,旅行者要花上几周的时间来收集这方面信息,然而网络提供了更多降低搜索成本、平衡信息不对称的方式。在论坛里搜索巴托毕拉斯,你将看到很多吸引人的帖子,去过那儿的人们会在帖子里描述自己的经历与建议。而且,如果对相同的地方感兴趣,他们中很多人乐意通过电子邮件回答大家的问题。

在学术界,去居间化也正在显现。想想各大学花在订阅期刊上的高额费用。这类期刊发行范围很小,多数是面对学术图书馆,通常说来文章作者、审稿人和期刊编辑只能得到很少的报酬或者根本得不到报酬。然而,期刊的订费却非常高昂,它占用了图书馆的大部分预算,迫使图书馆每年都要对买哪些期刊做出艰难的抉择。某大学的一位图书管理员难过地说,大学教师愚蠢地把自己的学术成果投给了学术刊物出版商,出版商反过来再通过期刊订阅的方式以极高的价格把它卖回给大学。

位于苏格兰的圣·安德鲁斯大学经济学家曼菲尔德·拉·玛纳提出了一种以互联网为依托的学术期刊发行体系。他创办了"社会科学家电子协会"(Electronic Society for Social Scientists),付给作者、审稿人和编辑少量酬谢金,之后再通过网络发表文章,该期刊订阅费是目前学术刊物订费的一半。他将该协会视为学术出版方式的一种模板,认为它最终会替代目前的出版模式,将学术期刊出版商去居间化。尽管各大学并没有迅速地加入该协会,但已经有超过 1000 名的学者签名参与了这项计划。[6]

16

第一章　互联网改变了工作场所

价值链各环节上的去居间化成分无法再带来价值增益的这种现象，也许看上去是一种能够明显减少摩擦、降低价格的方式，但是有时令人惊讶的障碍会显现出来。在这种情况下，期刊出版商似乎成了过时的附属物，但是，横在通往期刊在线化道路上的障碍之一是大学教师需要接受其同事和委员会的考核评定以决定其任期。在同行评议的期刊上发表文章是成功的一个关键因素，而且某些期刊会比另一些更受重视。事实上，某些院系备有期刊列表，助理教授们必须要在所列期刊上发表文章才能获得评审委员会的好评。这些列表没有收录任何一本如拉·玛纳所倡导的那些新型在线期刊。然而，这些列表却囊括了由同样的学术期刊出版商所发行的刊物，这些出版商对价值链的贡献正受到批判。使价值链的分析变得更复杂的是，大学各院系的教员在何种期刊上发表文章，会影响到院系的排名。例如，《美国新闻和世界报道》每年都会发布全美商学院的排名。1999年，该杂志增加了"智力资本"作为评定商学院排名的指标。这一有争议的新指标旨在通过论著发表以及论著的潜在影响力和影响范围对大学教师的学术产出的质量进行评定。例如，量化指标这一项不但包括了在主要商业期刊上发表书评的总数，还包括了在指定优秀学术刊物上发表论文的数量。不出所料的是，这些指定优秀学术刊物都不是在线期刊——它们都是由学术期刊出版商发行的。上述这类价值链是一种包含了经济、历史和心理因素的复杂混合物。

企业间关系的去居间化

我们已看到了企业与消费者的关系（business-to-consumer，B2C）以及大学与企业的关系（university-to-business）是如何受到去居间化和互联网影响的实例。很多经济学家预测，至少对于消费者来说，最重要的经济变革将在幕后无形地发生，这些经济变革涉及企业间互动沟通的方式。然而，这些变化对于企业员工来说并非是无形的，由于B2B电子商务模式的介入，工作场所正经历着一场重大的变革。

企业在采购、库存管理和物流等方面均能从电子商务模式中获益。

工作场所中的互联网——新技术如何改变工作

例如,在线花卉公司收到了顾客发来的网络订单,就可以自动启动并协调物流配送,从而极大提高公司的服务水准。一家名为 Proflowers 的公司就是在线销售花卉并提供全国范围内的送货服务,该公司的花卉均由花农而非零售商直接装货。Proflowers 与联邦快递(FedEx)之间存在着 B2B 的关系,因为消费者在线下订单之后,联邦快递就自动开始了包括提供可供花农下载的发货标签的一套装配运输流程。整个流程用时不超过 5 秒钟。[7] 经营农场和苗圃的花农能够通过这种 B2B 电子商务交易模式与消费者直接联系,这样一来,之前那些负责推动这一过程的人员所需承担的工作就只是在电子供应链断裂时对其进行修复了。去居间化成员列表中包含了花卉零售商,也包含了那些协调花农关系和监督物流配送的人员。

互联网促进 B2B 关系的另一种方式是电子化市场,即通过一个共用的网络中心,销售商与大量购买者保持联系。例如,Sciquest.com 就是众多电子化市场中的一个,它专营生命科学类产品,为消费者查找、购买各种科学及实验室产品提供了一个平台。一些不同类型的组织,如药房、生物技术研究公司和教育机构等,均利用了 Sciquest.com 所提供的服务(正如许多这样的电子化市场以及其他互联网专营企业,Sciquest.com 在 1990 年代末经历了风雨飘摇之苦。到本书写作之时,该公司仍未实现盈利)。

从 EDI 到互联网

在供应链上,企业之间使用电子通信方式并不是什么新鲜事,很多公司从 1970 年代就开始利用电子数据交换系统(EDI)盈利了。有些人将 EDI 视为企业电子商务的雏形,借助 EDI,公司间可通过电子方式传递信息——比如各类商品的库存量等等。传递信息的目的之一是将库存量保持在较低的水平,这是通过让供应商了解何时有产品需求来实现的。在两个公司间建立 EDI 关系,这需要彼此协商、自定义程序,以及建立两个包含同步产品信息的数据库(两个公司各自建立一个数据库)。此外,

18

EDI关系依赖于专有的增值网络(VAN),VAN对传输的每个数据字节都要收费,因为VAN这个概念在互联网及其平台费出现之前就被提出来了。

EDI和基于互联网的B2B关系的差别体现在两个方面:一是开放性;二是便捷性,即公司转而选择其他供应商的便捷性,或者新的小型公司加入供应链关系的便捷性。由于EDI关系的建立通常需要两家公司进行协作,因此对EDI关系的投资以及对支撑EDI关系所需的基础设施的投资就会更多,而由于这种预先投资,公司一旦具备了相应的运作条件且经营正常,就不会频频变换供应商。在转移到网络电子化市场之后,公司转而选择其他供应商的成本会降低,企业间关系也更易变、更富有竞争性。[8] 我们再次看到,互联网上的电子供应链关系更易建立——也更易断裂,这给企业带来了新压力与新竞争。

正如我们在随后某章所讨论的,技术革新一直对就业局面有着重大影响,自动化设备取代人类来完成工作也丝毫不是什么新鲜事了。同样,那些生计受到技术革新负面影响的人们会通过诸如联合、再培训或是工作重组的途径,设法找到保护自己前途的方式。在下一节中,我们将考察在价值链中的作用被削弱或消除时,人们所采取的一些策略。

受去居间化负面影响的公司做出反击

利丰(Li and Fung)是一家在中国境内设立的公司,曾一度生意兴隆,该公司把西方的服装、玩具以及其他商品零售商介绍给许多中国的家庭经营商铺。在那个时候,因为零售商几乎没有时间或能力对如此多的小店铺和国内的厂家进行必要的调研和沟通,因此利丰公司的这种居间角色是很重要的。然而,到了20世纪末,由于供货商和零售商能够在线找到彼此,因而就不再需要利丰公司这样的角色了,它作为居间商的地位被西方贸易商行和互联网带来的去居间化吞噬。

工作场所中的互联网——新技术如何改变工作

为价值链创造新链接

创立利丰公司的两兄弟维克多·丰和威廉姆·丰并没有放弃,他们在互联网时代重塑了自己的角色。他们专门从事一些极其复杂的供货链的协调工作,从而把自己的作用**再居间**(reintermediated)到价值链当中,那些供货链也在时时刻刻变得更加复杂。例如,在欧洲的一个服装零售商可能想订购数以千计的产品,那么供货链就有可能真的非常错综复杂。纱线也许来自韩国,最好的印染和编织成衣地点可能是在台湾的工厂。日本的一家拉链厂可能被要求在生产流程中随时供货。由于泰国缝纫工厂的增多,最终成品可能是在泰国境内几家工厂制作完成。如今利丰公司专门为这种精准计时的复杂网络和商业关系提供协调服务。他们还在整个亚洲的范围内寻找新的供货商,这包括在孟加拉国的小缝纫机手工作坊,那里的妇女尚未使用互联网。该公司现有3600名员工,他们奔波于37个国家,"一手拎着大弯刀,一手提着笔记本电脑。"[9]

信息居间商的兴起

受去居间化负面影响的企业进行反击并转变自身角色的另外一种方式是利用那些导致他们居间角色被解除的因素。互联网已大大降低了搜索成本,因此在帮助消费者或企业找到供货商方面,居间商不再像原来那样重要了。但是互联网提供的是海量信息,且信息量始终保持着增长态势,这就为另一类居间商的兴起创造了条件。这类居间商分类、筛选、限定和提供价值,解决信息过量问题。约翰·海格尔和马克·辛格提出了**信息居间商**(infomediary)的概念,信息居间商可能成为一个愈来愈重要的角色。[10]寻找供货商的消费者和企业面临着过量的信息,而解决这一问题的最佳办法可能就是求助于一个可靠的、无偏见的信息居间商。

购物虫网站提供简单的信息居间服务是依据价格对商品分类。许多其他网站则提供审查和评估服务,诸如财政机构发布的现金抵押率表。还有一家网站比较信用卡的出价,使访问者能够搜索利率最低,提供航空

 20

第一章 互联网改变了工作场所

里程积分最多，或者有其他回馈活动的信用卡。在各家邮局，几乎都能见到写着"你已经被认可了"的信封，这表明信用卡发行者为了吸引客户，似乎并未减少在直接营销上所作的努力。然而，精明的消费者能够轻而易举地通过一家在线信息居间商找到最能满足他们需求的信用卡。

信息居间商可能扮演的另一个角色是消费者隐私的保护者。越来越多的公司在收集那些曾购买过其产品或仅仅是访问过其网站的个人用户的基本信息，正如在本书的后面章节中将要看到的，搜集个人信息的技术已经变得令人难以置信的复杂。企业正热切地收集和分析诸如购买模式和消费偏好的个人信息，这表明这些信息具有极大的价值。南卡罗来纳州立大学的华伦·格罗弗和中佛罗里达大学的普拉迪普库玛·拉马纳认为，信息居间商的作用是保护、汇集和提升个人信息的价值，它将在数字时代迅速而良好地发展。[11] 这些以消费者为导向的信息居间商将成为个人信息的管理人和经纪人，其收益来自那些寻求信息的企业，信息居间商与消费者共享这种收益。

从创造性毁灭中寻求保护

受去居间化负面影响的企业也正在试图通过寻求政府介入和立法以确保财源生计及其在价值链中的纽带作用。从历史的角度上讲，当团体被新技术或新商业策略所取代时，通常会寻求法律手段来补救自己。例如，在20世纪早期，以马匹运输为生的人们建立了团体组织，游说议员出台法律以限制货车和机动车。蹄铁匠、干草料种植者、养马人以及其他与马匹行业相关的人员，他们建立了团体组织，并发起了限制货车驶入公共道路、限制其在公共道路上停放的运动。最近，加油站的员工们试图给州立法委员会施压，以使得自助加油站的存在不合法。

华盛顿州改革政策研究所的罗伯特·D. 阿特金森指出了一些情况下寻求保护的驱动力可能在其他方面引发问题，特别是在某些情况下，试图立法限制电子商务活动将限制消费者的选择。[12] 例如，汽车经销商成功地说服了议员立法，以限制汽车生产厂家在经销商所在州内进行任何汽车直销。酒类批发商强烈反对酿酒厂在互联网上直接售酒。美国验光配镜师联盟也在抵抗，以促成对网上销售隐形眼镜片的限制。验光配镜师一直是负责眼睛检查，以往病人必须从验光配镜师那里购买隐形眼镜片。然而，如果消费者从在线销售商那里购买，隐形眼镜片的价格要低很多。验光配镜业联盟使用了许多策略以保持验光配镜师在隐形眼镜销售环节中的地位以及维持这一收益流，这些策略包括游说议员以反对要求验光配镜师将处方提供给患者的任何立法，以及通过法律使患者从其他渠道
19 配镜更加困难。例如，其中的一项法律要求在线配镜公司取得原始、手写签名的处方副本而非传真件。

极度去居间化：数字产品的案例

在产品本身就是数字化的以及互联网在供应链中可扮演主要角色的产业中，居间商作用的减弱是特别显著的。例如，读者能够直接从网站上下载作家金的书。这种供应链不同于涉及实物产品的供给链。在涉及实物产品的供应链中，成品必须先由部件组装而成，接着在仓库里储藏、然后被运送、最后被卸载。对于数字产品来说，互联网实际上能够把产品直接递送给消费者，而不仅仅是创建需要经由其他递送渠道才能实现的交易。

数字产品包括任何能够以数字形式存储的产品，如图书、音乐、电影、软件、照片，当然，还有信息。上述电子产品都长期处于供货商的包围之中，而互联网能够从根本上改变这些产品所扮演的角色。数字产品的关键特征是不再需要实物产品的包装，尽管由于各种原因数字产品可能仍有包装——比如，为了使扒手难以把偷来的东西塞进口袋里。我们中的大多数人都买过盒装软件，都会发现对于里面的小光盘来说，包装盒要比它大好几倍。包装盒里的主要内容就是纸板和空气，甚至连使用手册也正在消失，因为它被写进光盘中了。

第一章　互联网改变了工作场所

　　Napster 可能是 1990 年代末最广为流传的经由互联网销售的数字产品的例子。这种电子音乐交换服务一下子便绕过了大量歌手,直达消费者。尽管 Napster 起初没有表现出会削减 CD 的销量,但肯定存在削减 CD 销量的可能性。Napster 被关闭之后,出现了其他音乐交换服务,并且下载仍在进行。2002 年,CD 的销售下降了 9 个百分点,尽管经济的不景气也可能是造成这种局面的一个因素,评论员们仍把销量下降归咎于免费下载。[13] 然而,产业内人士特别是美国唱片产业联盟(RIAA)的抗议却非常强烈。当 Metallica 的 Lars Ulrich 起诉 Napster 侵犯版权时,人们的注意力被吸引到了知识产权问题上以及艺术家无法从音乐交换中收到版税这一事实上。然而,许多其他经济问题同样危如累卵,这些问题与侵犯知识产权和艺术家遭受损失关系不大。毕竟,艺术家以版税的形式只能获得 CD 销售利润中很小的一部分;其余利润则流向了其他所有与音乐产业相关的参与者,从音乐零售商到包装盒制造厂,再到保持货架整齐的存货管理员。

　　在互联网时代,由于消费者已经习惯了在线免费获得东西,因此专营数字信息产品的公司面临着一段特别困难的时期。例如,唱片业在劝说人们付费下载音乐方面收效甚微,许多音乐订阅方案也未能顺利实施。此外,为了抢占市场份额,许多公司在线提供免费产品,这些产品之前都是需要付费才能获得。例如,各种在线金融服务公司提供关于企业、股票、共同基金以及其他金融问题的十分详尽的信息,消费者能够极为轻松地打开图表和分析工具。在过去上述金融服务都是收费的。虽然许多报纸杂志的印刷版仍在收取订阅费,但是其在线版可以免费阅读。

　　这些电子商务策略强化了消费者的观念:经由互联网发布的数字产品就应当是免费的。这些电子商务策略暗示内容本身不值什么钱,向消费者传递的信息是,以数字形式推出的信息产品应该从根本上对所有人免费。数字信息产品和实物产品的一个重要区别在于,制作数字产品第一版的成本很高,但是制作并递送额外复本的边际成本却异常低廉。消费者知道边际成本几乎是零,因而抵制商家对通过互联网递送的数字产

23

工作场所中的互联网——新技术如何改变工作

品收费。制定适当的商业策略来补偿原始创作的高成本,并让消费者理解应当有一些可行的计划来补偿初始成本,将不是件容易的事情。数字产品的价值链易发生突然而难以预料的变化,处于这种价值链上的员工,无论是谁,无论扮演着何种角色,都将继续面临一段困难的经济时期。

商业模式、商业策略及产业竞争

1990年代是一个非凡的十年,不仅结束了一个千年,而且催生了一项技术,许多人相信这项技术将会成为人类历史上最具革命性的技术之一。先不夸夸其谈,正如变幻莫测的市场所充分展现的,显然,在那些年里,互联网在商业界不但创造了绝佳的机遇,同时也带来了模糊的幻象。在高度的狂热之下,以科技股为主的纳斯达克股市成交额突破了5000点。但仅仅一年多之后,指数竟跌到2000点,网络价值损失上万亿。

"新经济"和"旧经济"描述了两种商业模式,它们将两种公司区分开来:一种是顺应互联网潮流的公司,另一种则是受实物资产投资束缚的公司,或缺乏远见看不到互联网潜在价值的公司。在新经济背景下,互联网扮演着纯粹的角色,新公司很少或不再投资于现有库存、仓库或者商业建筑上,新公司的商业策略强调的是满足独特的在线需求。亚马逊(Amazon.com)可能是早期最引人注目的纯粹的网络零售商。其他数以千计的公司都采用了亚马逊模式,包括易趣在线房屋拍卖、电子市场、贝塔斯曼公司音乐产品零售网站(CDnow)以及可供客户访问但未设立物理支行的在线银行。尽管鲜有刚成立的在线公司能够盈利,仍有大把风险资本投向这些公司。在华尔街和大学的商学院,对这些在线公司的评估几乎是一门单独的学科,评估重点强调总收益而非不存在的底线利润、网站访问者的数量或下载的页数。当时一个金融学教授告诉我,"我们还能看到什么?他们没有挣钱,他们只是在花钱。"

哈佛大学商学院的麦克尔·波特在回顾中指出,一些模糊的幻象是

21

 24

由扭曲的市场信号导致的,这些市场信号在公司的价值、商业策略或底线利润方面误导了商业领导者。在一定程度上,这种市场信号的扭曲是公司自己造成的。[14] 例如,人们对公司估价时采用销售额作为指标,但销售额在预测公司未来业绩方面具有误导性和不可靠性,部分原因是太多的公司正在免费发放产品或者对购买其产品进行补贴,以赢得市场份额。购买者在那时是十分划算的,因为他们能免费获得产品或以远远低于制造成本的价格获得产品。

导致上述市场信号扭曲的另外一个因素与许多新公司将股票认购权和股票产权嵌入到公司补偿计划中的方式有关,这些新公司用比其他公司更低的薪水来招募高级人才。上述做法模糊了商业运营的实际成本,22 同时也导致股东所持股票贬值,使他们受到损失。

竞争五力模型

商学专业的学生都非常熟悉麦克尔·波特的竞争五力模型,它广泛应用于分析不同行业的结构化吸引力及竞争力,还帮助商业领导者提出适于自身环境的策略。[15] 他提出,有助于增强一个行业吸引力的主要因素包括:

现有竞争者之间的竞争激烈程度

新竞争者加入时所面临的障碍

来自替代产品或替代服务的威胁

供应商的议价能力

购买者的议价能力

例如,如果新的竞争者很难进入某行业,那么该行业就对现有竞争者更具吸引力,这通常是因为进入该行业需要大量资本投入,而现有竞争者已拥有了这些资本。如果供应商拥有很强的议价能力,那么另一行业就可能竞争性更强而吸引力较弱。石油行业的执行官们迫切地渴望找到新的石油资源,因为欧佩克作为供应商具有很强的优势,这使得石油行业的竞争极其激烈。购买者的地位也会影响某一行业内的竞争激烈程度,当

工作场所中的互联网——新技术如何改变工作

客户缺乏议价优势,也许是因为他们转而选择其他竞争者的产品相对比较困难,这时该行业就更具吸引力。在大型计算机领域,购买者转而选择其他竞争者的产品需要付出的成本曾一度极高,这就削弱了购买者的能力。一旦公司选择了运行平台,无论它是 IBM、DEC、惠普(Hewlett-Packard)或是其他品牌,他们便开始获得软件、数据库、应用程序、兼容硬件、网络和其他各类支持性基础设备。所有这些都被捆绑在公司所选择的运行平台上,而且公司雇用或培训的员工所熟悉的也是该运行平台。有时,要完全胜任管理大型计算机数据库这样的工作,需要若干年的培训和实践。在专有IT支持性基础设备方面的投资规模每年以滚雪球般的速度增长,使得公司转而选择其他品牌的设备非常困难,且需要付出极大的成本。最终,公司开始要求提供更加开放式的结构、可互换的部件、更高的兼容性及标准化。这样一来,购买者的能力增加了。

23 竞争五力在互联网时代:竞争加剧

互联网是如何影响大多数行业的结构化吸引力的?互联网提供了很多新的机遇,但是决定特定行业的结构化吸引力的竞争五力又是如何起作用的呢?我们已经看到,在某些类型的行业中,互联网增加了大量狂热的行为。但是波特提出,纵观全局,互联网增加了大多数行业的竞争性而降低了它们的吸引力。

例如,根据波特的竞争五力模型,前文所讨论的信息不对称的减少是提高客户能力的要素之一。信息不对称的减少增强了购买者的议价能力,加剧了行业竞争,也降低了行业的吸引力。在入行的障碍方面,互联网也加剧了行业的竞争。因为现如今企业可以在线完成许多销售,新的竞争者不再需要雇用或培训销售人员。实际上,网络最强大的功能之一就是任何小型零售商铺都能以非常少的投资实现在线销售,并且经营范围能够潜在地扩展到全球。购买者转而选择其他产品时成本的降低也有助于降低新竞争者进入某行业时的障碍。如果购买者认为购买另一销售商的产品更有利,即便这种利益是微弱的,那么他们就会动动鼠标,点击

26

代表另一销售商的"添加到购物车"键,因为这并不会花太多的成本。

在公司之间的竞技场里,互联网还有助于减少逆流而上的公司进入时所面临的障碍,部分原因是互联网减少了转而选择其他产品所需付出的成本。正如我提到的,在使企业与企业之间的关系(B2B)流水线化的技术中,EDI是很重要的一种,而互联网正使得企业与企业的关系越来越"即插即用"。启动一个电子化商业联系、设置自定义程序编码以及在EDI之下私有通讯网络所需的那些巨大资金投入将大幅度减少。

对手崛起,产业界限变得模糊

网络有着加剧公司间竞争的作用,部分是因为在同一空间内竞争的公司的数量增长了。随着地缘障碍的消失,不管某家公司位于何处,它都与在同一行业内的其他公司间存在竞争。这一点对高等教育产生了极大的影响,现在学生完全能够在线从许多研究机构获得学位,而这与研究机构所在地理位置毫不相关。最近,在我要求对开发一种教育光盘感兴趣的公司提供策划书的消息发布之后,我收到了一份来自印度浦那一家公司的策划书。

企业竞争加剧,原因还在于企业间的界限变得模糊以及企业领导者很难预测下一个对手来自何方。亚马逊起初作为一家在线图书经销商,与Borders、Barnes和诺贝尔等许多小型连锁及独立的店铺竞争。很快,亚马逊开始销售诸如录像机、CD、小电子设备、软件等相关产品,开始与Blockbuster、Tower records、ComUSA这样的大企业竞争。后来,亚马逊开始销售家用电器、厨具、家庭烧烤架和野餐多宝箱时,开始与Sears、Walmart和Kmart开展竞争。当亚马逊销售玩具、游戏和婴儿用品时,与Toys-R-Us也开始了竞争。亚马逊还为个人间的商品销售提供了在线拍卖,以此与易趣网竞争。

《纽约时报》外交事务通讯记者、《休闲与橄榄树》的作者托马斯·弗里德曼,生动细致地描述了定义竞争空间的界限是如何变得模糊的,在此竞争空间里,一家特定企业与其他企业展开竞争。在过去,银行就是银

24

27

行,银行的CEO不会因为担心诸如来自一家软件公司的竞争而失眠。然而微软已经通过提供各种在线金融服务进军银行业。同样是作为"软件巨头"而广为人知的微软公司,也曾尝试进军房地产业,其方式是提供一种在线服务,使房地产代理人获取低于常规的6%的佣金。微软并不是唯一有兴趣进军房地产业的巨头。www.realtor.com上的一个特色链接写到:让银行远离房地产业——"大肆的掠夺"。竞争加剧不仅是因为地缘障碍在消失,而且还由于曾经划分不同产业的界线被重新划定了。

波特指出,并非互联网的所有影响都是消极的,也不是说在某些产业里这些影响大都是消极的。例如,由于许多公司有了更多的选择,因此它们在分销渠道上获得了更大的余地。制造商能够直接将产品卖给消费者,如前所述,许多产业联盟正在游说议员以阻止这种网络直销,表明网络直销的影响是何等明显。然而,总的来说,互联网已经增强了大多数产业的竞争力,也使产业竞争更加激烈且难以预测。

处于中间位置的工作场所

商业环境受着互联网的影响,工作场所也受着这种影响。我在本章所描述的所有趋势形成了某种背景,在这种背景下人们工作、构建自己的事业、寻找工作、为将来储蓄,以及面对解雇的通知。这种背景触及工作场所本质特性的各个方面,从自然维度和建筑风格到心理特征。弗兰克·T. 在一家大型建筑公司的办公室上班。作为一名采购管理员,他与许多供货商打交道,购买公司所需的产品,绝大多数是办公用品和器材。在1980年代早期,他开始在办公室使用微型电脑,工作效率因此大大提高。个人电脑取代了从他1974年开始参加工作时就有的视频显示终端。使用一些电脑软件,他能够完成令自己感到惊奇的一些新型任务。因使用图形、表格及投影而完成办公用品支出报表,他曾受到赞扬,如今回想起来他仍十分开心。

在1980年代晚期,公司搬到市郊一个更大的地方,而且决定采用景观设计而摒弃私人办公室。弗兰克对长途奔波往返感到十分沮丧。此外,尽管对于一个建筑师来说"景观设计"可能很有吸引力,但是那间没什么地位的小办公室一直让他有些烦心。然而到1990年代中期,公司接通了互联网,他的个人电脑成为了最先入网的电脑之一——主要是因为他能够更好地利用互联网在采购时货比三家。他常用电子邮件与供货商洽谈业务,并且在电子市场出现后,他成为最先利用电子市场替公司获取最优价格的使用者之一。他加入客户讨论论坛并且尝试在线拍卖处理一些过时的设备。尽管是开放式的隔间办公室,他看到同事的次数似乎越来越少,甚至是与那些隔间挨得很近的同事也很少面对面交流,更多的时候是通过电子邮件与他们交流。他曾经在办公室用电子邮件和即时消息与家人和朋友联络,但是,当他听说公司可能对此进行监视之后,就停止使用了。

在1990年代末,许多网络公司的新办公楼正在修建之中,弗兰克的公司经营得极好。建筑师格外充满热情,因为年轻的CEO们想要创新,大的、开放的空间,具有团队氛围的环境,以及能够彰显其新型组织形式的新特色。然而,随着经济低迷时期的到来,失业率迅速增长,事态开始改变了,甚至一些正在开展的项目都搁浅了。公司不断地寻找每一个可能减少成本的方法,以增加盈利能力。如今,弗兰克偶尔也用互联网查找招聘广告了。

互联网是如何改变弗兰克的工作场所,这些改变在将来又会如何继续?弗兰克的工作并不是大家公认的高科技工作,但是不管怎么说,互联网对他的工作境况产生了重大的影响。最明显的是,互联网带来了许多处理日常事务的新方法,弗兰克每天都在使用这些方法。它不但改变了弗兰克与公司内同事的交流方式,与公司外供货商的交流方式,而且也改变了他与那些能在全国各地形成自己实践社区(community of practice)的其他购买者的交流方式,上述实践社区独立于任何公司关系链。更深层次说,互联网正带来诸多变化,影响着人们所需要的工作场所的类型,甚至影响着人们决定是否需要稳定的现实中的工作场所。互联网正创造着一种环境，在这个环境中公司尝试采取新的商业策略和商业模式，同时也以惊人的速度取得成功或遭遇失败。互联网正在改变，不同类型工作的价值以及对不同类型工作的需求，甚至是对不同类型的整个行业和产业的需求。例如，采购就是那些在将来可能更少需要人为干预或判断的行业部门之一。当公司扩展它们的电子供给链时，一旦库存量较低，就会自动促使供货商出货。购买行为则由软件代理，这类软件能够搜索供货商的价格及服务协议从而达成最划算的交易。

在下一章，我们将更进一步考察网络中心技术，以及它们正被整合到工作场所的各种方式。电子邮件曾是杀手级互联网应用，并且对于大多数机构它仍是如此。但是有许多其他网络中心技术将增强互联网对工作场所的影响，特别是随着承载信息比特量的缆线的增长。

注　释

1. Bailey, J. P. (1998). Electronic commerce: prices and consumers issues for three products: Books, compact discs, and software. Organization for Economic Cooperation and Development, *OCDE/GD*(98)4.
2. Brynjolfsson, E., & Smith, M. (2000). Frictionless commerce? A comparison of Internet and conventional retailers. *Management Science*, 46(4), 536—586.
3. Varian, H. R. (2000), Market structure in the network stage. In E. Brynjolfsson & B. Kahin (Eds.), *Understanding the digital economy*. Cambridge, MA: MIT Press.
4. Grimes, B. (2003). Fooling Google. *PC Magazine*, 22(8), 74.
5. Offline? (December 9, 2000). *The Economist*, 357(8200), 93.
6. Payne, D. (2001). A revolutionary idea in publishing. *Chronicle of Higher Education*, 47(26), 39—40.
7. Boyson, S., & Olian, J. (1999). *Harnessing the power of netcentricity*. College Park, MD: Robert H. Smith School of Business, University of Maryland, College Park.
8. Williams, M. L., & Frolick, M. N. (2001). The evolution of EDI for competitive advantage: The Fedex case. *Information Systems Management*, 18(2), 47—54.
9. Links in the global chain. (2001). *The Economist*, 359(8224), 62—63.

10. Hagel, J., & Singer, M. (1999). *Net worth: Shaping markets when customers make the rules*. Boston, MA: Harvard Business School Press.
11. Grover, V., & Rmanalal, P. (2000). Playing the e-commerce game. *Business and Economic Review*, 47(1), 9—15.
12. Atkinson, R. D. (2001). Middlemen fight consumer choice. *Consumers' Research Magazine*, 84(4), 10—16.
13. Green, H., Grover, R., & Hof, R. D. (2003). Music merchants rush in where labels have failed. *Business Week*, 3819, 36—39. Retrieved February 28, 2003, from Business Source Premier.
14. Porter, M. E. (2001). Strategy and the Internet. *Harvard Business Review*, 79(3), 62—80.
15. Porter, M. E. (1980). *Competitive strategy: Techniques for analyzing industries and competitors*. New York: The Free Press.

第二章
以网络为中心的技术的出现

当上网开始在家庭和企业普及,网络技术革新的脚步可谓一日千里。Mosaic 浏览器*的引入开创了万维网,这项技术在世界范围内触发了网络的发展和认同。然而,更多的技术已经推出,它们作用于工作场所,并与互联网的功能和资源联系在一起。

在本章中,我们首先将互联网视为一场变革潮流的诱因,并将其与先前同样广泛影响我们生活和工作方式的技术进行比较。我们会看到互联网巧妙的设计不仅给予发明家和研发者想象大量新技术的机会,而且使他们将想象变成现实。接下来,我们将关注作为一项技术的互联网本身,并考察随网络崛起而出现的一些最为重要的进步及附属产品。这些技术合在一起形成了我们现在所处的以网络为中心的世界架构,也引发了企业组织结构、工作模式、家庭关系、甚至工作往返的诸多变化。

技术转型浪潮

身处不同文明社会的学者一直以来都对揭示事物的周期感兴趣,特别是那些长时程的可用于预测未来的周期。例如,玛雅人曾提出农业每 52 年为一轮回的周期。在过去的几个世纪里,经济学家运用价格、通货膨胀、就业信息以及所有可用的统计手段考查了各种来源的数据,以找出

---

* Mosaic 浏览器 1993 年由美国伊利诺州的伊利诺伊大学的 NCSA 组织发布,是第一款可以显示图片的浏览器。——译者注

（某些经济）模式。关于当前商业周期状况的各种细节信息，以及对新一轮周期将在何时开始的预测，将不再只是经济学家们所关注的事情了。晚间新闻节目会在滚动标题（新闻）中向大众播出这些细节信息，为观众提供用于评估经济状况的各种指标（从消费者信心指数到新动工的房屋数量）的最新最细微的变化。

近期有关技术的最知名的经济周期理论之一是俄罗斯经济学家康德拉季耶夫（Nicolai Kondratiev）提出来的，依据的是18世纪晚期的物价、工资、利率、对外贸易及18世纪末期以来的其他方面的数据。康德拉季耶夫并不关注那些微小的起伏跌宕，而是提出了一种"长时程浪潮"（long-waves）理论，认为由技术驱动的影响各种经济指数波动的周期每50年到54年会出现一次。与这些周期有关的技术始于以机械化为标志的工业革命。接下来的一波浪潮出现在维多利亚时期，其高涨不仅与蒸汽动力和火车的普及相一致，也与继火车轨道之后的电报机及电报线路的推广相呼应。第三个50年周期的峰值出现在19世纪20年代，与之相伴的是不断增长的钢铁及电力用量。第四个周期则是战后的繁荣，这得益于大量的可利用能源与大规模生产方式。

这些浪潮为什么会产生，又是如何在时间上与技术革新相连的？格哈德·O.门什（Gerhard O. Mensch）对时间框架和基础革新技术集群进行了分析，并发现峰值通常与这些浪潮在时间上相一致，并会出现在每个周期的谷底或近谷底处[16]。每一次技术爆发都发生在经济萧条前后。这好似经济萧条中新思维的一波风起云涌，它聚集力量、引发革新。下一次浪潮到来时，这些革新便会成为促使浪潮扩展的工具。

以网络为中心的第五次浪潮

如果我们依照康德拉季耶夫周期理论向前推测，第五次浪潮的关键是电脑化与网络中心化。毋庸置疑的是，这些技术触发了革新的爆发，正如我们在上一章所看到的，这些技术引爆了革新，进而积聚了动力、改变了企业组织结构，同时也改变了商业环境中的诸多要素。然而把握这股浪潮的形态、方向和速度对于身在其中的人们来说是十分困难的,故争论不休,尤其是关于我们所处的时段的争论。我们是位于第五次浪潮的结尾、中期还是刚刚起步的阶段呢?

上述时段问题难以解答的原因之一是,能够引发一次浪潮的技术也能够影响自身的传播速度。例如,收音机自进入市场到其用户数量达5000万用了38年,个人电脑达到这个数量用了16年。然而互联网扩张的速度却迅猛得多,仅用了4年其用户数量就达到了5000万。这种爆炸式的增长在前几次浪潮中前所未有。

每一次触发浪潮的各种技术在本质特征上不尽相同,技术的特点也对浪潮的外在表现产生了影响。以网络为中心的技术与协助启动过去周期的那些技术有不少相似之处,但是在一些重要方面它们之间仍存在差异。比如,电报机作为一种革命性的发明极大地改变了通讯的本质与速度。在康式理论的第二次浪潮中,电报机是一股重要的力量,因为人们及企业能够在数分钟内而不是花几天或几周时间完成信息传送,而且信息还可以在任意时间发送给多个接收者。相对于传统信函和驿马快信制度(Pony Express),电报机代表了通讯效率的一次质的飞跃。

最初,通讯领域的基础性革新并不为人们所看好。《维多利亚时代的互联网》(The Victorian Internet)一书详细叙述了电报的历史,[17]作者汤姆·斯坦奇(Tom Standage)指出,多数人曾将电报看作一种能变魔术的小把戏而非一种通讯手段。当1842年塞缪尔·莫尔斯(Samuel Morse)试图获得美国国会资助以发展这项技术的时候,一位议员对电报大加嘲讽,将其与麦斯麦术(Mesmerism)*的资助请求相提并论。国会最终还是提供了一些资助,但是额度很有限,并且对此相当怀疑。与此相反,互联网从一开始就得到了政府的资助。当电报流行起来的时候,公司也认识到了使用电报将带给他们的好处,于是电报开始得到广泛使用。

---

* 弗兰茨·奥顿·麦斯迈(Franz Anton Mesmer)18世纪医师,他认为让病人把脚放在有磁性的水中,同时手执与磁力场相连接的电线,这样就可以治疗疾病。——译者注

第二章　以网络为中心的技术的出现

1946 年，莫尔斯在巴尔的摩和华盛顿之间架起了美国唯一一条试验线路，而到了 1853 年，电报网络增长超过 600 倍，运转线路长达 23,000 英里，并且另有 10,000 英里的线路正在建设中。

1876 年亚历山大·格雷厄姆·贝尔（Alexander Graham Bell）获得了电话专利，并将其称为"电报机的进步"。然而，这远不止是一个小小的进步，它是引发下一次浪潮的基础性革新技术之一。电话相对于电报主要优势很快显现出来。操作者无须掌握通过电报键使用莫尔斯码（Morse code）传输信号的特殊技能，而且信息传播速度更快。最关键的是它使人们可以以一种更自然的方式（用自己的声音）互相沟通。到了 1880 年电话使用量超过了 3 万部。

虽然人们对于这第五次浪潮的时段颇有争议，但是对于触发这次浪潮的根本性革新技术却达成了共识。处于下一次浪潮中心位置的是电脑与互联网技术。在技术驱动力方面，第五次浪潮和以往的几次浪潮的区别是什么？

处于中心地位的互联网：设计原则

互联网基础结构能够联合众多以往相互独立的技术，并为之前无法采用的新技术提供支持。它可以用于传送图像，也可以当一部电话来使用。它能通过电子邮件传递公司业务通讯，它还能够为身处世界各地的团队展示和讨论提供远程的虚拟电子白板。无论在滑雪缆车上还是在海滩上，员工都能查收电子邮件、查看客户是否下了订单或查询送往总部包裹的状态。

处于多样性中心地位的正是互联网基础结构本身，它是一个全球电脑网络及网络间远程通信链路相互联系的集合，形成了一个看上去单一一致的网络。互联网的原创者嵌入了大量的设计原则，从而使互联网成为一项非凡的革命性的新技术、一项可支持用户大幅增长的革新技术。[18]

正是这些设计原则使得互联网与早先其他技术有所不同。

沙漏体系结构

互联网最重要的设计特色是"沙漏"体系结构(见图2.1)。实现灵活性与简约性的方式就是使互联网实际完成的工作变得相对简单并且非常开放。网络仅仅提供基本的服务,即按照标准化协议(standardized protocol)以比特(bit)为单位进行数据传输。真正的网络"智能"处于沙漏的两端,一端代表服务提供者与使用者,另一端则代表传输媒介与路由配置。革新出现在网络的"**边沿**"而非中心,而且只要它们使用标准协议传输数据,这些革新性应用程序或服务就能继续保持发展与创新。

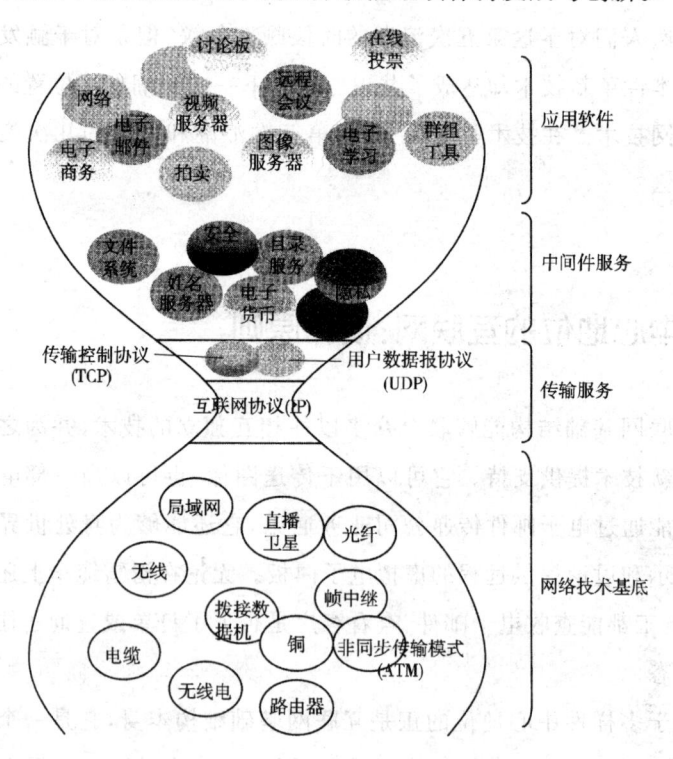

图2.1 互联网沙漏结构

改编依据:计算机科学与电信委员会和国家研究委员会(1994),《理解信息的未来》,华盛顿,国家学术出版社。

例如，在下半个沙漏，在互联网建立并且通过电话铜线运行之后，各种通讯技术均施展有方，但是只要传输本身能遵循规则，这些技术就能够被整合到网络当中。这样的例子包括：非同步传输模式（ATM）、帧中继（frame relay）以及通过射频频谱实现无线传输。我们还在应用程序中看到爆炸性的革新，而在互联网设计之初，它们都是人们无法想象的，它们构成了沙漏体系结构的顶端部分。流式视频、音频、电子商务、世界范围内的拍卖、网络电话以及桌面视频会议仅仅是大量实例中的一部分。虽然电子邮件一词在互联网术语中出现很长一段时间了，电子邮件也是在网络设计之初未曾预想到的一种应用程序，但是互联网的设计方式轻而易举地为电子邮件的应用及迅猛增长提供了技术支持。大量使用者可能认为万维网（World Wide Web）与互联网（Internet）是同义词，但是事实上万维网是另一项由沙漏体系结构所支持的革新技术，它最早出现于20世纪90年代早期。万维网位于互联网（之上）的顶层，使用一套自身特有的发展标准化协议，如超文本传输协议（Hypertext Transfer Protocol）或者http，这些熟悉的字符会出现在网站地址之前。

沙漏体系结构之所以在为激发众多革新技术创建平台中起到了相当重要的作用，另一个原因在于创新者本人在边沿部分增添新的应用软件时无需过多了解网络实际工作原理。此外，网络管理员也无需了解创新者正在做什么。文献提供商能够创建一个能够查找检索期刊文章的专业化数据库，而并不需要了解比特数据是如何传送到终端用户，又是如何从终端用户发送过来的，也不必为了寻求技术支持或改变网络设计而与网络管理员协同配合。这种分层策略将传输与应用程序分离，大大激发了创造力，同时也减轻了网络管理员的压力，以前网络管理员常常要为某个新应用程序是否会影响到现有其他程序而费神。在沙漏体系结构的边沿位置，很多事情都能在不干扰互联网正常运行的情况下完成，包括使用各种不同方式将一些新型设备接入网络。正如本章下文所述，无线设备便是处于边沿的新技术之一，它们为工作场所带来了巨大改变。

沙漏体系结构使互联网区别于公共交换电话网，为互联网提供了更为广泛的可适应性,也为新创意提供了更多的支持。电话网络是为相对意义上非智能边沿设备(电话)而设计的,智能部件被置于中央控制系统中。在过去的几十年间,电话只不过是提供了一种传输一系列数字并呼叫对方的功能罢了。在 AT&T 解体和市场竞争机制引入之后,电话拥有了许多附加功能,例如答录、快速拨号、无绳通话以及家庭内部通话系统*。然而与互联网世界所发生的一切相比,这些附加功能便显得苍白无力了。作为一个创新技术的平台,互联网是不可超越的。

33 鲁棒性

另一个关键性设计决策是鲁棒性,即互联网能够适应各种变化,例如丢失主机信号、信息缺损、边沿设备损坏、线路变化以及任何不可预测的事件,这些事件可能发生在一个中央位置缺乏控制或管理,而其边沿处有很多革新设备的网络中。在远程通讯尚未完善的世界里,构建互联网的目的就是使信息发送者尽可能严格地按照标准通过一种稳妥的路径将信息打包发送,而接收一方则应拥有很大的自由度,他们应该能够使用各种方式解读所接收到的信息。如果你自己设计过网页,写过 HTML 文件,就会知道即使你编写的代码有零星的编码错误,网页仍是可以被接收的。这就是鲁棒性在实际操作中的一个很好的例子。

信息包从一处传输到另一处的方式是说明网络鲁棒性设计的另一个实例。每个信息包都是独立传送的,如果有一个路由器突然失效或是出现了信息阻塞,那么后一个信息包就有可能选择与前一个信息包不同的路径通过。当信息包可以通过任意一条路径到达目的地时,它就不太可能受到网络上某一点失效的影响。

中央控制缺失与互连**收益

设计决策不但源自设计师对于如何实现应用软件最佳工作状态的理

---

* 家庭内部通话系统:用于电子内部通信,如两个房间之间的通话。——译者注
** 互连,用来定义两个各有其主、独立运行的网络之间互通的术语。——译者注

念,而且还会受到设计师自身价值观的影响,他们中绝大多数是崇尚开放、研究、信息共享以及广泛接入访问的科学家和工程师。另一个关键设计决策是,不应有任何中央权威机构能够控制互联网的发展,或者限制对互联网的访问。即便是标准制定组织也将它们视为是自愿性质的。互连是其自身的收益,互联网在工作场所生产力、信息共享、市场营销、沟通交流及商业方面的价值均来自于**网络效应**(network effect)。这一原则规定,将人员和服务加以联系的价值与联系在一起的人数的平方成正比。遵循能够使上述价值得以实现的标准,网络价值才能迅猛增长。

尽管互联网本身的设计原则强调中央控制的缺失,推出应用软件和服务的企业却常常对此设计原则颇有争议。企业追求的是更大的市场份额,有时他们会推出拥有专利的、不可兼容的各种服务以限制他们的用户。微软和美国在线的即时通信服务之争就体现了开放性与所有权控制之间的矛盾。美国在线提供了一种即时通信(IM)软件,用户随时可以看到有哪些好友在线,并给他/她发送快捷消息。商业客服、销售人员、甚至是图书馆管理员也开始使用这种服务,这样终端用户可以很快地发送一个文本消息并收到回复。基于网络效应,越来越多的用户开始使用即时通信服务,其价值也随之激增,但是美国在线却不愿意让使用微软的 IM 用户同自己的 IM 用户相互交谈,因为他们担心微软会抢走自己在其他市场上的用户。[19]这样做的结果就是,两个不同 IM 的用户只能和自己阵营内的人交谈;要想和两个阵营的人交谈,只有同时安装两种软件。

中央控制缺失的一个例外:地址

不动产 3 个最重要的特征就是地段、地段和地段。虚拟地产也不例外,地段被认为是非常重要的。互联网中央控制缺失的一个例外便是地址与名称的分配。基本通讯协议称为 TCP/IP,它包括了传输控制协议(Transmission Control Protocol)和互联网协议(Internet Protocol),且每一个联网设备都必须要有一个唯一的 IP 地址。IP 地址的唯一性为信息包的正确传输提供了保障，因此不可能把它交给用户或处于边沿位置的设备。

IP 地址是由圆点分割开来的四组数字所构成的序列，例如 128.40.33.39。这种层级结构可支持 43 亿个唯一性地址，在那时看起来是足够了。然而，1999 年世界总人口突破了 60 亿。虽然短期内没人认为所有人都需要一个独有的地址，但是增加地址的压力仍从另外一个方面袭来。芯片不断瘦身，进而得以嵌入所有可能用于追踪及互联网接入的设备之中。分析家预计，由于芯片可置于轿车、卡车、手机、玩具、手表或者人身上，将会出现一个 IP 地址的需求高峰。[20] 目前正在对互联网协议进行升级（IPv6），这将在极大程度上增加可用的唯一性地址的数量，而且会使互联网的其他方面也得到改善。

唯一的数字地址通常映射到一个独有的域名，例如 www.myhome.com，域名更便于人们记忆。1998 年，互联网域名与数字分配机构（ICANN）开始负责管理域名系统以及 IP 地址分配的技术体系。

由于种种原因，管理互联网地址及域名是很困难的，因为网络空间中的优越位置已经成为有价值的商品。关于谁应当分得多少地址空间以及如何确定分配（或者拒绝分配）域名的标准，目前依然争论不休。例如，20 世纪 90 年代，"域名抢注"（cybersquatting）就成了一个棘手的问题。人们纷纷投机，注册那些他们觉得将来可能会非常有价值的域名。被抢注的域名常常包含了各大公司的商标，那么当公司尝试注册自己的商标域名时，投机者就会要求该公司出大价钱买回其域名。为了遏制此类投机行为，美国在 1999 年通过了反域名抢注消费者保护法（Anti-Cybersquatting Consumer Protection Act），但是域名分配仍然是一个敏感问题。互联网域名与数字分配机构也已经出台了《统一域名争端解决政策》（Uniform Domain-Name Dispute Resolution Policy），用以解决特定域名归属问题的争议。[21]

第二章 以网络为中心的技术的出现

处于边沿位置的技术

伴随着以网络为中心的浪潮而出现的技术对商业模式、工作场所以及工作内容和方式都产生了极大的影响。这些技术改变了工作场所间互动的时间安排以及互动的数量。这些技术动摇了五十英尺法则，即如果办公室间距小于50英尺，人们很有可能互相遇见，从而影响到团队绩效。该法则过去一直在公司中居主导地位，被视为评估员工是否能够作为团队成员进行高效互动与工作的准绳。伴随着以网络为中心的浪潮而出现的技术还对管理者的管理方法以及员工表达意见的方式产生了影响。下面我们就来看看对改善工作场所起着特殊重要意义的处于边沿位置的技术。

桌面上的改变

当以网络为中心的浪潮出现的时候，桌面物理配置的改变远不及应用软件本身的改变，但是桌面物理配置还是发生了一些改变，进而对工作场所产生了影响。在20世纪70年代晚期，尽管当时能够运行于独立式微机的商业软件少之又少，一些企业还是开始购进独立式微机。一个值得注意的例外是具有开创性意义的电子制表软件VisCalc的出现，它可以说是现今Excel，Lotus123等软件的"曾祖父"。20世纪70年代，许多公司购进苹果电脑就是为了使用VisCalc软件。VisCalc软件对于处理"如果……怎么办"这类计算问题是非常有用的。

20世纪80年代，企业开始淘汰只能与相连的大型主机交互工作的这类终端和键盘。特别是1981年IBM推出了该公司第一款微机之后，企业开始购进个人电脑。毕竟，IBM这3个字母是国际商业设备（International Business Machines）的缩写，它进军微机领域向世界发出了一个有力的信号：机器不是玩具。这些个人电脑不但可与大型主机相连作为终端设备运行，而且自身也具备相当强大的处理能力，包括某种存储本地文件的功能。

接下来桌面环境出现的物理变化是引入了可对图形对象直接操作的设备,例如绘图板和光笔。然而,由道格拉斯·恩格尔巴特(Douglas Engelbart)发明的鼠标最终成了几乎所有工作场所电脑的不可或缺的外部设备。恩格尔巴特将鼠标称为"x-y 定位指示器",鼠标成为了人机图形交互的手段,使用鼠标只需通过移动光标和点击鼠标键,而不需键入命令。[22]

在部分企业中,微机的另一个附加功能是支持多媒体,这意味着对扬声器以及在某些状况下对麦克风的支持。扬声器并非人见人爱的设备,一些公司甚至将其弃置不用,因为它会干扰附近的员工。此外,小巧的眼球型摄像机也加入了显示器的架构中,可为桌面互动视频会议提供支持。

虽然办公室的多数办公桌上仍在继续使用常规配备的显示器、台式或塔式 CPU、键盘以及鼠标的微机,但是其中一些办公室已经利用了网络中心技术。它们所依赖的是"瘦客户端"(thin client),即在桌面的设备很少需要配件或存储空间,因为它们过去执行的功能现在都能由服务器来处理。在办公桌上的设备通常包括监视器、鼠标以及键盘,而庞大的中央处理器消失了。取而代之的是,用户通过服务器运行软件,并将所有文件存储在服务器的磁盘上,而无需本地存储。

一些设备是特别为某些商业环境专门设计的,在这些商业环境里,需要为**热桌面**(hot desk)提供特殊支持。热桌面配备了电脑以及可供任意数量员工分享的网络连接。随着远程办公的增加以及考虑到节约办公空间的需要,许多企业提供给员工的是共享式的设施而非专用的办公桌或办公室。将所有人的文件移至服务器并限制本地存储不但节省了部分桌面空间,而且还带来了其他好处。员工不必备份本地存储文件,因为服务器磁盘会进行定期备份。瘦客户端还会从管理者的角度出发,减少其他类型的麻烦,如员工安装自带软件的可能性,有些软件可能是非法的、与企业系统不兼容的或者是与工作无关的。如果瘦客户端不具备任何本地文件存储空间,甚至连一个 CD-ROM 驱动器也没有,那么也就降低了员

第二章 以网络为中心的技术的出现

工下载敏感信息并将其存储到软盘或 CD 上带出公司的可能性。但是这种靠移除磁盘驱动器预防数据盗窃的安全措施只在很短的一段时间起过作用。随着存储技术的不断发展，出现了小型可移动存储器，员工通过普通的端口便能将其与电脑接通。

部分使用装有瘦客户端热桌面的用户对这种配置方案非常满意，尤其是当他们能够快速向服务器通报身份启动个人桌面时更是如此。例如，只要在这种桌面上划一下智能卡，服务器就能对用户进行身份验证，并启动用户偏爱的设置、文档、日程表以及近期工作。然而另一些人则反对取消传统的个人电脑及其灵活性。他们更多地认为这是一种向大型主机式环境的倒退，员工的行为处于严密监控之下，他们对自己可能使用的各种软件几乎没有发言权。

无线设备的大量涌现也对许多办公桌面环境产生了影响。许多人选择将桌面上的台式机改换成笔记本电脑，以便在工作时间在办公桌上实现与机站的连接。无论是在家中的办公室还是在上班路上，员工都可以在同一台电脑上继续工作，而不用把当前文档倒来倒去。使用掌上电脑或其他个人数字助理（PDA）的那些人可能会在自己的桌面上添加额外的小装置——传输座。传输座可以将微小信息设备上的任何内容备份到个人电脑的硬盘上，并使设备的时间与办公日程系统保持同步。

尽管一些东西改变了，但是办公室员工的桌面看起来和几十年前没什么太大的不同。虽然体积较小的平板显示器节省了大量空间，但是电脑仍然是由显示器、键盘和鼠标组成的。绝大多数办公桌依然堆满了下列物品：纸张、文件夹、信封、信件、钢笔以及铅笔，而一些人希望这些物品很快就成为历史。咖啡杯还摆在那儿，电话机仍是有自身键区和使用指南的单独设备。但表象是会误导我们的。网络中心化时代的工具就物质形态而言并不显眼，但是它们对我们的工作方式和工作内容产生了重大影响。

43

工作场所中的互联网——新技术如何改变工作

通信及协作技术

　　网络效应在通讯领域表现得最明显。起初,互联网设计的目的不是为了人与人之间的通信,而是为了电脑之间的通信,尤其是使研究者能够登录到远程电脑,在其上运行程序并共享技术资源。科学家之间的电子邮件本不会出现在雷达屏幕上的。然而,自从1971年雷·汤姆林森(Ray Tomilison)编写了一个简单的电子邮件软件程序之后,该程序很快便开始流行起来了。虽然这个程序笨拙且难于使用,但它还是非常引人注目,因为它以一种前所未有的方式促进了科学合作。[23]

　　电子邮件已经成为了互联网的"杀手软件"(killer app*),它是如此的流行以至于仅仅是为了这个软件人们就会去购买电脑并联网,这显示了互联网在保持人际联络方面的重要意义。然而,电子邮件并不是支持通信与协作的唯一技术,我之前提到过的即时通信(IM)软件也能够使人们通过文本聊天窗口进行实时交流。它的使用在企业环境中正迅速增加,很多情况下,IT部门没有安装这种软件,也没有鼓励人们使用这种软件。波士顿一家公司的副总裁指出,"绝大多数高级管理人员甚至不知道即时通信是做什么的。一旦了解……他们就会从拒绝转为愤怒,因为他们意识到自己根本无法控制安装在系统上的各种软件"。[24]因为许多高级员工把即时通信与青少年和浪费时间联系在一起,所以他们会对这种软件潜在的有价值的用途嗤之以鼻。事实上,正如下面的章节所要详细探讨的那样,即时通信所拥有的一些独特功能使得它能够成为工作场所中极其有用的工具。与电子邮件不同,它是"在线通告"的信号。通过它你就能了解别人是否在线,从而就不用再浪费时间向那些不在办公室的人提出问题了。

　　在协作领域,另一个引人注目的创新技术是**互动式电子白板**(Inter-

---

　　* 杀手软件:电脑行业术语,指的是一个有意或无意地使你决定购买它所运行的整个系统的应用程序。——译者注

44

active Whiteboards),一个人们可以共享的用于图形展示的虚拟白板。并不是所有信息都能简单地通过键盘和 ASCII 文本进行交流,电子白板允许人们画图、圈注重点、做标记或者在他人图表旁添加文字说明。任何设施齐全的会议室都至少有一块大的白板,电子白板具有相似的功能。如果没有像电子白板这样的工具,工程师、物理学家以及其他需要使用数学符号(例如 $\emptyset$、Π、Σ、$\cong$ 或 λ)交流的人员几乎完全不能以电子化的方式进行相互协作。

协作技术已经扩展到支持一整套软件组合,从而满足一个工作群体的需要,其中包括:电子白板、聊天室、讨论室、知识库、互动视频、文件共享空间以及协作文件编辑。正如我们在虚拟团队一章所看到的,无论群体成员身处何方,这些技术工具都可用于支持一个工作群体,通常,以电子邮件为基础,再辅以其他工具,丰富了工作群体内部的互动。许多大学都已设立了研究部门,用于拓展**电脑化协作**(CSCW)领域的知识,这些知识已经大大增强了人们对网络中心时代的工作场所的理解。

一类特殊的协作技术是建立在姓名的基础上的,例如群件或团体决策软件系统(GDSS)等。最初这类系统大多是为面对面的会议而设计的,与会者每人都有一台电脑。系统支持匿名的头脑风暴、投票、等级评定以及其他多种活动,这些活动有助于工作群体整理观点及群体成员平等参与,而且不会受到面对面会议中所存在的头衔地位的影响。我们将在后面的章节中讨论在这类系统中的团体动力学问题。

员工之间的通信可以扩展到工作群体之外,通过互联网员工可以和任何联网的人进行交流,而不仅限于和同公司的员工进行交流。**实践社群**(communities of practice)的出现是 20 世纪 90 年代重大的网络进展之一,社群的参与者来自世界各地,对某一特定主题的共同兴趣使他们聚到了一起。这类虚拟社群联系的纽带是某个专业领域,或是某学科模糊的一个分支,例如 C++ 编程、成本会计、基因工程、语言学或者蝙蝠生物学。例如,与大厅销售经理相比,为一家企业管理一个基于专用工具软件建立的电子商务网站的员工,可能与另一家企业中对同一软件设置了如指掌的员工有更多的相似之处。如果负责电子商务网站的员工偶然遇到了一个没有书面记录的软件漏洞，可能整个公司上下都根本没人能帮上忙，但是他可以求助于所在的实践社群。邮件地址列表、组织机构网站以及论坛都为这类社群提供了支持。

尽管有时会有压力存在，但是跨越了企业与组织界限的以专业为导向的社群已经大量涌现出来。企业忠诚度与专业兴趣有时是相互冲突的，特别是因为实践社群是鼓励海量信息共享的。管理者也许会把这种共享视为泄密，认为员工这种积极协助竞争对手的行为从最好的一面看是浪费时间，而从最坏的一面看则是对企业的背叛。

信息传播与检索

互联网和万维网为工作场所中信息的传播与检索提供了机会，信息的传播和检索范围大大超过任何内部通讯或员工手册。这类信息通常是不打算公开的，但是，创建员工既能够在公司内部又能够在家里或路上访问的网页是很容易的，这促进了公司的交流。企业内网（intranet）——专门面向本公司员工的网站——很快在20世纪90年代中期流行起来。对许多人而言，企业内网是他们接触网络的起点，同时企业也在尽力使之成为一个受欢迎的、向员工提供工作场所信息、新闻、讨论、生日问候、软件工具以及企业数据访问服务的中心。

从技术上讲，企业内网与可供公众访问的网站之间几乎没有差别，唯一不同的是，典型的企业内网位于一个阻止非企业内部人员访问的安全防御层之后。从功能上讲，企业内网能够为员工汇集、整理、实时更新大量重要的信息，并使每一位员工都能获得这些信息。企业以各种方式使用其内网，其中包括面向所有员工的免费论坛与个人主页。企业内网的增长非常迅猛，许多网站缺乏全面妥善的监管和组织，因而致使一些网站在某种程度上变成了"荒蛮的西部"，网站内容良莠不齐。

到了20世纪90年代晚期，门户网（portal）成为流行词，简单的企业内网也开始朝着这个方向发展。遗憾的是，由于这一术语指代的内容过多,因此对于究竟什么才是一个门户网站,存在许多混淆。在企业内部通信的环境中,企业门户网(enterprise portal)是企业内网的第三代产品。信息技术研究组织加特纳公司(Gartner Group)提出了门户网的三个主要特征[25]:

- 收集并传送与用户相关的信息;
- 为协作和通信服务提供支持;
- 向目标用户提供服务和软件,并通过高度个性化的方式送达用户。

在某种程度上,早期的企业内网已经能够完成这些工作,但是为了扩展内网容量,人们还是研发了大量新软件。事实上,已有百余家公司涉足这一市场,提供各种类型的门户技术产品,进而增添了管理者和企业内网设计者的困惑。

门户软件的一大功能是支持员工**单点登录**(Single Sign-on),这项功能可以一次性验证使用不同程序的用户的身份,而在过去,为了使用不同的程序,用户需要输入不同的用户名和密码。工作中绝大多数员工都有好几个用户名和登录密码,而每款新程序可能都需要提供另一个新的用户名和密码。这样做的原因在于通常情况下网站的应用软件中置入了安全系统,因此每种软件都有一批自己的验证用户,它赋予了用户在软件内的访问权限。例如,用户可能有分别用于登录个人网络、企业内网、电子邮件、会计系统以及公司市场营销数据库的用户名。当进入个人网络空间时,系统会识别用户可以访问的目录,并在目录中识别用户可以访问的文件。当登录到个人会计系统时,系统会确定哪些内容是用户有权限看到的,哪些数据是用户能够添加或者编辑的。

建立单点登录,以一次性验证用户及用户访问各种程序的权限,这可不是件小事情。对企业而言,这项工作是非常重要的,部分原因是:用户名和密码越多,一个人能记住它们的可能性就越小,就更可能把它们都抄到Post-it(R)即时贴上,粘到显示器上,这就引发了一个安全问题。此外,单点登录也使增加或删除新员工或离职人员的访问权限变得更加便利。

从员工的角度来看，表面上单点登录所有互联网服务——不仅仅是与工作相关的服务——似乎优势极为明显。目前，人们需要针对几十种、也许是上百种不同的网络服务创建用户名和密码，这些服务所涉及的范围从在线网络银行到车管所不一而足。出于对客户和网站访问者信息的喜好，许多用户没有保留过任何个人账户的服务机构都鼓励用户在他们那里创建一个用户名和密码，这样服务机构就可以追踪用户的网上活动，并基于先前所收集的行为数据有的放矢地向用户投放各种信息和广告。虽然，人们对其可信度与私密性表现出非常密切的关注，但诸如 Microsoft Passport 和 Sun One 所提供的服务试图实现这样的单点登录，至少能在所参与的网站和服务机构中实现。

门户技术所能提供的另一新功能是员工可对访问后台海量资源的入口进行个性化设置。员工能够设定个人登录网页以及设定自己的**通道**，而不是打开浏览器便出现的"欢迎进入 X 公司内部网"，以及首页上一成不变的当日新闻和各种软件链接。每条通道都可以包含对员工最重要的信息和资源链接。例如，一位市场经理也许选择了一条通道来显示来自公司数据库的市场数据实时汇总图，另一条通道列出公司今日的头条新闻，第三条通道则是公司不断更新的股票价格。门户网可以包含各种整合后的来自内部和外部通道的信息，因此这位经理可能会在屏幕上留出一小块专用区域，用来显示由在线天气服务提供的当地天气预报。

外网与供应链

互联网所遵循的是标准化传输协议，并且拥有全球可及的网络应用软件，这使得互联网成为推动另一类网络中心技术出现的主要力量。正如内网使公司内信息传播和员工间的交流变得更加轻松，企业外网（extranets）为公司外部的合作伙伴——包括客户和供应商——提供了相同的便利。

企业外网是指利用互联网技术来服务于扩展型企业，其对象包括客户、供应商以及其他合作伙伴。与企业内网差不多，典型的企业外网处于

第二章 以网络为中心的技术的出现

防火墙之后,并不对公众开放(可谓一个"封闭用户群"),而是服务于筛选后的合作伙伴,这一点与纯粹的企业内网有所不同。信息发布是建立企业外网的重要原因之一,但是其他一些因素也为使用外网的企业带来了相当多的便利。例如,某一供应商可能被赋予直接访问客户库存数据库的权限,并且可能拥有当库存量降至某一特定值时便可发货的权限。例如,这样的企业外网软件就意味着,客户那边不用担心色带的供应,也不用担心需要新纸的时候订不到货。无纸可用的日子一去不复返了。从另一个角度看,也没必要让纸张占据仓库大量的空间。戴尔电脑使用了企业外网对其个人电脑部件的库存进行管理,因而该公司库存只保持若干天的供应量便能满足客户需要。

允许客户通过网络界面访问操作数据是企业外网的另一项非常有价值的功能。例如,人们可以精确地对包裹运输进行全程追踪。在运输途中,每扫描一次包裹上的条形码,其所处位置的信息就会进入数据库,并且发货人和收货人都能够浏览到这些信息。

总的来说,对于企业内网、外网以及相关软件而言,网络用户界面的融合并不难理解。它便于使用,任何有浏览器和网络连接功能的电脑都可以对其进行访问。一旦学会了如何使用一些按钮并且明白这些按钮的链接是什么,即便不太熟练,你也可以畅游几乎所有的网站了。这种界面操作起来很方便,部分是由于它采用了一种高度标准化的前端界面——它与原有界面形成了鲜明对比,旧的界面需要终端用户学习针对每一种新软件的特定导航配置、新图标以及新流程。我记得曾有一个客户服务软件试图在按钮上使用"用户友好"图标,以实现诸如打印、存储、编辑、搜索以及转到下一页等功能。菜单条上的一个很小的图标上出现了红白相间的救生圈。于是我问了几个同事,如果按了这个按键,你认为会出现什么情况。一个人说:"它会启动帮助页面"。另一个则说,它可能退回到前一种数据形式,不管你最近输入的任何内容且"不让你"补救你的失误。而第三个人完全没有看出这个图标所要表示的是一个救生圈——她说它肯定是一个改变文字颜色的按钮,把文字变为红色以示强调。这种前后 44

不一、含混不清的界面增加了用户的学习时间和错误并且降低了用户的效率。[26]

网页作为用户界面的优越性正推动着另一种软件开发潮流——即对原有遗留系统界面的"网络化"。[27]现有的一系列软件工具能够帮助IT从业人员实现这一目标，从而使人们无需在自己的电脑上下载安装特殊的客户端软件就可以通过网络浏览器访问实时更新的企业数据，任意一台联网的电脑都能做到这一点。2000年，超过70％的企业数据位于内部遗留系统中，由此可见，网络化可谓成绩斐然。

无线技术

在以网络为中心的无线技术领域中出现了令人瞩目的革新，这得益于沙漏结构，它对实际传输方式几乎没有限制。如果我们能在TCP/IP协议下使用电话线、同轴电缆或者光纤传输信息，那为什么不用电磁波来传输信息呢？

虽然受到屏幕尺寸的限制，一些分析家仍预测，手机很快会超越微机成为最普遍的上网方式。从某种程度上说，移动互联网接入市场也许与1995年的互联网陆线接入市场处在相同的阶段，都是处于爆炸性增长的边缘。[28]可上网手机也许与电话的处境相似，人们对电话最初的理解是"有声电报"。虽然个人电脑在工业化国家非常普遍，但是在世界的许多地区还远未普及，并且可以确定的是在这些地区，同手机相比，个人电脑不但更难使用而且售价更贵，而上网手机的出现使互联网遍及的范围远远超出以往。如此乐观的前景可能会促使世界各地的网络运营商投入数十亿美元来获得第三代（3G）无线网络经营许可，许可中包括了支持高速数据传输的尖端技术，其数据传输速率远高于当前的无线网络。

无线技术当前正处于一种分离的状态，市场上许多设备应用的是各不相同且通常互不兼容的连接策略。主要根据信号传输距离，可将无线技术大致分为三类：个人域、局域以及广域。[29]

个人域无线网络的一个关键性目标是，在不使用短程电缆的情况下，

第二章 以网络为中心的技术的出现

实现各种设备的同步化以及交互工作。一种被称为蓝牙的技术就是其中一个重要元素,许多人预测蓝牙技术将会取代办公桌上一团团连接电脑、打印机、个人数码设备以及手机的电缆。

对于局域网而言,无线技术存在另外一些很吸引人的地方,特别是对于那些笔记本电脑用户。无线接入点能够置于一座大楼中的不同位置,拥有笔记本电脑和无线 LAN 卡的用户可以从附近任意一点接入网络。鉴于很难在大型会议室、图书馆、飞机场、庭院或花园这类场所配置数据接口,因而这种方式将会在公共空间中得到极大的普及。办公室员工可以带着自己的笔记本去阳台,一边享受阳光一边继续上网。无线 LAN 在家庭中也是很受欢迎的,特别是拥有高速互联网连接而又不止一台电脑的家庭来说更是如此,人们并不想在家里的墙上打孔布线。

广域无线网络为工作场所的交流提供了大量不同的机会,其中包括可上网手机以及个人数字助理。借助这些设备,你可以一边在机场排队一边使用 PDA 收取电子邮件,我们会在下一章讨论这种"随时/随地"接入方式所带来的影响。虽然这种连接的速度通常较慢,但是这种设备能够很好地传输简单文本。

"最后一英里"(last mile*)对于高速上网来说是一种阻碍,特别是对偏远地区而言更是如此。无线广域网络在这种情况下也是有所作为的。在所有办公室或者居所都铺设新电缆是非常昂贵的,而建设装有发射器的井塔以覆盖更广的区域则更具可行性。卫星同样可用于在更广阔地域内提供服务。例如,在阿拉斯加,卫星用于为州内远程图书馆、学校以及市政机构提供互联网连接服务。

虽然无线技术仍处于分离的状态之中,但是提升其功能的驱动力是很强大的。虽然无线网络具有巨大优势,将人们从桌面(电脑)的束缚中解放出来,但正如我们在下一章将看到的,它也会为那些试图平衡工作和

---

* 最后一英里:原意指完成长途跋涉的最后一段里程,被引申为完成一件事情的时候最后的而且是关键性的步骤(通常还说明此步骤充满困难)。——译者注

家庭生活的人带来麻烦。

信息设备

微型电脑是一种多用途设备,它能够大量处理各类琐碎工作,是连接到互联网的主要途径。但是正如我们所看到的,许多种设备都能够上网,术语"信息设备"便用于描述这些设备。人们对什么是信息设备目前还未达成共识,但都认为信息设备能够与互联网连接,且既不是微型电脑也不是服务器。前面提到的以网络为中心的瘦客户端*以及无线设备都可归于信息设备。信息设备还涵盖了很多革新技术,包括电视、眼镜、手表、复印机以及其他可能被赋予 IP 地址的设备。

20 世纪 90 年代中期,微型电脑高昂的成本致使部分制造商转向成本较低的单一功能信息产品,这些设备支持上网、收发电子邮件,而没有其他更多的功能。电视被当作一种网络冲浪的信息设备使用,继而就是 PDA 和手机了。

对可穿戴电脑的研发是另一类信息设备一个相当活跃的研究领域。例如,麻省理工学院的 MIThril 项目便把重点放在了一种重量轻、情境敏感的设计研发上,这些设计包括可以夹在使用者眼镜上的"记忆眼镜"(memory glass)以及装有仪器设备的上衣。[30] MIThril 的名字来源于托尔金(J. R. R. Tolkien)的小说《哈比人》(Hobbit)与《指环王》(Lord of the Rings)。书中写道,精灵们将轻巧的银钢制成战袍让弗洛多(Frodo)穿在衣服之下起护身作用。

各公司的复印机、传真机都开始有 IP 地址了,特别是在办公室工作的人们需要将工作从自己的桌面电脑发送到这些设备上的时候就更需要 IP 地址。例如,要拷贝的文件可以从世界各地以数字形式发送过来,之后在有需要的地方将文件打印、分类、整理以及装订。

---

* 瘦客户端指的是在客户端—服务器网络体系中的一个基本无需应用程序的电脑终端。——译者注

第二章 以网络为中心的技术的出现

　　针对家庭的革新也即将到来,家用电器有了互联网连接,家庭网络开始扩展为包纳保安系统、照明、电视、喷淋系统以及厨房设备的网络。一些销售商就正在销售互联网冰箱。看看我们贴满磁铁和便签的冰箱门,对很多家庭来说它就是家里的"信息中心",冰箱制造者就在面板上添加了一块可与网络连接的平板显示器。在其上输入的信息在其他地方都能看到。

　　即便设备本身不完全是一个获取信息的工具,板载芯片的应用很有可能帮助实现追踪功能。新设计方案已经开始着眼于在所有体积足够的产品上安装一个微小的信息设备芯片,作为信息分类设备,通过自身独一无二的地址,可以通过扫描器被识别,报告历史记录并存储新信息。安装在购物车上的智能标签已经开始运用这种自动识别技术了。此外,如果芯片的价格能够降到足够低的水平,将会出现更多的应用,例如,在谷物盒以及其他杂货店商品都安装这种芯片。在以网络为中心的世界中,几乎任何东西都可以被赋予 IP 地址,进而互相联通。

　　是否应该将所有设备都联通起来是另外一个问题。很多信息设备的寿命可能很短,由于消费者丧失了兴趣,其中一些设备已经销声匿迹了。在推出仅仅 2 个月之后,Sony 就把该公司的桌面网络冲浪设备 eVilla 下架了。其他制造商也已撤回自己的产品,并正对信息设备市场进行重新评估。但是还是有少部分产品能够获得巨大的成功。关键问题是,无论这些革新产品是否具有潜力,互联网设计的原则都会使它们以惊人的速度涌现,而革新产品能否获得成功将由市场决定。

安全与以网络为中心的技术

　　虽然安全问题在互联网发展的早期就备受关注,尤其对军队和一些敏感的研究领域更是如此,但是为了解决安全问题所采取的措施没有与网络在不同时间所扮演的不同角色保持协调。早期的措施很大程度上是在传输过程中使用加密技术,以及采用专用的硬件设备来保护存储在大型服务器上的机密信息,这些大型服务器装有稳健的通常置于安全场所的操作系统。当个人电脑进入人们的视线,互联网发展成为一种公共商品之后,旧有的安全模式便不再适用。个人电脑从一开始就被设计为一种单用户、非网络连接的设备,因此个人电脑操作系统缺乏像诸如 UNIX 等向多用户提供服务的大型电脑操作系统所具备的严格的安全措施。此外,开放性和公共可访问性成为了重要的目标,而安全策略对一些人而言会阻碍他们的工作。恶意用户发现了大量的安全漏洞,他们能够轻易地利用开放的互联网来散播他们所知道的东西。[31]

日益严峻的安全威胁以及对防御手段的需求已经成为工作场所中令人头痛的问题。IT 从业者每天把大把的时间都花在了解决安全问题上。公司上下的员工必然也会被牵涉到诸多安全问题之中,他们需要做的不仅仅是花大力气确保个人密码的安全性。安全问题几乎没有一天不在困扰着几乎每一个员工。影响工作场所的主要安全威胁究竟有哪些呢?

安全威胁的范例

首先,互联网和任何与互联网相关的服务及设备都可能受到病毒、蠕虫以及木马攻击,所有这些都会造成数据损毁,危及电脑和网络,并使工作场所浪费大量的时间。某一病毒的攻击就有可能危及到一台电脑的安全,损毁本地数据且有可能使整个企业网络陷入瘫痪。在互联网的早期阶段,人们把病毒和其他一些破坏性因素当作恼人的恶作剧,这类病毒的始作俑者是些无所事事但电脑技术精湛的孩子,有时人们赞扬他们的聪明才智而不是惩罚他们。如今,这类行为会威胁到网络的正常运行,并造成大量的经济损失。例如,"爱虫"(Love Bug)病毒肆虐后,清除该病毒所花的资金估计达到了 100 亿美元。[32]

另一类安全威胁是**拒绝服务**(denial of service)。大型商务网站依靠的是客户对其服务一周 7 天每天 24 小时全天候的可访问。用于攻击一家网站的手段可谓各种各样,目的都是使其他人无法访问该网站,网站攻击者通常是一些孩子或青少年,他们下载并安装预先写好的脚本,并使用这些脚本对网站进行攻击。网站的攻击者会利用网络信息攻击主机,使主机死机或者严重扰乱数据通信,这样一来合法的访问就会变得如爬行般缓慢。这类攻击行为更为有效的形式是**分布式拒绝服务**(distributed denial of service),攻击者首先通过网络入侵到其他若干电脑,通常被攻击的电脑都会使用电缆或者 DSL "包月"服务,攻击者会在电脑上安装若干软件。之后,这些电脑就会成为"僵尸",再经过一段时间攻击者就会向这些电脑发送一个指令,要求它们立刻对某一网站发动攻击。对受害网站而言,这样的攻击好像来自四面八方,且始作俑者却隐藏在"僵尸"们背后的隐秘位置。

未经授权的侵入是第三种致命的安全威胁。互联网上主机主要是受密码的保护,而密码能够被蓄意破解、截取、推测或者由于不小心被泄露。另外,电脑软件及操作系统中可能存在着大量"漏洞",这导致电脑很容易被入侵或招致损害,甚至在密码未截取的情况也会出现这种状况。2001年造成惨重损失的 Code Red 蠕虫就是利用了微软网络服务器的漏洞而得以在操作系统间传播,继而触发了对美国白宫网站的攻击。

无线系统特别容易受到入侵,这表明了在开放性需求和安全顾虑之间处于紧张状态的平衡关系。[33]例如,企业员工对无线网络的发展给予了极高的评价,因为他们能够在公司无线接入点附近的任何场所使用手提电脑。企业也很乐意在咖啡厅、户外花园、礼堂以及会议室安装网络接入点,使员工或工作群体能够在公司内部的任何场所登录网络。但是为这些网络提供安全保障却是件很棘手的事情,而且人们在公司外的停车场或大街上也能用手提电脑登录网络。[34]此外,在公司不知情的情况下,"无赖接入点"会挂靠在公司的无线网络接入点上,这增加了未经授权的网络"门口"。

安全威胁随处可见,以帮助某人清除安全威胁为幌子就可以让他(她)信以为真,进而采取一些措施,而这些措施会对电脑造成损害。一个恶作剧便是向受害者的地址簿发送一些地址,并警告受害者所有的文件都已经被一种病毒感染,然后提供如何清除病毒的详尽指导。原本没有病毒,但是如果受害者按照指导上说的去做的话,那么电脑操作系统至关重要的文件就会被删除。

提升安全性

提升互联网的安全性是一项庞大的任务,涉及IT专业人员和所有互联网用户。在工作场所,对员工进行教育是帮助预防病毒攻击、入侵、数据丢失以及非授权使用的关键措施。例如,人们常常使用轻易就能被猜出的密码,像自己或是宠物的名字,之后就不再更改密码,除非系统自动要求用户修改。必须不断告诫员工病毒或蠕虫传播的方式,很多时候只不过是点击了电子邮件中看上去无关紧要的附件就会感染病毒。一些病毒就是利用电子邮件程序的漏洞,向用户地址簿中所有人发送带有病毒的信息,从而实现病毒的传播,因此危险的有毒附件看起来似乎来自自己的同事。仅仅是谨慎处理陌生人的电子邮件对于防御攻击来说是不够的。

在IT领域人们已经做了大量提升互联网安全性的工作,但是由于互联网技术发展很快,提升安全性是一件很困难的事情。例如,微软每年都会针对其操作系统发布几十个补丁,以实现软件升级并修补软件发布后发现的安全漏洞。但仅仅利用补丁来提升安全性不但相当费时,通常也是亡羊补牢。许多公司都在企业系统中加装了入侵检测软件,这种软件依靠的不是修补安全漏洞,而是监控系统中出现的异常或古怪状况。检测软件会记录下各种软件及终端用户工作的正常模式,一旦在系统中任何位置出现了异常状况,它都会发出预警。

防火墙是另一种重要的并广泛应用的安全防范措施,使用防火墙的用户很多,包括路上使用笔记本电脑工作的人们,以及在家里使用电缆或DSL高速上网的用户。**防火墙**的作用就如同一道架在公共互联网和企业网络(或者个人家庭电脑)之间的关口,它追踪并记录通过关口的信息。可以对防火墙进行设置,以阻止或过滤各种信息,无论是向外还是向内的信息。

安全性对于在互联网的信息系统中建立信任也是很重要的，而且安全性必须体现在几个水平上。例如，信息接收者必须要对信息的**真实性**有信心，真实性意味着信息确实来自列表中的发送者，且信息在传输途中未经电子伪造或篡改。企业也必须对信息内容的安全性有信心，即便信息被截取了，其内容也不应具备可读性。信息系统另一个重要因素是**不可否认性**(nonrepudiation)以及采用某种验证方式来确保信息被接收了。不可否认性意味着发信人不能否认发送了信息，收信人也不能否认接收了信息。所有这类功能都能在纸质文档和包裹上实现，但是在互联网上建立类似的机制却不太容易。例如，纸质文档可能需要签名确认，且可以通过某种方式进行加密。货运行业制定了一些措施，以防止货物到达时收货人让他人签收后声称自己没有收到货物，这解决了涉及不可否认性的部分问题。虽然公共密钥基础结构(PKI)起步较慢，但是它可能成为解决不可否认性问题的技术。公共密钥基础结构(PKI)是一种采用公共与私人密匙、加密术以及数字签名的技术。

大量安全威胁的扩散以及安全防御中"猫鼠游戏"日益增加的复杂性催生了整个新型软件业。企业要为购买软件产品和服务投入大量资金，而且为了规避损失企业还必须不断培训自己IT部门的员工。安全威胁还会对生产力造成损害，因为如果重要文件遭到破坏，那么工作必须重新开始。冗长的"安全措施"表必然会加重每位员工的责任负担和工作负荷。列表中的项目不但包括频繁更改密码，而且还涉及其他更费时的工作，比如在连入企业网络的家庭电脑上安装并设置防火墙。工作场所中的"安全技巧"列表正在变得越来越长、越来越复杂。但是，整个大环境并没有为企业员工提供多少支持，这些员工电脑防御系统的崩溃可能是由于疏忽或者缺乏相关知识。例如，如果用户没有及时下载最新的补丁修补现有漏洞，那么发布本身就有漏洞的软件的销售商就倾向于把责任推到受害者头上，从而把安全责任转嫁到企业或该企业员工的身上。

不断增多的安全问题所带来的最糟糕的影响就是这些安全问题可能会威胁到人们的整体信任和信心。如果人们不愿意打开电子邮件或者质疑邮件的真实性，那么信任便荡然无存，电子邮件的用途也大打折扣。如果人们对网络在协作与信息传播方面强大功能时刻保持警惕，虚拟团队的协作机会就会减少。如果员工开始感到自己在安全系统中所承担的责任过大而且始终在增加，那么他们可能消极地全然放弃自己的责任。

在以网络为中心的浪潮中弄潮

正如你从我们对部分新技术的简短回顾中所看到的，互联网的设计原则比互联网的构建者所预期的更为有效地促进了革新。如今，在工作场所中，人们正在经历着一场由技术驱动的巨大变革浪潮。计算机化和远程通信改变了我们的生活、工作及商业运作方式，诸多领域都从中有巨大收获。但是，IT部门不可能一直能够紧跟推出的所有软件和硬件产品，更不可能在企业中安置这些产品，并且培训员工如何使用。员工被各种承诺能提高生产力、简化生活的技术产品广告团团包围，其中很多新产品确实能提高个人或整个企业的生产力。而另一些技术产品则存在很多缺陷，文件编制粗劣，缺乏技术支持且价格昂贵，这些技术产品只会令人心烦意乱。身处以网络为中心的浪潮之中，面对各种技术产品很难分清孰优孰劣。

员工可能不了解工作场所更加混乱、竞争变得更加激烈的局面是如何形成的，以及为什么会出现这种局面，他们可能也不知道为什么他们的公司现在充斥着令人迷惑又眼花缭乱的新技术，这些新技术承诺解决所有问题、提高员工生产力、革新现有商业进程，同时又可能取消他们所工作的部门从而导致他们下岗。正如生活在另一个时代的查尔斯·狄更斯（Charles Dickens）所言："这是时代最精华的部分，也是时代最糟糕的部分。"在到此为止的两章里，我们探讨了工作场所中与互联网的背景，以及网络中心技术对我们的工作内容和方式造成根本性影响的一些原因。下一章关注的是以网络为中心的技术在我们的生活结构中所扮演的角色以

第二章 以网络为中心的技术的出现

及它们对我们的工作和非工作时间所产生的影响。

注 释

16. Mensch, G. O. (1982). The co-evolution of technology and work-organization. In G. Mensch & R. J. Niehaus (Eds.), *Work, organizations and technological change*. New York: Plenum Press.
17. Standage, T. (1998). *The Victorian Internet*. New York: Berkeley Books.
18. Computer Science and Telecommunications Board, National Research Council. (2001). *The Internet's coming of age*. Washington, DC: National Academy of Press.
19. Guglielmo, C. (2001). Microsoft, AOL, wrangle over IM, digital media. *Interactive Week*, 8(23), 13.
20. Anthes, G. H. (2003). Internet Protocol Version 6. *Computerworld*, 37(3), 33. Retrieved March 2, 2003, from Business Source Premier Database.
21. Internet Corporation for Assigned Names and Numbers (ICANN) Web site. Retrieved March 1, 2003, from http://www.icann.org/udrp/
22. Myers. B. A. (1998). A brief history of human computer interaction technology. *ACM Interaction*, 5(2), 44—54.
23. Hardy, L. (1996). *The evolution of ARPANET email*. Retrieved Octorber 24, 2001, from Universtiy of California at Berkely Web site: http://server.berkeley.edu/virtual-berkeley/email_history
24. MacSweeney, G. (2002). R U Ready 4 IM? *Insurance and Technology*, 28, 36+. Retrieved March 1, 2003, from Business Source Premier Database.
25. Phifer, G. (2000). Management update: Do update: Do you really know what the term 'portal' means? Inside Gartner Group, October 18, 2000.
26. In fact, the designer intended the button to signal "save".
27. Bajgoric, N (2001). Internet Technologies for Improving Data Access. *Information Systems Management*, 18(3), 30—41. Retrieved February 13, 2002, from FBSCO Database.
28. The Internet, untethered [Electronic version]. (2001). *The Economist*, 361 (8243), 3. Retrieved February 1, 2002, from EBSCO Database.
29. Richardson, P. (2001). Personal to Global: Wireless Technologies, 2005—2010. Gartner Advisory Group Dataquest Perspective, February 23, 2001. Retrieved November 3, 2001, from DataQuest.
30. DeVaul, R. W., Schwartz, S. J., & Pentaland, A. S. (2001). MIThril: Context-aware computing for daily life. May 16, 2001. Retrieved October 28, 2001, from the Massachusetts Institute of Tchnology Media Laboratory Web site: ht-

tp://lcs.www.media.mit.edu/progects/wearables/mithril/mithril.pdf
31. Piscitello, D. & S. Kent (2003). The sad and increasingly deplorable state of Internet security. *Business Communications Review*, February, 49 — 53. Retrieved March 3, 2003, from Business Premier Database.
32. Mcfadden, M. (2000). As virus attacks develop, defenses are evolving. *ENT*, *5*(13), 31. Retrieved March 2, 2003, from Business Source Premier Database.
33. Securing the Cloud. (2002) The Economist, 365(8296). Retrieved March 3, 2003, from Business Premier Database.
34. Gomes, L. (2001). Many wireless networks open to attack. Tech Update, ZDNet. Retrieved March 3, 2003, from http://techupdate.zdnet.com/techupdate/stories/main/0,14179,27130009,00.html

第三章
工作、非工作以及两者间模糊的界线[53]

20世纪90年代,**工作与生活的平衡问题**开始受到人们的极大关注,部分是源于许多人所感受到的日益增加的不平衡感。某些行业的员工纷纷抱怨工作时间过长,他们的晚间、周末和假日都被占用了,而且工作的地点也远远超出了工作场所的地域疆界。一份由家庭与工作研究所(Families and Work Institute)开展的调查显示,在受调查者当中,46%的人认为自己有工作过度的感觉,28%的人认为自己被工作压得透不过气。[35]研究者开始探索轮班工作制的本质,部分目的是要考察这种工作模式是否确实延长了绝对工作时间,或是仅仅增添了更多的工作压力。由于以网络为中心的革新技术出现,"工作"与"非工作"间日渐模糊的界限也成了人们关注的焦点问题,人们越来越担心这种不断模糊的界限将对家庭生活带来负面影响。家长带着让他们能实时知晓商务信息的网络设备参加晚间家长会再也不是件稀罕事了。

本章中,我们重点关注在工作和非工作中出现的各种变化以及互联网在这些变化中所扮演的角色。工作及我们投入工作的时间已经发生了复杂的变化,这些变化并非对所有人都一样。这些变化有时着实令人困惑,特别是在20世纪90年代经济蓬勃发展的时期,那时失业率很低且劳动力短缺,许多人在和老板讨价还价时手中有了比以前更多的筹码。但是,有些员工却变得更加辛苦,工作时间也延长了。为什么在薪水增长、劳动力奇缺的时候仍有大量员工的工作更加繁重、工时也更长呢?正如你将要看到的那样,导致部分企业内部高工作负荷的成因是相当复杂的。[54]尽管有些工作负荷是员工自找的,但是信息革命和互联网在其中起着至关重要的作用。

　　整体而言,互联网、信息革命和以网络为中心的技术所扮演的角色同样是难于精确定义的,然而它们引发的变化却已经通过几条重要的途径对工作、非工作以及二者之间的平衡产生了影响。首先,正如我在第一章探讨的那样,它们影响了公司之间的竞争的强度,通过转变工作环境和工作压力,技术革新在背景环境中扮演了重要的角色。例如,变化中的商业环境已经降低了职位的安全感和稳定性,增加了职位的不确定性,特别是对于那些在过去极少受大规模裁员影响的商业领域尤为如此。与此同时,收入差距也在增大,特别是对美国工人而言,这增加了谋求紧张而忙碌的职位所需的投入,也加大了失去职位所造成的损失。收入差距增大在某种程度上也是与以网络为中心的浪潮引发的商业环境改变有关。

　　那么从背景来看,以网络为中心的技术有助于形成某种商业环境,身处其间的人们有些是被迫延长工作时间,并且工作得更辛苦,而另一些人则对此甘之如饴。从前景来看,这些技术**使得**人们可以一年四季,一天二十四小时想要工作多久就工作多久、需要工作多久就工作多久。技术产品无论何时何地的联网功能已经使得人们可以利用原来无法处理工作事务的时间段来办公,例如往返上下班时间。背景效应与前景效应二者会相互强化、相互促进。例如,假设经理知道员工在家就能收发电子邮件,那么如果员工晚上没有收到第二天早上 8 点召开紧急会议的加急通知,经理对员工的原谅程度就会降低。这种统合力已经引发了工作场所中的重大变化,包括针对员工何时何地应当处于待命状态的公司准则的变化,以及"办公室"这个概念本身的变化。

　　人们对于工作与生活之间平衡这一问题的大多数关注是由一些逸事引起的,这些逸事讲述的是那些几乎除了睡觉就是工作的人,家人几乎见不到他们的踪影。一种假设认为,这种轶事主要描写的是工作狂、互联网企业家或是那些对于"享受人生"的建议充耳不闻的人们。无论什么时代,上面几类人都有可能选择极长的工作时间和绝少的私人时间。假如家里没有宽带,他们可能就睡在办公室了。让我们首先通过工作时间的数据来看看不属于上述类型的人们是不是也的确延长了工作时间。

我们正在工作得更多吗？

解读堆积如山的关于工作时间的劳动统计数据并非易事。一些数据显示，近几十年来工作时间未发生太大变化，而其他数据则显示出关键性变化趋势，这些趋势随国家和职业群体的变化而变化。国际劳工组织（The International Labor Organization）提出，工作时间是劳动力市场的关键性指标之一，该组织的分析表明，工作时间在世界各国间的差异着实令人惊讶。[36]例如，过去十年间，德国人年均工作时间减少了近 100 小时，法国人的工作时间减少了 40 小时。该组织的数据还显示，"工作狂"式的日本人工作时间的确也有所下降。1980 年日本员工的工作时间超过了 2100 小时，然而到了 20 世纪 90 年代末期，他们的年均工作时间降到了 1842 小时。韩国人的工作时间也有所下降，但即便如此，他们的平均工作时间还是很长，韩国仍是世界上工作时间最长的国家之一。1980 年，韩国人的年均工作时间是 2689 小时，但到了 2000 年这一数字下降到了 2474 小时。

但是，其他国家工作时间的变化却出现了相反的趋势。美国、瑞典以及波多黎各在过去十年中的年工作时间都有所增加。过去二十年内，美国人年工作时间每年增加 96 小时，到了 2000 年，他们的年工作时间达到了 1979 小时。这一数据比多数欧洲国家高出了约 30%，增加量约为每年 15 个工作周。这意味着与二十年前相比美国的确有一部分人工作的时间延长了，而另一部分人（特别是欧洲人）的年均工作时间正在减少，他们拥有更多的闲暇时间。例如，荷兰人每年仅仅工作约 1365 小时。

工作时间的平均数据会受到各种方法学问题的牵制，总的来说算术平均数会掩盖变化趋势背后的微妙差别，因此有必要对这些变化趋势进行更细致的考察。特别是在朱丽叶·肖尔（Juliet Schor）1991 年[37]出版了

《过度工作的美国人》(The Overworked American)一书之后,研究者开始对过度工作现象表现出了浓厚兴趣。在美国,似乎并不是所有群体的工作时间都变长了,工作时间延长集中在某些群体,尤其是那些从事专业与管理工作的群体,以及处于教育和收入上层的员工。处于教育和收入上层的男性与女性的工作时间都有所延长。

有充分证据表明,在整个20世纪90年代,即使是在经济扩张时期,美国人的工作时间一直保持着增长态势。处于繁荣时期的人们,尤其是那些收入增长很快的人们,花在工作上的时间却是越来越多了,至少在美国情况如此,这看上去就有些奇怪了。[38]

纵观整个20世纪,在大部分年份人们的工作时间有增有减,但总的趋势是下降的。生产率的提高帮助人们缩短了花在工作上的时间,但劳工运动在减少工作时间方面所起的作用也不能忽略。20世纪早期,劳工组织不知疲倦地与导致工人长时间工作的工厂生产体制进行斗争,并且在多数工业化国家中取得了一定的成功。劳工运动的重要目标之一就是避免失业和免职。美国劳工联盟(American Federation of Labor)的创始人塞缪尔·冈珀斯(Samuel Gompers)称,即使有一个工人失业了,其他人的劳动时间也还是太长了。美国大萧条时期曾出现过这样一股短暂的风潮:政策制定者们热衷于减少工作时间来分配就业。例如参众两院1933年通过了《布莱克法案》(Black Bill),规定从事州际贸易与对外贸易的所有公司每周工作时间为30小时。大萧条开始前这项法案是不可能被通过的,但当失业率飙升到20%,消费者无力购买仓库里积压的商品时,立法者便热情高涨地支持布莱克法案,希望以此刺激消费者需求并使国民回到工作的轨道上。然而罗斯福总统担忧《布莱克法案》的长期效应,因此他中止了该法案。虽然该法案可能在短期内带来正面效益,但是从长远来看,它可能会减缓经济发展的脚步,同时损害国家在海外市场的竞争力。

在欧洲,国家对全民就业分配特别重视,并有多项立法控制工作时间。法国对分配就业机会非常关注,并通过立法对每周工作时间设定上限,要求到 2002 年将每周工作时间削减到 35 小时。欧洲国家所走的道路是否和美国一样,是否最终将会放松对每周工作时间的限制,目前尚不清楚。美国商人试图在欧洲开店,并试图推广自己关于员工应该工作多长时间的理念,其结果通常会是碰一鼻子灰。

为什么有些人的工作时间更长?

虽然劳动统计与调查表明,部分国家中某些人群的工作时间正在延长,但是出现这类趋势的原因却难以确定。当然,这里面有个人选择的因素(即有的人愿意工作更长的时间),然而美国前劳工部部长,现任布兰代斯(Brandeis University)大学社会和经济政治学教授罗伯特·B. 莱克认为,美国人工作时间延长有其根本原因,它植根于主要由技术、通讯及信息革命所导致的不断变化的商业环境。[39]人们在一种环境下做出各种选择时,会考虑到每种选择所可能带来的收益和损失。当发现自己工作与生活失去平衡的时候,莱克开始深入研究关于工作与非工作的课题。作为内阁成员,莱克热爱自己的工作,每天早上迫不及待地去上班,而到了下班时间却怀着不情愿的心情回家。他与家人朋友日渐疏远,晚上很少哄儿子上床睡觉。有一次他打电话说又不能回家道晚安了,但儿子却坚持要爸爸回家后叫醒自己。当时莱克就问为什么,儿子说自己只是希望爸爸在家里面。那一刻莱克决定辞职,重新建立工作和生活的平衡。

工作中的狂乱:商业环境的作用

莱克所做的分析特别关注了导致工作时间增加的根源,主要原因之一是技术革新、通讯与信息革命所带来的变化,以及消费者在变化中所起的作用。正如我们在第一章讨论的那样,以网络为中心的技术改变了力量制衡,将力量从企业转移到了消费者手中。现在,几乎在选择任何一种[58]

商品时消费者都可以便捷地从一家供应商转向另一家,而他们要做的只不过就是点击鼠标而已。另外,消费者信息获取能力也增强了,他们可以进行产品比较、询价或通过自己的各种朋友征询建议。消费者的信息源十分丰富,虽然有些内容欠准确,但是绝对信息数量远远超出了互联网出现之前。现在有许多网站,例如 mySimon.com,它们可以帮助消费者找到所需的任何商品,并尽可能促成最合算的交易。在各种热烈的讨论群中,可以看到供人们参考的由曾经购买过各种商品的消费者所发布的帖子,许多发帖的消费者都乐于与别人分享自己的购物经验。

然而我们中绝大多数人不只是消费者,同时也是生产者,是在网站的另一端制作产品并提供服务的人。正如莱克指出的,**绝妙交易时代**(The Age of the Terrific Deal)是一把双刃剑。消费者一方面从更优质的商品和更低廉的价格中获益,企业则具有了推出更富创意的产品的强烈动机,以增加市场竞争力。而另一方面这会导致激烈的竞争以及工作场所中极大的狂乱。需要长达一年或更长时间才能研发出来的产品可能仅仅在几个星期之内就被推向市场,而后却很快就下架了,这是因为一旦大众对该产品提出批评,该产品的缺陷便迅速传播开来。

即便在繁荣时期争夺消费者眼球与腰包的竞争便已达到了白热化,工作场所也相应变得更加狂乱。产品在当前受到欢迎可能对公司及其产品研发者是一种宽慰,但也许产品不会长久受欢迎。一旦消费者发现某种更划算的产品时,必然会选择该产品,而提供该产品的竞争对手距离自己仅仅一步之遥。没人能够高枕无忧,也无人能确信企业能保持长久兴旺,员工虽然很累,但也不能休息放松。

增长最快的软件之一被称为"商业智能"(business intelligence),简称 BI。互联网的应用与企业间的竞争压力促成了 BI 软件的问世,企业目前迫切希望了解的是消费者对其产品的最新反馈信息,以及竞争对手的活动情况。借助 BI 软件,企业经理人能够挖掘并分析由网上获取的海量数据,无论数据的来源是企业数据库、报纸、年度报告、电子邮件,还是开放的互联网。BI 软件不但能够快捷地汇总各类微小行为(例如,点击进入一个网站)的数据,而且能够为人们动态展示图形和表格,为试图了解商业市场与战略并做出决策的人们提供参考。BI软件所做的大部分工作是分析实时数据,或者至少是新近数据,这一点对试图以互联网时间(Internet time)为基准开展工作及做出决策的商务人士相当有吸引力。加特纳公司预计,到2003年BI软件的销售额将超过80亿美元,半数以上的大型企业将使用BI软件作为商业运作的基础。[40]

企业正面对着日益激烈的竞争,这是人们作工作时间决策的现实背景。若要在竞争中保持盈利,企业就必须不断寻找降低经营成本的方式,特别是降低与劳动力相关的成本的方式。尤其要指出的是,企业已经开始寻求适当的商业策略,以降低与长期劳动力相关的固定成本,同时提高快速招聘、雇用以及解雇方面的灵活性。

职业安全感的缺失

在同一家公司长期稳定地工作三十年后,举行退休宴会,得到金表并享受每月的终身制退休支票,这种情形可能永远不会像20世纪50年代的电影试图让我们相信的那样充满诗情画意。但我们中的大多数人都知道,也许我们的父母、祖父母等人享受过那种美妙的待遇。我丈夫的父亲就是个例子,他生于1910年,其整个职业生涯都是作为工程师供职于通用汽车公司。但是,我丈夫的祖父就未曾享有过这种终身职位,他对此还可能会感到十分惊讶。

纵观历史,在过去的几个世纪,我们对于职业的概念、雇主与雇员关系的概念发生了极大的变化。19世纪早期,在大规模生产把人们从农场吸引到工厂做工之前,绝大多数人没有雇主给的固定工资*。当时,人们在家庭农场中劳动,在小型家庭手工业中从事手工艺、打鱼或散货销售的工作。19世纪末期,随着大规模生产的发展,人们越来越多地迁往城市并开始为赚取工资而工作。在当时的社会背景下,这种过渡转型并不容

---

* 此处工资特指按小时、天数或周给或按工作量付给的金钱。——译者注

易。许多人认为挣工资是贬低身份的举动,无非是比奴隶强了一点,只不过是迈向经济独立的一步而已。公司主管手中有相当大的权力决定工作期限和工作条件,他们可以要求长时间的工作而只支付极少的酬劳。这就导致了劳工运动,而劳工运动推动了劳工联盟的建立,以及工人就工资问题以集体方式和工厂进行谈判,此外也催生了一些法规,以防止工业时代最丑恶的行径(诸如雇用童工等)。

到了20世纪中期,美国大约三分之一的工人都属于同一联盟,但白领的数量也出现了增长。经典著作《组织人》(Organization Man)的作者威廉姆·H.怀特(William H. Whyte)对这些白领中的许多人进行了采访,发现他们将自己和公司间的关系看成是终身式的。他们期望能够为一家公司工作到退休,也期望自己的忠诚得到回报。战后大学毕业生进入劳动力市场后,希望供职于大企业并在企业内部逐步向高层职位上升。他们很难忘记大萧条下的混乱状态,因此渴望找到一种更稳定的职位。一位大四学生对他说:"我并不认为AT&T很有吸引力,但我还是希望在那家公司工作。因为即使经济萧条再来一次,AT&T也不会倒。"

1995年AT&T宣布裁员数量超过40,000人,这是电信业有史以来所公布的规模最大的一次裁员。2002年AT&T宣布进一步裁减5000名员工,由于所供职的部门需要精简,接下来还将有5000名员工可能出现在裁员名单上。2001年失业员工的数量超过了两百万,他们中许多人都是抱着"AT&T总不会有事"想法的白领。如果上述那个对怀特诉说想法的年轻人当时还没有退休,他很可能就是这股失业大军中的一员。

在失业白领大军中有位员工名叫唐纳德·史盖瑞(Donald Scarry),他未曾料到自己会在1996年被解雇。他不断痛苦地发泄对AT&T裁员的愤怒,因为他以前期望AT&T不会解雇像他自己那样的中层管理者,而只可能解雇那些从事生产劳动的工人,但现实与他的期望背道而驰:

"从AT&T裁员事件中,我们暗自吸取的教训是:我们的梦想、对企业的

第三章 工作、非工作以及两者间模糊的界线

认同感以及我们的生活方式已不复存在了。裁员事件告诉我们,即便是造就了企业的人——AT&T 中层管理人员以及间接造就了 AT&T 的类似群体——现在也遭受了与普通工人相同的命运。公司高层作出的决策可以立即将我们边缘化。虽然我们中绝大多数人形成了对企业的认同感,而且自以为就是局内人了,但是做出公司决策的真正的局内人却未经深思熟虑就把我们踢出局了。我们这群曾经拥有美好梦想、工作哲学和严谨态度的人现在只能依靠自己了。对于我们中的大多数人来说,这都是头一遭。"[41]

在 20 世纪后半叶,企业通过缩小规模、重新设计、最优化规模及其他各种策略进行内部结构重组以增强竞争力。即使员工的业绩不错,企业在裁员前也基本不会发布通告。员工们期望在企业一直工作到退休,但在 20 世纪末的商业大环境下,他们的期望不可能变成现实了。

企业选择裁员而不是缩短工时,部分原因是企业希望降低固定成本和福利并保持灵活性。企业宁可雇佣更少的全职员工,也不愿持续地雇佣长期员工(并为他们提供福利)。1962 年,通用电气的员工福利部经理曾写道:"最大限度地增强员工的职业安全感是企业的首要目标"。[42] 然而到了 20 世纪 90 年代,在繁荣及萧条时期依据临时需要而招聘或解雇员工却成了一种更加精明的商业策略,它有助于应对市场竞争压力以及消费者需求的突然转变。从员工的角度看,这意味着日益降低的职业安全感,以及对突然而至且令人害怕的解雇通知书日益增多的担忧。仍然享受福利的全职员工们则对如何保住现有职位而更加焦虑不堪,其工作会更加努力,工作时间也会更长,他们不愿成为不断"壮大"的失业、兼职及临时工大军中的一员。

来自劳动署(Bureau of Labor)的数据显示,自 1995 年开始收集相关数据起,每年大约有 14,000 到 16,000 起解雇 50 人或更多人员的大规模裁员事件发生。这一数据在 2001 年变得更为令人担忧,这不仅是因为经济增长严重放缓,而且还包括 9·11 事件的因素。例如,2001 年 11 月大规模裁员事件比前一年高出了 59%。这些数据表明,商业竞争非常激烈,商业易变性非常明显,在这样的环境下,白领们绝对有理由对职业安

全感到担忧。

企业制度

除了竞争日趋激烈的商业环境和不断降低的职业安全感，企业制度的改变也是某些领域的员工工作时间大大延长的原因。以吉尔·弗雷瑟（Jill Andresky Fraser）在凯瑟琳40岁出头时对其所做的关于工作时间的采访为例。[43] 从20世纪80年代开始，凯瑟琳在IBM从一个初级职位稳步上升，在20世纪90年代进入管理层。20多岁时，她每天工作20小时，每次出差都经常是几个星期。升入管理层后，虽然出差时间少了，但是她承担起了轮值的任务：每周一次24小时"随时待命"。早上很早客户就会打来电话，但她仍然需要上午8点到达公司，并一直工作到晚上八、九点钟。

当路易斯·郭士纳（Louis Gerstner）1993年掌管IBM的时候，开始迅速压缩公司规模并进行公司结构重组。当大型主机市场开始让位于网络和微机市场，IBM原先稳固的地位受到了挑战，公司股价下跌，郭士纳开始采取裁员、公司规模瘦身并启动提早退休计划。余下员工的工作量增加了，但凯瑟琳却未有过异议。"我曾经为自己的思考而自豪，我没打算抱怨。我能承担一切。我能完成所有工作。"凯瑟琳白天参加会议，晚上在家处理电子邮件，用IBM公司配发的电脑使这些工作变得十分便利。她说："这就好像你没有家庭生活一样。"

虽然不同员工长时间工作的原因和动机各不相同，对诸如上述那种令人精疲力竭的工作的描述却是很常见的。对凯瑟琳这样的员工而言，IBM的公司制度是她长时间工作的一个很重要的原因。她努力打破性别偏见，并试图在公司将自己塑造成一个善于合作的员工。她大多数同事都有与她相似的工作日程表，所有员工都被期望承担自己的那份不断增加的工作量。在这样的环境下，傍晚五点就停止工作可能会影响到职位升迁和职位稳定，也可能会被同事视为偷懒和不劳而获。同事们也许会认为，一个不愿长时间工作的人无非是把额外工作量转嫁到了他们

第三章 工作、非工作以及两者间模糊的界线

身上。

20世纪80年代,当日本人的工作时间还是全世界最长时,我曾采访过日本的经理人,以更多地了解他们为什么在办公室一直待到晚上九、十点钟,以及他们在办公室都做些什么。东京摩天大楼里的灯到夜里很晚都还亮着,尽管楼里大多数人乘火车要花1小时或者更长时间才能到家。采访中日本经理人的回答清楚地表明了企业制度的力量。他们称自己不会在同事离开前回家,即使自己当日所计划的工作已全部完成了。比同事更早离开公司就意味着对同事或对公司不负责。

现代管理方法越来越强调团队协作,特别是针对那些所谓的高效组织机构,这促进了包括延长工作时间的企业制度的形成。日本人常以团队形式开展工作,团队的概念与价值在人员管理策略中起着重要的作用。[44] 自我管理型团队、授权团队、虚拟团队以及质监团队都是以团队形式开展工作的例子。这些背景下的团队动力学将导致工作时间的延长,原因很简单:员工不想让同一团队的同事失望,或者不希望给同事留下自己没有为团队项目做出应有贡献的印象。

企业要求延长工作时间的制度也源于全天候服务的需要,员工只有全天候工作才能满足这种需要。商业全球化也是这种现象的部分原因。公司的客户可能身处全球不同时区,他们在一天中任何时候都可能需要技术支持、市场咨询或独立供货商。最近,我在马里兰州参加了一场由一家软件开发公司举办的展示会,而该公司的技术总监当时在印度。由于要参与音频会议的讨论环节并回答听众的提问,因此她必须在午夜时待在自己的办公室。客户也希望公司员工能在日常的朝九晚五式工作时间之外提供服务,特别是由于客户自己的工作时间可能也被拉长,他们只能在工作时间之外处理个人事务。

从企业的角度看,员工工作时间是生产中的一个复杂因素。例如,当一位CEO现在手握需要增加额外产量的订单,他就会在雇用新员工以扩大生产队伍和仅仅让现有员工加班加点工作之间权衡利弊。许多CEO会选择后者,部分是出于生产成本的考虑。让现有员工加班加点也许需

要支付他们更高的加班费,但是公司省去了雇用一名新员工所需付出的招募费、培训费以及额外的福利费用。例如,健康保险金就是以公司中员工数量为基础计算出来的,而不是按薪金名册*计算的。此外,大量员工可能也期望增加收入而选择加班。不过,专业人员和管理者的额外工作时间通常并不会使他们得到额外收入,至少在短期内情形如此,因此,企业制度要求专业人员和管理者延长工作时间对公司纯盈利是大有裨益的。

萝卜和大棒:工资差距的作用

在美国出现了一种异乎寻常的现象,即高学历、高收入阶层员工的工作时间延长了,这种现象与另一个涉及奖惩的重要因素有关。过去三十年里,美国收入分配呈现出了混乱的态势,这极大地左右了不同收入阶层的员工对工作时间的选择。

从20世纪40年代到20世纪70年代,美国人的收入与生产力呈现出稳步增长的态势。从报酬最高到最低的不同阶层间收入差异虽然很大,但是各个阶层的收入均以基本相同的比例增长。例如,20世纪70年代处于最低收入阶层的20%人口的收入总和占全民总体收入的4.1%,而处于最高收入阶层的20%的人口的收入总和则占全民总体收入的16.6%。20世纪60年代晚期,处于最高收入阶层的20%人口的平均收入比最低收入阶层的20%人口的平均收入高出11倍多。

处于各收入阶层的家庭的平均收入也在增长,特别是在1970年后,由于大量妇女加入了工作行列(她们通常是全职工作),因此出现了大量的双薪家庭。但此时各个收入阶层本身开始分化并彼此渐行渐远(见图3.1)。尽管其间有所起伏,处于最高收入阶层的员工的收入开始迅猛增加,到了20世纪末,处于最高收入阶层的20%的员工的收入是处于最低收入阶层的20%的员工的收入的13.7倍。在1976年到2000年间,收

---

* 薪金名册:领工资或薪金的雇员名单,带有每人应付数额。——译者注

入最高的5%阶层的收入增长尤为迅速。折合计算后,他们的平均年收入几乎翻了一番,而收入最低人群的收入仅增长了42.5%。

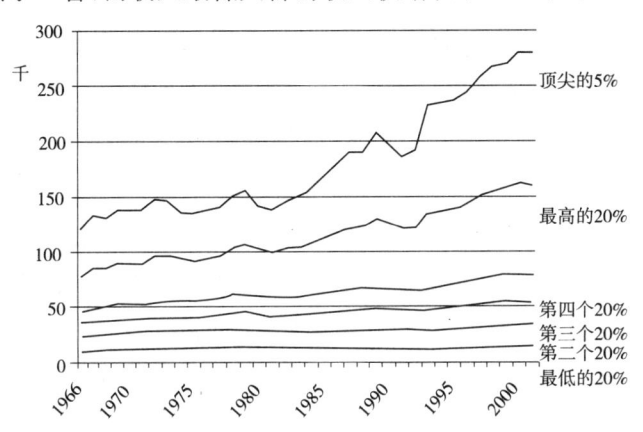

图3.1 收入差距:1966—2001年每1/5和顶尖5%美国家庭的平均收入。

资料来源:美国人口普查局2003年4月22日的表格数据。

收入差距在欧洲国家并未如此巨大,这有助于解释为什么美国人比欧洲人工作的时间更长。哈佛福特学院(Haverford College)的琳达·A.贝尔(Linda A. Bell)与国家经济研究局(National Bureau of Economic Research)的理查德·B.弗里曼(Richard B. Freeman)考察了美德两国员工的工作时间和收入之间的关系。两位研究者特别感兴趣的是德国人和美国人对下列问题的回答:

"请想一想你工作的小时数与你在主要工作上的收入,包括常规性的加班。如果你仅有3个选项,你会倾向于选择哪一个?

- 延长工作时间,获得更多的收入;
- 工作时间不变,获得更少的收入;
- 减少工作时间,获得更少的收入?"[45]

1989年,只有13.5%的德国人称自己会选择延长工作时间以获得更多的收入,但选择该项的美国人则有32.7%。二者之间的差异在1997年有所降低(德国人21%,美国人32%),这主要是由于德国人在某种程度上对获得更高收入的愿望增加了。尽管如此,有三分之一的美国人乐意牺牲更多的休闲时间以追求更高的收入。

为什么美国人更热衷于选择延长时间以获得更多收入？贝尔和弗里曼提出了不平衡—工作时间假设，认为美国员工会基于未来收入增加的几率做出相当理性的决策。相对于德国来说，美国的薪酬分配不平衡的状况更加明显，因此美国员工延长工作时间能得到更多的薪酬回报。

贝尔和弗里曼以两名假想的德国工人汉斯（Hans）和美国工人汉克（Hank）为例。汉斯供职于一家德国公司，该公司工人之间的薪水差异小、职业稳定性高、失业保障措施完备。而汉克所在的公司工人间薪水的差异非常大、失业保险金很少、也没有多少职业稳定性。如果不更加努力拼搏延长工作时间，汉斯也许不会得到提升，但是他的生活水平不会有太大变化。但是汉克要面对的却是失业带来的严重后果。此外，如果汉克能一直处于紧张而忙碌的职位上，那么汉克的收入就会迅速且大幅度增加。激励汉克延长工作时间的胡萝卜更大，大棒相应地也更大。

如果注意到上图1990年代早期的部分，你会切实感到"大棒"在平衡中的作用。在经济衰退期，薪金最高人群的年均收入下降得非常明显，降幅远远超过低薪金人群。对于已慢慢习惯了年收入稳步增长的高收入人群而言，"大棒"的作用尤为显著，尤其是在他们将职业安全视为理所当然，而且已经承担了和自己收入相匹配的金融责任的情况下。高收入人群的这种困境好像并未同时出现在图中其他收入阶层中，但是读到该文此处的许多人都曾经处在最顶层的这个位置上。如果曾经是紧张而忙碌的职位上的一员，并在那时失去了工作而且收入大幅降低，那么你对"大棒"痛苦的记忆一定还是鲜活的。

宾州州立大学的朗尼·戈尔登与理查德·斯托克顿大学的黛博拉·菲加雷研究了在美国出现的工作时间延长的趋势，他们分析指出：这一趋势在美国仍将继续，至少在可预见的未来如此。[46]伴随着通信及计算机技术出现的互联网在此起到了关键性作用，互联网改变了整个商业环境，使得延长工作时间成为某些人群的迫不得已的选择。此外，网络对工作时间延长的现象起到了促进和激活的作用。企业要保持竞争力并应对市场压力,就得采用每周7天每天24小时的运作方式。员工必须将自己的时间与工作需要同步化,在这一过程中,他们就得放弃休闲时间以及与家人相处的时间。这一同步化过程就是网络中心技术作为激活因素的一个切入点。

以网络为中心的技术与随时/随地的工作场所

"朝九晚五"、"下班时间"、"午餐时间"、"工作周"以及"假期"这些表述在以网络为中心的工作场所中都被赋予了新的意义。以网络为中心的技术使人们在黑夜白昼任何时候、世界各地任何时间都可以工作,这使得上面的几种表述都好像过时了。以网络为中心的技术使我们在任何时间、任何地点或是手头有任何业务的情况下都能见缝插针地工作。随着手机、个人数字助理(PDA)以及可上网笔记本的出现,员工们可以在海滩上、家中、轿车里或火车上将他们的时间与工作需要保持同步,他们可以处理几十封邮件或回复几十个电话,这样一来,工作和非工作以前所未有的方式融合起来了。

利用上班往返时间

由于以网络为中心的技术的出现,上班路上的往返时间成为目前可以用于实质性工作的主要时间空档之一。美国交通部(U. S. Department of Transportation)的数据显示,在美国上下班的单程平均用时为20—25分钟,尽管在公路交通拥堵的人口密集区上下班单程用时可能会更长一些。例如,一份特别报道指出,在华盛顿地区上下班单程平均用时超过30分钟,华盛顿人每年浪费在路上的时间超过了76小时,对于每名持证司机而言每年的开支(包括工资和油钱)是1025美元。[47]

花在上下班路上的时间越来越多地被用于处理工作,而不是听新闻、听音乐或是在火车上睡觉。汽车司机用手机回电话,要么在火车上或路上暂时停车时用个人数字助理查收邮件。对于多数人而言,能在上班往返途中进行工作是件大有裨益的事情,但是人们担心汽车司机打手机会造成注意力不集中,这使得美国各州为此制定了相应的法规。美国一些州彻底禁止驾驶时使用手机,而另一些州则允许驾驶时以免提方式使用手机。

往返路程对许多人来说是种不愉快的经历,特别是当途中充满了不可预知的拥堵和耽搁状况时尤为如此。能够利用这种"非工作"时间完成一些工作对于很多人而言是有益的,因为不管怎样,在路上的时间都不是严格意义上的闲暇时间。虽然一些人有效地利用这段在路上的时间进行放松——比如,听听音乐或者和一起拼车上下班的同伴聊聊天,其他很多人则将之视为开展工作的好时机。

利用夜晚、周末及假日

然而,"工作周"与非工作夜晚和周末之前存在的界线也正变得更加模糊了。下班回家后,人们可能会花更多的时间在电脑前查收邮件或做企划案,有时候还工作到深夜。过去用在家庭活动上的时间空当——即便仅仅是与家人在一起看电视——也已经被工作所替代了,或者和工作搅在了一起。以网络为中心的技术使家庭也具备了真实办公室的大多数功能,这使得人们在家人身边也能进行工作,并且以一种全新的方式在工作与非工作之间进行切换。

例如,对于拥有家庭电脑和高速网络连接的人而言,晚上的时间可以被分割成许多工作与非工作的时间片段。人们可能先在自己的家庭办公桌前整理电子邮件信息,之后抽出几分钟回应女儿的要求辅导她家庭作业。在煮意大利面等水开的时候,也许能回几个电话或者从公司服务器上下载当日的销售图表。周末和假日也能像晚上一样被分成若干时间片段。许多人在度假时带着笔记本电脑,刚一入住酒店就把电缆插上酒店的数据端口,检查是否能上网。一些人去游泳池还带着笔记本电脑,在孩子们学跳水的时候也能继续工作。

第三章 工作、非工作以及两者间模糊的界线

填满时间的小空档

借助以网络为中心的技术来填满极小的时间空当还有助于使员工将自己的行为与工作场所的需求保持同步。虽然时间空当可能发生在白天或是晚上的任何时候，但是许多时间空档却包含在一个典型工作日当中。这些时间空档不仅会影响人们工作时间的长短以及是否在原来的典型的非工作时间进行工作，而且也会影响人们利用时间的方式以及在一定的时间内能够完成的工作量。工作中有不少（因计算机故障导致的）片刻的停顿，员工们可以用这些时间来做短暂的休息、参与社交活动或者只不过发发呆。以网络为中心的技术使人们可以把这些时间都利用起来完成更多的工作。

比如说，我曾经和一个管理着很大 IT 部门的朋友在一幢拥挤的大厦里等电梯。在我们去开会的路上，朋友掏出了手机，他并没有把手机放在耳朵上进行通话，而是在一个很小的键盘上按了几下敲出了一条信息，[69]这一切用时不超过 30 秒。他说，"我只是告诉他们我们会晚些到，免得当面告诉他们——那样花的时间太多。"

企业利用所有时间空档提高员工生产绩效的方法之一是采用在线技术支持。企业通常是已将技术支持视为一种无底洞式的成本中心，对它采取行动可以使成本降低。但是，消费者对技术支持的态度是决定其忠诚度与满意度的至关重要的因素。企业已经开始尝试引导消费者使用自动电话信息功能获取所需帮助，或者推荐消费者使用企业网站。如果某位消费者要求直接与技术支持人员交谈，那么公司就会面临最大的成本负担，主要是由于技术支持人员通过电话一次只能满足一位客户的需求。技术支持人员会向客户问许多问题，并根据回答对客户面临的问题进行分析，然后提出种种假设并逐一进行检验，以最终解决客户面临的问题。通常状况下，提出的假设包括这类很耗费技术支持人员时间的建议，如"重启您的电脑"，或者"拔掉调制解调器的电缆 60 秒"，以及"再试一次看看"。在用户检修的过程中，技术支持人员需要处于在线状态，这个过程

会造成大量的空载时间,这段时间里技术支持人员所做的只有等待、阅读技术手册、玩单人游戏或者友好地与客户交谈。

空载时间可以通过以网络为中心的技术得以重组。一种方法是采用在线交谈而不是电话交谈。通过本文聊天窗口,技术支持人员可以同时处理多个用户的问题,鼠标点一下就能从一个客户切换到另一个客户。与电话交谈相比,在线聊天系统能带来更大的收益,这很大程度上是因为它大大减少了空载时间。福瑞斯特调研公司(Forrester Research)计算了各种技术支持方式的运营成本。结果发现,传统电话方式会花掉公司33美元。而在线交谈方式则将成本降低到7.8美元。1998年,虽然只有不到1%的公司真正使用了在线聊天系统,但福瑞斯特公司预测,聊天系统的应用将会激增。[48]

通过在线聊天系统对原有的非工作时间(尽管这些时间也是"工作时间")加以利用,这体现了以网络为中心的技术能够促进多任务处理,从而提高工作效率。由于必须同时打开多个对话窗口以及针对不同的问题不断进行思维切换,技术支持人员的工作强度会大大增强。

充分利用工作中的时间空当既会产生积极的效应也会导致不良的后果。人们不断努力适应周围环境中的刺激水平以及相应的认知需求,感觉刺激水平过低时,就会想办法使之升高,反之则会想办法使之降低。感觉单调无聊的时候人们会找些事情做,而在感觉超负荷的时候则会选择休息。一天24小时内,刺激的最佳水平不断变化,比如说我们想睡觉时就不希望刺激水平太高。在上下班往返的时间段内,通常难以达到最佳刺激水平,而手机及个人数字助理(PDA)则有助于人们达到最佳刺激水平。等电梯时用手机发送一个简短文本信息也是一种受欢迎的方式,它可以利用原本没有处于最佳刺激水平的时间空当。

然而,在以网络为中心的技术背景下,充分利用时间空档会造成负面影响,即对员工注意和认知信息加工要求过高,远远超出了员工愿意选择的程度。数以百计的电子邮件、电话、即时信息以及多任务式聊天会议将导致超负荷,增加工作压力,从而降低工作效率。对一部分员工来说,美国在线的"您有新邮件!"提示是一种令人愉快的刺激,但是,对于越来越多的员工而言,它却意味着超负荷的工作。

工作压力和家庭

在美国,随着工作时间的延长,家庭的特征也在变化,最重要的变化之一是妇女开始工作。妇女就业不仅是因为她们的机会比以前更多了,同时也是出于贴补家用的需要。与此同时,家中子女的平均数量不断减少,因而家庭规模也在减小。年生育率从20世纪70年代的每1000名已婚妇女生育98名婴儿降低到20世纪90年代末期的每1000名已婚妇女生育80名婴儿。我们还看到,构成一个"家庭"的成分也在变化。2名父母、1份收入以及2.5个孩子的家庭模式减少了,其他类型的家庭模式则变得更普遍了,这其中包含了夫妻都工作的家庭、单亲家庭以及夫妻都工作但没有孩子的家庭。

如果夫妻双方或一方的工作时间延长、工作挑战性增强,因而感受到的压力增大,这些会对家庭造成怎样的影响呢?答案很简单:陪伴配偶和孩子的"非工作"时间会减少。然而,如果说工作压力本身引发了家庭中的问题就有将问题过于简单化之嫌了,许多严格设计的研究得到的结果不尽相同。[49] 想想人们从工作时间的延长上受益颇大,因此夫妻双方或一方延长工作时间可能会带来可观的经济收益。此外,一些人也许会发现减少"非工作"时间对自己有好处。例如,女性员工投身于令人兴奋、充满挑战的工作,花在整理房间和照顾孩子上的时间就会减少,而她们也许不一定觉得这是桩亏本的生意。

针对工作压力和家庭生活二者间关系的研究表明,这种关系是相当复杂的,它取决于如下因素:如何处理工作压力、是否将工作压力带入家庭生活,特别是是否认为自己被角色冲突和超负荷工作给压垮了。在工作需要和家庭责任相冲突,人们必须对时间的分配做出艰难抉择的情形下,人们最有可能将工作压力带入家庭生活中。

例如,戴安娜·休斯和同事考察了压力、工作以及婚姻冲突三者之间复杂的关系。[50]研究样本包括了在一家制药公司供职的已婚上层中产阶级专业人员，他们中绝大多数人接受过大学教育。研究者要求每一个被试详细描述自己的工作特征，问题涉及他们是否经常在周末和晚上工作，在多大程度上能控制自己的工作时间，他们对自己的职位是否有安全感以及工作所需的技能程度。被试还需要回答涉及工作与家庭冲突的问题，这些问题旨在评估家庭责任在多大程度上会影响被试完成工作的能力，以及工作在多大程度上对家庭责任造成影响，例如与配偶在一起的时间或者帮忙做家事的时间。婚姻冲突和夫妻关系是通过夫妻双方在各种问题上发生争论的频繁程度来加以评估的，这些问题包括如何支配家庭收入以及如何打发闲暇时光。

对于上述研究中的夫妻而言，婚姻冲突与工作压力有关。他们在工作中压力越大——特别是在工作压力涉及职业安全感缺失或者压力增加却得不到上司支持的情形下——在家庭中的婚姻冲突就越多。但是，婚姻冲突与工作压力之间的关系是很复杂的，这也显示了工作与家庭间冲突这一因素的重要性。对于那些工作与家庭冲突最严重、角色冲突最频繁的夫妻而言，工作压力对婚姻的负面影响要大得多；而对于那些能够避免角色冲突的夫妻而言，工作压力的增加对婚姻的负面影响则要小很多。

工作与家庭责任之间更激烈的冲突会导致角色的超载与冲突，使人们感到自己被太多的责任所淹没了。这种超载的感觉极大程度上影响了工作压力对家庭子女的影响方式。宾州州立大学的安·克劳特尔和她的同事研究了双职工家庭的夫妻以及他们正处于青春期的孩子，结果发现：由于超负荷工作而感觉工作压力更大的夫妻更有可能与自己处于青春期的孩子发生冲突。[51]参与该项研究的家庭成员都要完成问卷，从超负荷工作夫妻的处于青春期的孩子的回答中可以看出，与父母的冲突并非是唯一的负面效应，这些孩子还报告了更低的自我价值感以及更多的悲伤情绪。

上面研究的结果表明，从事高度挑战性工作的人们更容易将工作压力带入家庭生活。虽然我们尚不清楚为什么超负荷工作对某些人的影响更大,但是一些原因是很明确的。缺乏职业安全感、缺乏对工作时间的控制力以及其他家庭成员对自己的支持不够,这些因素都会导致人们感觉自己被淹没在工作和家庭责任的冲突之中。

工作压力和健康

在过去的几十年中,员工们一直说自己的工作压力在不断上升,有时候上升的速度非常快。比如说,西北国家人寿保险公司(Northwestern National Life Insurance Company)所做的一次调查发现,在1990年说自己工作压力很大的员工比例比1985年的两倍还要多,而声称患上与压力相关疾病的人数也翻了一番。[52]

工作压力会导致严重的健康问题,然而工作与健康之间的关系同样也是很复杂的。一方面,全职员工的健康下降速度比非全职员工要慢。[53]而且,相对于不工作的人,参加工作的人感觉自己的生活质量更高。工作是与价值感和自尊紧密联系在一起的。然而,一件好事过量的话也会产生负面效应,特别是当工作超负荷而造成压力的时候。

针对工作压力与健康之间关系的研究已经开展了几十年了,发现了许多微妙的结果。那些感觉自己必须长时间工作完成很多任务的人当然会报告有更多压力,他们的健康习惯更差、对身体状况的抱怨也更多。在另一项研究中,声称工作压力更大、工作挑战性更高的男性更有可能寻求医疗帮助并表现出生病的迹象。他们在初次研究之后的十年间死亡的可能性更大。[54]

正如对家庭生活的影响一样,工作压力对健康的影响也很复杂,弄清楚各种影响因素也并非易事。虽然工作时间的延长必然是影响因素之一,然而它可能不是关键因素。角色冲突与超负荷工作、缺乏控制感与职业安全感,以及其他导致心理社会焦虑水平增加的因素可能是同等重要,或者更为重要的。例如,有几十项研究考察了工作压力与患心血管病的风险间的关系,此处工作压力被定义为心理上的高的工作挑战性以及对工作时间安排或对工作性质的低水平控制感二者相互结合的产物。[55]人们对工作时间安排或工作性质的控制感对工作压力和健康之间的关系极其重要。自愿努力工作并延长工作时间的人就不容易患心血管病。

应对策略

在以网络为中心的工作场所中,工作挑战性不断增加,员工随时随地都可以登录互联网,这可能会导致这样的状况,即工作压力更有可能对健康和家庭生活造成负面影响。例如,当工作场所扩展到了办公室以外,当工作与非工作之间的界线变得模糊时,角色冲突和超负荷的问题会更加严重。每当家庭电脑出声提示有电子邮件或者即时消息时,或者当孩子参加的橄榄球赛进行到第 4 节而手机铃声响起时,人们就会面对如何分配时间的艰难选择。人们还会丧失对工作时间安排的控制。这时候负担过重而不知所措以及无力负担责任的感觉——无论是对工作还是自己的家庭——就会增加。

人类是极有韧性的,他们具有足够的智慧寻找各种应对策略从而降低因工作量增大和工作压力增高对家庭生活和身心健康所带来的负面效应。例如,在一天非常繁重的工作之后有的人会选择远离社交或其他活动。只要超负荷工作不是家常便饭且不会持续很长一段时间,那么上述策略可能很管用。正如我在前文所述,刺激的最佳水平在一天之内会发生变化。如果大部分工作日的刺激水平都高于最佳值,且员工又无法对其加以控制,那么一旦处于非工作状态时,便有可能寻求更低的刺激水平。一位下班后的丈夫只想静静地待在那里看新闻而不想参与家庭事务,这就是在寻求更低水平的刺激。

对大多数人而言,工作负荷并不是一成不变的。一些研究者考察了工作(超)负荷的变化是否会对每天的家庭生活质量造成影响。宾夕法尼亚大学的丽纳·里佩蒂对空港管制员及其配偶进行了研究。[56]空港管制员的工作负荷取决于多个因素,例如天气、能见度以及航空运输总量。她根据这些因素收集了一些数据,并对管制员及其配偶的晚间行为进行了调查,测量包括了社交回避水平、对愤怒的表达以及配偶的支持程度。里

第三章　工作、非工作以及两者间模糊的界线

佩蒂发现社交回避是繁重工作一天之后最常见的反应。为了实现刺激水平与工作强度的平衡，空港管制员会选择独处以及情感回避。配偶的支持对空港管制员的这种恢复行为是至关重要的。

夫妻二人都上班而且都面临着较高的工作负荷和较长的工作时间，这样的家庭面临着另一类问题。一种应对策略是使工作时间同步化，这样一来工作日就不会有太多的重叠，在典型的工作日或工作周夫妻双方轮流照看孩子，这样一来照看孩子的时间就会更多。其他工作安排——比如说远程办公以及弹性工作时间——也有助于希望采取上述应对策略的父母。

另一种策略是将家庭事务外包出去，使用这种策略的人已经迅猛增加。当大量妇女加入劳动大军后，首先需要外包的家庭事务就是照看小孩。在 20 世纪 50 年代，子女年龄低于 6 岁的母亲外出工作比例是15％，然而到了 20 世纪末，这一比例激增到 65％。照顾子女的任务被外包到日间托儿所、亲戚家、互惠生项目（Au Pairs*），有时候就让孩子自己照顾自己。大一点儿的孩子负责照顾小一点儿的，"钥匙"儿童们放学后回到空荡荡的家，必须学会自己照顾自己。

还有一些家庭事务也被外包出去了，特别是对于高收入人群而言，情况更是如此，因为他们负担得起外出就餐、女佣、家庭教师、预熟食品、照顾老年人、递送服务、购物助理和杂工的费用。女佣之队（Maid Brigade）的宣传口号是"如此，你有时间享受生活了。"女佣之队始于 1979 年，到目前为止该公司已在美国、加拿大、爱尔兰及新加坡发展了 250 多家分支机构。职业妇女是他们最大的客户群，她们利用互联网安排上门清洁服务的日程。这类企业将客户定位为那些被工作占去了大部分时间，特别是没时间陪伴孩子的高收入家庭。根据《特许经营时代》（Franchise Times）杂志的报道，此类服务型企业发展迅速，在 20 世纪 90 年代的增

---

* 加入互惠生（Au Pair）项目的外国年轻人在美国家庭免费食宿居住 12 个月，为换取食宿及美国学习的机会而为该家庭做一些简单家务并且照看他们的孩子。——译者注

长率达到了15%—20%。[57]

在线购物是员工应对工作时间延长的另一种策略。电子商务零售从20世纪90年代中期首次出现后,便一直稳步增长。根据美国商务部的数据,电子商务在2001年第3季度比上年同期增长了8.3%,而总体零售数字同期只增长了1.8%。虽然电子商务零售的销售量只占总数的很小一部分(1%—2%),但对上网购物人群的人口学统计数据却显示出其自身独有的特点。近三分之一的美国成年人在网上购物,这些成年人通常是高收入者,且受过良好教育。女性在网上购物者中所占比例更高。1999年女性在网上购物者中所占比例仅为39%,而到了2001年这一比例为60%。[58]

在企业层面上,许多公司开始推出"工作—生活平衡"项目及福利。尽管这些项目之间存在着相当大的差异,但它们共同的目标是帮助企业员工在工作和非工作之间界限变得模糊的工作场所中,应对高绩效需求和高挑战性的工作所带来的压力。一些公司设立了企业儿童照管部以及最先进的(state-of-the-art)的日间托儿所,托儿所内装有网络摄像头,家长能够通过摄像头看到正在玩耍的孩子们。还有一些公司实行了弹性工作制、提供更多的带薪休假、员工健身房、压力管理课程、降低离家出差时间,甚至是看门服务等策略。

上述福利项目中有一些受到了欢迎,特别是那些能够增强员工时间控制感的项目。鉴于我曾描述过控制感的重要性,以及缺乏控制感会以怎样的方式导致工作紧张与健康问题,能够增强员工时间控制感的项目受欢迎这一现象不足为奇。然而另一些"平衡"福利项目却遭到了质疑。例如,由于工作—生活福利项目所针对的对象主要是有孩子的已婚员工,因而单身员工对此项福利项目持反对态度。如果已婚员工以各种理由使用公司赋予的所有家庭休假,那么单身员工就必须承担起额外的工作量。不但如此,许多员工质疑公司是否真正有意施行工作—家庭平衡政策,并且由于担心会因此失去自己在紧张而忙碌的职位上的岗位,不少员工对是否享受工作—家庭平衡政策的好处犹豫不决。例如,在一位男性员工的妻子生育

第三章 工作、非工作以及两者间模糊的界线

后,即使公司政策允许他几个月不上班,他由于担心失去岗位也可能不愿意这样去做。他的担心是有道理的。一位 CEO 曾经向管理咨询师肯·利佐特坦言,虽然他觉得自己是个开明的人,并且完全赞成为公司里需要生育的女性员工提供几个月的休息时间,但如果身为婴儿父亲的男性员工享受与女性员工同等的休息时间,这是他难以接受的。[59]

从现实的角度看,能够随时随地进入的以网络为中心的工作场所不会消失。相反,以网络为中心的工作场所的媒介形式将变得更为丰富,需要员工投入更多的注意资源,在空间和时间意义上,以网络为中心的工作场所将进一步扩展到员工的非工作生活的更多角落。在全家去动物园的途中,手机上出现的即时文字信息也许会发展成一种能显示老板讲话时面孔的彩色视频。利用可穿戴技术,员工甚至可以在早晨慢跑健身时查询电子邮件或者登录视频会议。

技术和互联网影响了整个商业环境、职业安全感以及商业节奏,它们给工作场所带来的变革不会消失。作为消费者,在有需要时我们不会放弃以合理价格获得个性化商品的"绝妙交易"。这样一来,全球化的高强度的商业竞争不可能削弱,它对企业员工的影响还会增强。员工之间的较大的收入差距会导致保持紧张而忙碌的职位就会获得很大收益,而失去该职位则会遭受重大损失,这种较大的收入差距是否会继续维持,目前尚不得而知。

当人们陷入了工作—生活不平衡状态之后,他们的选择相当有限,因为大多数不平衡状态是个人无法控制的,而且它们是由于相当强大的外部力量造成的。我所描述的包括外包家庭事务以及提供工作—生活平衡福利在内的多种应对策略有助于员工实现工作和生活的平衡,尽管采用有些策略可能需要付出其他类型的代价。不过,显而易见的是,处在紧张而忙碌的职位上的员工在分配时间上面临着更艰难的选择。

注 释

35. Galinsky, E., Kim, S. S., & Bond, J. T. (2001). Feeling overworked: When

work becomes too much. Retrieved March 3, 2003, from Families and Work Institute web site, http://www.familiesandwork.org/
36. Key Indicators of the Labour Market 6: Hours of Work, International Labour Organization. Retrieved December 27, 2001, from http://www.ilo.org/public/english/employment/strat/kilm/table.html
37. Schor, J. B. (1991). *The overworked American*: The unexpected decline of leisure. New York: Basic Books.
38. Golden, L. &. Figart, D. (2000). Doing something about long hours. *Challenge* 43(6): 15—37. Retrieved December 27, 2001, from Academic Search Elite Database.
39. Reich, R. B. (2001). *The future of success*. New York: Alfred A. Knopf.
40. Kempf, E. (2001). Business intelligence: integrators prepare your solution. February 5, 2001, Gartner Advisory. Retrieved January 3, 2002, from Dataquest.
41. Scarry, D. M. (1996). The economic elite was betrayed. *Business New Jersey*, 9(6), 28. Retrieved January 6, 2002, from FBSCO Business Wire News.
42. Willis, E. S. (1962, April). General Electric's plan for financing retraining. Management Record, 24(4). Published in New York by the Conference Board, which was then known as the National Industrial Conference Board. Cited by J. A. Fraser (2001). *White collar sweatshop*: The deterioration of work and rewards in corporate America. New York: W. W. Norton &. Company.
43. Fraser, J. A. (2001). *White collar sweatshop*: The deterioration of work and rewards in corporate America. New York: W. W. Norton &. Company.
44. Katzenbach, J. R. &. D. K. Smith (1993). *The wisdom of teams*: Creating the high performance organization. Boston, MA: Harvard Business School Press.
45. Bell, L. A. &. R. B. Freeman (2001). The incentive for working hard: explaining hours worked differences in the US and Germany. Working Paper 8051, National Bureau of Economics Research. Retrieved December 27, 2001, from http://papers.nber.org/papers/W8051.pdf.
46. Golden, L. &. D. Figart (2000). Doing something about long hours. *Challenge*, 43(6): 15—37. Retrieved December 27, 2001, from Academic Search Elite database.
47. Sipress. A. (2000). One day's commute has many stories: Cashes, impatience, guilt and even gunfire. The Washington Post, February 4. Retrieved December 27, 2001, from *The Washington Post* Web site: http://www.washingtonpost.com/wp-srv/local/daily/feb00/traffic4.htm
48. Placing desktop support on-line (I): The technology base. (February, 2001). *Computer Finance*, 13—21. from Business Source Premier Database.

49. Perry-Jenkins, M. , R. L. Repetti, et al. (2000). Work and Family in the 1990s. *Journal of Marriage and Family 62*(4): 981—998.
50. Hughes, D. (1992). The Effects of Job Characteristics on Marital Quality: Specifying Linking Mechanisms. *Journal of Marriage and the Family 54*(1): 31—42.
51. Crouter, A. C. , M. F. Bumpus, M. C. , & McHale, S. M. (1999). Linking parents' work pressure and adolescents' well-being: insights into dynamics in dual-earner families. *Developmental Psychology 35*(6): 1453—1461.
52. Northwestern National Life Insurance Company. (1992). *Employee burnout: Causes and cures*. Minneapolis. MN: Author.
53. Ross, C. E. & J. Mirowsky, J. (1995). Does employment affect health? *Journal of Health and Social Behavior*, 36(3): 230—43. Retrieved January 27, 2001, from Academic Search Elite database.
54. House, J. S. , V. Strecher, V. , Meltzner, H. L. , & Belkic, K. L. , Baker, D. (1986). Occupational stress and health among men and women in the Tecumseh Community health study. Journal of Health and Social Behavior, 27(1): 62—77.
55. Landsbergis, P. A. , Schnall, P. L. , Belkic, K. L. , Baker, D. , Schwartz, J. , & Pickering, T. G. (2001). Work stressors and cardiovascular disease. *Work 17*(3): 191—208.
56. Repetti, R. L. (1989). Effects of daily workload on subsequent behavior during marital interaction: The roles of social withdrawal and spouse support. *Journal of Personality and Social Psychology*, 57(4): 651—9.
57. Ehrenreich, B. (2002). Maid to Order. *Harper's magazine*, 300(1799), 59—63.
58. Brown, J. , Green, H. , & Zellner, W. (2001). Shoppers are beating a path to the web [Electronic version]. *Business Week*, 3763, 41.
59. Lizotte, K. (2001). Are balance benefits for real? Journal of Business Strategy 22, 23. Retrieved December 23, 2001, from Business Source Premier Database.

第四章

商务通信

有一家公司地处堪萨斯城,该公司 CEO 极少在早上 8 点或下午 5 点看到公司停车场内停着很多汽车,这令他非常气愤,他火速给该公司 400 多名经理写了一封电子邮件。[60] "在我们这家地处堪萨斯城的公司,开始有大量员工的工作时间低于 40 小时了。绝少有人在早上 8 点使用停车场。晚上 5 点的情况也如是。作为公司经理——你要么不知道你的员工都在做些什么,要么你根本不关心这件事。""无论是哪种情况,"他继续写道,"这都是你的失误,你要么管一管,要么我就解雇你。在我的职业生涯中,我从来没有允许过一个为我工作的团队认为他们从事的是一份每周工作 40 小时的工作。我已经纵容你们形成了一种每周工作 40 小时的公司文化。我以后再也不会这样做。"

这位 CEO 接下来列出了 6 种包括裁员在内的可能的惩罚措施。他保证在签署额外的福利之前,"炼狱都会被冰封"(Hell will freeze over)。他衡量员工遵守命令的标准是停车场的汽车数量,在工作日早上 7 点半和下午 6 点半时停车场都应当是停满的,在星期六应当是半满的状态。"给你们 2 星期的时间。赶快动起来!"这份措辞激烈的信件当然不会只停留在经理们的收件箱里。很快,这封电子邮件就被公开放在了雅虎(Yahoo)的公告板上,所有能上网的人都能看到。投资者也不例外,他们对此的反应相当消极,以至于股票在几天之内下跌了 30%。[61]

网络是一个放大器,这个案例展示了网络是如何对商务通信产生影响的,有时这种影响是突然而巨大的。具有讽刺意味的是,这家公司及其 CEO 都长于技术。该公司为医疗保健行业制作软件,其 CEO 也深谙技术对商务的巨大影响。在一年前的一次采访中,这位 CEO 表现出了自己 PBS 系列上的超常才能,他说,"当前正是一个转型期,如果你愿意,计算机在我们这个社会中的角色将很快发生变化,它不会仅仅停留在单纯技术层面上……"。[62] 即便是懂得技术和互联网的人们也未必能精明地对其加以利用,也不能理解这些技术将如何改变通信的本质和通信的触及范围。

大学里教授的传统的商务通信课程关注的是信函写作、备忘录、提案以及商务展示。但是,互联网的影响以及由网络引发的转型使这类课程的讲义几乎是在学生们毕业之前就已过时了。现在,商务通信的科学与艺术要求我们改变原有风格来适应各种新形式,学习很多新技能。正如你将在本章看到的,以网络为中心的革新技术在有关通信的几乎所有方面都产生了微妙且巨大的影响。为了理解为什么视频会议不同于面对面的会议,为什么电子邮件并非尽在速度上超越了传统的手写信件,以及为什么即时消息的作用与快速电话有所不同,我们现在开始回顾一下通信的进程。

信息发送者和接收者之间的通信

无论通信使用哪种媒介,通信过程都能被分解成如下几个成分,它始于发送者想要与一个或者更多的人分享某种东西的动机。发送者想要分享的也许是信息、一个问题、一种想法,一种情感或者可能就是个笑话。发送者必须将希望分享的内容转换成信息,使用各种手段,通常是多种的手段将内容进行编码。编码的过程可能会用到口头或者书面文字、图形、面部表情、姿势、语音语调或者手势。

通信过程的第三个阶段是传递消息本身,发送者这时仍有多个选择。如果接收者站在发送者面前,那么传递的方式就可能会包含口语、手势、姿势、面部表情以及语音音调,虽然这当中也许还会包含一块黑板或者在一个信封背面随手匆忙画出的示意图。如果接收者不在场,那么发送者就可能会选择电话、信件、备忘录、即时消息、电子邮件或者其他各种依赖于技术的通信媒介。第四个阶段是接收信息,第五个阶段是接收者对信息进行处理。之后接收者至少会给发送者一个反馈或反应,告知对方已经收到了消息,这就形成了一条通信回路(communication loop)。

上述模型过于简单,它掩盖了许多可以对任何通信过程产生影响的复杂性和不确定性事件。在工作场所中商务通信的有效性部分取决于我们在诸多通信媒介中所作选择的适当性以及我们处理通信过程中所有复杂性事件的方式。以网络为中心的革新技术已经令通信过程中的某些环节变得更加简便快捷,但是它也给人们选择通信方式增加了一些让人意想不到的麻烦。当然,我们也有了非常多的新选择——诸如电子邮件、即时消息、视频会议等。它们同时改变了很多旧选择的意义和特征。

例如,想一想如果某位同事要向他或她的老板发送一条消息,内容是关于公司会计报表中的一个问题。他或她应该使用纸质的备忘录吗?在电子邮件出现之前,纸质的备忘录可能是合理的选择。但是,在公司电子邮件普及的情况下,选择使用纸质备忘录就代表了不同的含义。可能那位同事希望保留通信过程的副本,或者他或她担心系统管理员或者经理正在对电子邮件进行监控。他或她还可能明智地意识到,任何电子邮件都能很快地直接转到许多人手上——甚至转到网络上的公告板,就像在Cerner的那位CEO的邮件一样。类似的事情也会发生在纸质备忘录上,但是网络的放大效应则会更容易导致这种事情发生。

大量关于通信不确定性事件也不是什么新闻了,但是正如以网络为中心的技术改变了工作场所的许多其他特征那样,以网络为中心的技术也改变了不确定性并将其扩大了。例如,只是发出了一封邮件并不意味着它会被对方收到。传统的手写信件会丢失,人们也许不会去看放在自己桌上的备忘录。甚至在面对面的场合,信息接收或至少是信息加工都有可能因为人们疏忽而无法顺利进行。比如,一个人在会议上发言,一些听众并不是在全神贯注地听,甚至在信息已经被发出且明显地被接收的情况下,也不一定会进入通信回路的下一个阶段,即接收者对信息进行解码。对于电子邮件而言,担心对方收不到信息是正常的。虽然电子邮件系统已经变得更加可靠了,但是如果对方在24小时内没有做出任何回应,许多人还是会再发第二封邮件,仅仅是为了确认一下对方是否收到了前一封邮件。此外,电子邮件数量的激增以及垃圾邮件的增多导致了一些收件箱爆满的情况。收件人可能只是在大量邮件中没有注意到你发的那封罢了。

一些新的通信方式

互联网和以网络为中心的技术已经极大地提升了通信的速度,但是它们如何影响通信的有效性?显然,互联网和以网络为中心的技术已经提供了大量更多的通信方式。由于以网络为中心的技术仍在"不断发展中",通信方式可能会多得让人目不暇接——甚至多到了令人匪夷所思的地步。假设,某位员工可能会通过这样一段语音邮件告知来电者所有可能联系到她的方式:

"我是凯(Kay)。9月3日到7日期间我不在办公室,但您可以通过电子邮件 Kay_T@paradigmdesign.com 与我联系。K A Y 下划线 T,就是托马斯(Thomas)的 T,P-A-R-A-D-I-G-M-D-E-S-I-G-N 点 C-O-M,paradigm 和 design 之间没有空格。如果我在线,您也可以通过即时通信工具联系我,昵称是 KT67008。我的手机是(300)555－1212,传真号码是(300)555 1101。如果您需要立即与我联系,请致电我的传呼机(409)555－8888。如果寄送物品,请访问公司网站 www.paradigmdesign.com 查询邮寄地址。请在'哔'声之后留言,或者按0键转接前台。"

研究报告显示,大多数商务人士使用电话联系某人常以失败告终,因此,编辑一条类似凯编辑的留言可能就不能被称为是匪夷所思的了,因为阅读留言的人就有了成功联系上对方的希望。鉴于采用电话常常联系不上对方,很多人采用电子邮件这种非同步联系方式便不足为奇了。通过电子邮件,交流可以在较大时间范围内进行,而且只需双方有一定时间空档,交流就可实现。尽管断断续续、支离破碎,但相对于电子语音邮件标签而言,电子邮件的连续性更好。

鉴于存在大量的通信方式可供选择,研究者把"联通程度"(connectedness)分成不同等级,旨在评估人们离成为早期的技术革新的使用者还有多远,或者他们目前的联通状态与真正的联通状态还有多远。为了评估人们的联通程度,有时候在调查中会使用简单的定量方法,将一个人所使用的基于技术的不同通信工具的数量作为联通程度的指标。例如,"连线/美林证券数字化公民调查"[63]对1444名美国人进行了调查,以了解他们对技术及社会的看法。调查分析者将被访人群分为四大类:

超联通:每周至少3天使用电子邮件,使用手提电脑、手机、传呼机以及家用电脑这四项产品的人。

联通:每周至少3天使用电子邮件,使用上面4项产品中3项的人。

半联通:使用至少1项但是不会多于上面所列的4项产品的人。

不联通:不使用任何技术产品的人。

抽样人群中只有2%的人属于超联通这一类,但是凯的问候语说明她定是属于超联通这一类。互联网的沙漏结构使各种联通策略和通信革新技术成为现实。但这并不一定意味着这些策略和技术将有助于提高工作效率,也并不一定意味着他们能提高通信有效性。人们正在努力采用不同方法将这些通信媒介整合在一起,并设法减少通信手段支离破碎状况的出现,以便至少可以实现,让来电人无需同时写下多种不同的联络方式。例如,不断完善中的各个系统能够实现向来电人提供单一号码,通过这个号码可以连接到任何一部话机上,此时来电人需要联系的对象恰好能够接听。不但如此,对手机短信、电子邮件与电话之间的整合也正在进行,如果整合成功,凯就可以采用电话查收电子邮件,通过收听邮件的语音版得知邮件内容。

一些新的通信方式的出现使得挑选并使用某一恰当的方式变得更为复杂。不同通信方式在多个水平上均有所差异，这些差异将对不同背景下的通信的有效性产生影响。[64]

对通信方式的描述

信息发送者必须在不断增加的通信方式中做出选择，这些通信方式包括面对面交流、手机通话、办公室电话、语音信箱留言、正式商务信函、办公时间备忘录、传真、电子邮件、即时消息、视频会议、企业内网通告以及手写通知。人们从这些通信方式中选出合适的方式正变得越来越困难，在发出信息前人们改变一两次主意是很常见的。例如，某位发送者认为最适合打电话传递的信息就有可能不适合使用语音信箱。在语音信箱里留言之前很多人就会把电话挂断，而这样做的人不限于电话营销员，这是不足为奇的。

各种通信方式在很多方面都存在差异，但是关键性的差异体现在通信方式的**媒介丰富性**（media richness）。诸如电子邮件、信函以及备忘录这样的通信方式所能传送的信息线索的宽度和深度要低于其他通信方式。术语"低带宽"借用了技术专业名词来对上述通信方式进行描述，因为这些通信方式不能传递某些类型的信息线索，尤其是非语言线索。与此相反的是，利用宽带通信方式，人们能够通过不同途径传递信息以及语调、紧迫感或其他意义上的细微差异。宽带通信方式同时支持自然语言以及来自接收者的即时反馈，为发送者在中间阶段调整自己所使用的通信方式提供了可能。

窄带通信方式包括手写信件、传真和电子邮件。手写信件的带宽非常低，因为它在信息传输和接收回复的过程中存在着时间上的延迟。即时信息的带宽更窄，因为对每次发送的文本的字数存在限制，尽管即时回复这一功能为交流增加了另外一种媒介丰富性。语音信箱的媒介丰富性更高,因为语音语调可以和文字信息一起传输。电话为交流提供了额外的带宽,因为接收者可以即刻做出反应,发送者可以得到即时反馈。面对面交流的带宽最高,因为这种交流包括了从手势、面部表情、声音到嗅觉、触觉的所有线索。可互动的视频会议在媒介丰富性上介于电话和面对面的交流之间。

根据媒介丰富性理论,电子邮件在媒介丰富性上介于电话与手写信件之间。虽然电子邮件缺少语音信息,但是它比信函的投递和回复速度快得多。然而,各种通信方式的差异并非只体现在媒介丰富性这一连续维度上,各种通信方式都有其优势与不足。例如,应该将电子邮件这种通信媒介置于更大的背景中加以考察,在该背景中应将电子邮件提供的某些特定价值纳入考虑范围。[65] 电子邮件的特别之处在于,它能够提供多地址、外部记录以及电脑处理的便利。人们可以很方便地同时向多人发送一封电子邮件,通信组列表或者邮件列表更加凸显了这一特征。电子邮件是以数字形式记录的,可以在日后很方便地查看邮件内容(无论是好是坏,我们都会在本书后面的章节中看到)。此外,电子邮件还具备一项前所未有的功能:用户可以对邮件进行适当处理。例如,邮件系统允许用户使用多种方式进行搜索并将消息分类。你可以按照日期、发送者或者主题将邮件分类,也可以通过文本的筛选从收件箱几百封邮件中找到某些特定的短语。如果你记得曾经收到过一封包含一位出色市场顾问联系电话的邮件,但是想不起来是谁发送的,那么,可以在所有的邮件中搜索"市场顾问"或者"市场"或者"顾问"。这项功能是面对面或电话交流所不具备的。纸质信件极少具备该项功能,除非某家企业花时间通过光学字符识别技术将所有纸质信件转换成可被搜索的电子文档。

基于丰富性选择通信方式

在工作场所,人们选择某一通信方式而不是其他通信方式的依据是什么呢?对不同情境下的针对通信方式选择的研究表明,媒介丰富性是一个关键性因素。琳达·区维诺、简·韦伯斯特和埃里克·斯坦在不同工作组织内部针对媒体选择、态度和使用进行了一次现场研究。结果发现,影响人们作出特定选择的因素有很多。[66]区维诺等人的研究样本来自一家专业协会、一所大学以及若干企业内部的中、低层管理人员。研究者将样本划分成为4类,向每一位被试发放一份问卷,询问他们最近一次使用下述通信方式是在什么时候:手写信件、传真、电子邮件以及面对面的交流。这些通信方式涵盖了由低到高的媒介丰富性。

被试证实,他们认为上述四种通信方式有不同的媒介丰富性,手写信件的媒介丰富性最低,面对面交流的媒介丰富性最高。在决定应该选择具有何种程度的媒介丰富性的通信方式时,他们会将所需传递的信息内容本身作为一个重要的考虑因素。例如,研究者要求被试对自己通过媒介发送的信息的清楚程度在以下几个方面做出评价:情感性内容、模棱两可性以及其他特征。其中一些信息是对于事实的叙述,直截了当且不易被误读,但是另一些信息依据不同因素可做出各不相同的解释——如接收者的性格特征、文化环境、一天当中的具体时间或者公司的财务状况。那些回忆自己使用窄带通信方式的被试倾向于认为当时的信息内容是更清楚易懂的。

这一研究发现并非十分出人意料。通过窄带通信方式传输直截了当清楚易懂的信息是有道理的,在只传输文本的情况下,信息被误读的概率更小。但是,工作场所中充斥着人们如何使用电子邮件——假设电子邮件是一种窄带通信方式——传递与讨论敏感话题的例子,这类话题绝对会高居"模棱两可性"排行榜的榜首。老板通过电子邮件这样的窄带媒介给一位员工发送信息,该员工可能好几天对该信息的意思感到迷惑。有这样一个案例,一名员工加班加点完成某个项目之后,老板在发给他的邮件里简单地写道:"谢谢,我拥有你(I own you)。"这名员工把邮件拿给同事看,同事们对老板邮件的真正意思产生了争论。一个同事坚持认为,那是个输入错误,老板的意思是"我欠你一个人情"(I owe you)。另一些同事却坚信那是弗洛伊德式的笔误,它暗示了老板的内心深处对权力的强烈欲望。而老板则说，那不过是个玩笑罢了。

　　研究结果证实，商务人士会对信息内容的模棱两可性做出自己的判断，之后根据判断结果来选择特定的通信方式，但是对于新媒介特别是电子邮件而言，信息的模棱两可性与通信方式的选择之间的联系就不那么明确了。毫无疑问，还有其他因素会影响人们对通信方式的选择。虽然大多数人可能不会像本章开篇 Cerner 公司的 CEO 那样以糟糕的方式使用电子邮件，但是很多人还是不清楚什么时间应当使用电子邮件，或者这种通信方式会对工作场所造成怎样的影响。

基于成本和便捷性选择通信方式

　　区维诺和同事们发现了影响人们在特定通信场合选择特定通信方式的其他因素，其中一些是出于对实际条件的考虑。例如，当工作伙伴距离较远且旅行经费有限时，人们倾向于使用窄带通信方式特别是电子邮件。即使信息有必要通过丰富性更高的媒介进行传递，由于将交流各方召集到一起需要的成本太高，也只得放弃面对面交流。

　　另一个影响通信方式选择的因素是接收者的数量，这一因素因 Cerner 事件变得非常引人注目。当一位发送者需要与大量人员联系的时候，电子邮件就成为了一个有吸引力的选择。它成本低、易于发送、而且发送者想迅速发给多少人就可以迅速发给多少人。对那位 Cerner 公司的 CEO 来说，如果在盛怒之中他花一点时间考虑一下不同通信方式的利弊，他也可能认为电子邮件具有如此多的优点，几乎不必考虑通过电子邮件传递尖锐语气所造成的负面心理影响。在区维诺的研究中，信息接收者的数量会对被试的通信方式选择产生影响，然而，如果选择电子邮件这种通信方式时，通信组列表中的信息接收者的人数是具有误导性的。真正的信息的接收者数量可能会远远超过原始通信组列表中的人数，造成这种状况的原因在于电子邮件的转发功能。对信件或传真而言，人们将其拷贝并分发给非原始接收者是完全可能的。而对电子邮件来说，转发信息实在是太容易了。

基于象征意义的选择通信方式

媒介象征意义(media symbolism)也会影响人们在工作场所中对通信方式的选择,人们选择特定的通信方式时会考虑该通信方式会留给对方怎样的印象。区维诺及其同事将"媒介"替换成某种特定通信方式(传真、电子邮件、信件、面对面的交流),并询问被试如下问题:

"撇开信息内容本身,考虑发送该信息的[媒介]。"例如,"通过[媒介]发送这一信息:

- 传达我希望团队协作、参与或合作的愿望;
- 传递我对信息紧迫性或重要性的感觉;
- 表达某信息的非优先性或非重要性特征;
- 表明某信息是正式的、官方的或者合理的。"

媒介是信息的一部分,人们会根据媒介的象征意义对通信媒介做出选择。此外,研究者还要求被试回答自己所选通信方式的意义,他们的同事对此有什么想法。例如,同事们是否会感受到你的选择能传达你希望团队协作的愿望、你对信息紧迫性的感觉或者你试图使信息显得正式的愿望?研究结果再一次说明,人们选择通信方式时会考虑到他人对自己所作的选择的看法。

媒介象征意义所扮演的角色与组织本身及企业文化有关。对于微软新员工而言,公司期望他们大量使用电子邮件不会让他们感到惊讶,然而,在经历政府反托拉斯诉讼案时,包含有损公司内容的电子邮件在企业死灰复燃之后,媒介的组织象征意义也许会在某种程度上有所降温。在《未来时速:数字神经系统和商务新思维》(Business @ the Speed of Thought)中,比尔·盖茨写道:"电子化协作(electronic collaboration)并不是面对面交流的替代品,而是一种能够事先确保更多工作得以完成的手段,从而使面对面交流变得更有成效。面对面交流时间相当宝贵,因此你希望确保自己正在处理的事实和良好建议是基于可靠的分析,而不仅仅是逸事证据。你希望通过面对面交流做出具有可执行性的决策,而不是简单地坐在那里推测，泛泛地讨论一些理论上的问题。[67]"

　　社会影响理论强调，人们对通信方式的选择在很大程度上受到组织和组织规范的影响，同时也会受到组织内部特定通信方式象征意义的影响。一些组织在很大程度上依靠面对面的交流，公司要求正在旅途中的员工借助电话参加会议，即便这些员工当时身处飞机之上也必须如此。另一些企业则好像过分寂静了，相邻隔间或同一办公室的员工之间都是通过电子邮件或者即时消息进行交流，而不是直接走过去交谈。然而，任何一家企业的内部状况都是千差万别的，员工选择通信方式的理由也不尽相同。我有一位同事，他所在的公司很强调使用电子邮件，虽然他定时读取电子邮件，但他极少发送电子邮件。即便是最平淡无奇、最明确的信息也要放进一个淡黄色信封中，塞在门下面。他把信封口紧紧封死，如果不用剪刀的话我是肯定弄不开它的。正如我们在本章后面将要讨论到的，文化因素在其中扮演了一个重要的角色，相对另一些文化而言，某些文化更强调面对面交流。最后，新媒介可能很难迅速融入传统的通信方式中，仅仅是因为它是新生事物，人们仍然需要学习什么时候以及如何使用它。商务通信教科书多年来已经规定了撰写信函、备忘录以及其他公报的方法，对这些媒介的规范在过去几十年——甚至几百年间已发展成熟。但是关于电子邮件以及其他新媒介的规范却很少，人们在工作场所中使用这些新媒介时更容易表现出自己的特有方式。

对新媒介的看法

　　在21世纪最初的10年，互联网从广泛进入工作场所刚好经历了10年时间，人们对电子通信媒介的经验却存在很大差别。一些人在供职的企业及工作组中已使用电子邮件多年了，而另一些人则从来没有用过电子邮件。大学毕业刚刚参加工作的新员工可能对新媒介相当熟悉，他们经常使用电子邮件与研究组成员、朋友、家人、教授以及网友保持日常联络。其他一些诸如视频会议或通过手机传送的纯文本信息这样的新媒介的应用范围要小一些,但是在某些企业中这些新媒介已经得到了广泛应用。

经验上的差异在某种程度上解释了为什么人们对媒介持有不同的看法,以及为什么人们会在不同的时间以不同的方式使用通信新媒介。犹他大学的约翰·R.卡尔森和俄克拉荷马大学的罗伯特·W.兹马德确信,经验是一种关键性成分,在对媒介本身、信息主题、企业环境以及通信伙伴的个人风格更为熟悉的时候,人们的态度和选择也会发生改变。卡尔森和兹马德提出了通信方式扩展理论。该理论强调,人们在使用新媒介的过程中将积累知识并形成经验,这种经验对人们建立和改变对新媒介的看法起着重要的影响。特别要指出的是,人们会改变对新媒介的丰富性的看法。[68]

卡尔森和兹马德在东南部一所大学使用电子邮件的教师、教工和行政人员中发放了两套版本不同的问卷,旨在考察四种知识构建型经验的重要程度。一个版本要求被试思考一个拥有较多相关经验的通信对象或信息主题,另一个版本要求他们思考基本没有经验的通信对象或信息主题。所有的被试都要求对问题做同意或不同意的回答,例如有这样一个描述,"我对使用电子邮件很有经验"、"我觉得我和通信对象很熟",或者"我对与信息主题相关的各种概念相当熟悉"。此外,卡尔森和兹马德还会询问被试,如果将电子邮件视为一种媒介,他们对邮件的丰富性有什么看法。研究的结果证实,人们对某一媒介拥有了一定类型的经验后,他们确实会认为该媒介具有更高的丰富性。人们对电子邮件的使用越熟悉,对某个特定通信对象的经验越多,人们就会认为电子邮件的丰富性越高。此外,虽然对信息主题的知识这个因素并不如其他因素那么重要,但是,人们拥有与信息主题相关的知识越多,对电子邮件丰富性的正面评价便会越高。有趣的是,另一个并不重要的因素是在被试与通信对象间信息交换的实际数量。这似乎说明,我们并不一定需要大量的通信经历就可以对新媒介的丰富性的看法发生改变。通信经历仅仅只需要以某种方式与我们所拥有的关于新媒介的知识结合在一起。

工作场所中的互联网——新技术如何改变工作

电子邮件：个案研究

1844年塞缪尔·莫尔斯在一次公开演示中正式启用电报机时说道："上帝创造了何等的奇迹[*]。"这样的话语表明，莫尔斯要么知道自己正在创造历史，要么就是意识到需要以一种具有新闻价值的表达方式来推广自己的发明。[69]从那之后，通过新通信媒介发送的初始信息变得越来越少了，至少这些信息不再那么慷慨激昂令人难忘。亚历山大·格雷厄姆·贝尔使用电话传递的第一条信息是："华生先生，过来一下。我需要你。"虽然罗伊·汤姆林森是发出第一封电子邮件的人，但是他实在不记得自己当时写了些什么。"第一封邮件的内容最有可能的是'QWERTY-IOP'，或者差不多这样的内容。"

电子邮件的非正式性的根源

J. C. 利克里德尔和艾伯特·贝拉萨是互联网早期发展过程中的两位重要人物。他们在一篇论文中试图解释，尽管电子邮件最初并不是针对网络而设计的一款软件，为什么它会在ARPANET[**]研究人群中受到极大欢迎：

"信息系统（message system）与传统信件相比的优势之一是，即便是把ARPANET信息发给上了些年纪的上司或者发给一个你不熟悉的人，人们也可以把内容写得非常简单，且不用严格遵守拼写规范，且信息接收者不会因此而感觉受到了冒犯……与电话相比，网络通信服务的优势是相当多的，人们能够直奔主题、省掉最开始的一些客套话；通信服务还能

---

[*] "What hath God wrought."摘自《圣经》。——译者注

[**] Advanced Research Projects Agency Network（ARPA计算机网）：美国国防部高级研究计划局建立的计算机网，这个国际网允许其成员使用其设备并对大批不同的计算机存取数据。——译者注

100

够提供可保存的记录,且发送者和接收者不必同一时间都在网上。[70]"

电子邮件的历史突显了它作为一种非正式通信工具的重要性,它填补了当时的通信工具方面的空白。毫无疑问,电子邮件满足了人们对非同步性、直接性——甚至是非连贯性——通信的需要,邮件绕过了耗时的繁文缛节、传统信函造成的拖沓,也绕过了层级和组织边界。这些均是当代电子邮件非正式性的根源所在。即使电子邮件使用者不知道利克里德尔和贝拉萨是谁,也记不起"ARPANET"这一术语,但他们会发现电子邮件满足了人们很多共同的通信需求。无论收信方的职位或身份如何,电子邮件为其早期的使用者提供了与自己交流圈的任何人进行非同步交流的机会,时至今日,情况仍是如此。

发展中的电子邮件规范

由其非正式本源开始,电子邮件便是作为一种强大且广为应用的商务通信媒介出现的。电子邮件发展方式常常使人们对电子邮件的作用感到迷惑,且邮件使用规范还远未成型。虽然现代商务通信课程内容涵盖了电子邮件,有时候其他新媒介形式也会出现在课程中,然而,相对于完备的商务信函模板而言,商务电子邮件几乎不存在完美的"模板"。这就是为什么研究人员难以确定人们依据什么选择某些特定通信方式的关键性原因,以及难于确定为什么在使用电子邮件或其他电子通信形式的过程中人们会形成某些特定看法的原因。

例如,对比一下商务信函的标准格式。商务信函的格式规则是相当严格的,开头是信笺抬头,后面接着的是日期,再后面是信内地址。地址本身也需要遵循标准格式,将收信人的姓名放在抬头。下一行写上"亲爱的",后面接对方的名字,或者在头衔后加上对方的姓。虽然指导书通常提出如下建议:如果接收者与寄信人相识或比较熟悉,则只使用名字开头,但是打招呼时用"亲爱的玛丽"或是"亲爱的阿卡斯女士"的区别却不算太大。用"女士"而不用"夫人"和"小姐"称呼女性的习惯始于20世纪70年代,不使用"夫人"和"小姐"部分程度上是为了避免涉及暗含对方的婚姻状况。"真诚地"和"诚挚地"是用于结尾的标准问候表达方式,其后要留有签名以及寄信人写入姓名和头衔的空间。在信函内放入附加文书以及向其他人提供信函副本也要遵循一定规则。商务备忘录也有自己的规定格式,开头行中要有"日期:"、"接收者:"、"寄信人:"和"主题:"。

但是在工作场所使用的电子邮件极少被这些条条框框所约束。例如,人们开始写邮件内容时,可以有很多种问候的方式。如图 4.1,我们可以明显看出"亲爱的"只用于收件人不认识发件人的情况下。作为一种通信媒介,电子邮件是一种口头与书面表达结合的产物,其格式风格便印证了这一点。人们常常使用省略号或其他标点符号来表达停顿,如果是口语表达中,这种停顿可能用于将某些短语分隔开来。此外,人们还使用多种段落格式和各种缩进、空行的方式。

> 你好
>
> 嗨!
>
> 皮特向你问好
>
> 嗨,大卫,
>
> 大卫早上好,
>
> 你好(Howdy*)大卫
>
> 亲爱的(Dear)大卫·克里斯特尔,
>
> 亲爱的(Annwyl)大卫·克里斯特尔,(Annwyl,威尔士语,意为"亲爱的")
>
> 亲爱的克里斯特尔教授,
>
> 埃斯提莫多(Estimado)·克里斯特尔教授,

图 4.1 电子邮件中对大卫·克里斯特尔的称呼语。

大卫·克里斯特尔(David Crystal),《语言与互联网》(*Language and the Internet*)一书作者。

---

* Howdy,源自 How do ye,等同于 how do you do。——译者注

造成这种多样性的原因之一在于，人们在工作场所使用电子邮件的方式具有多样性，邮件风格会根据预期目的以及发件人与收件人的能力而改变。人们在风格与格式的混搭上已变得极为得心应手了，在利用电子邮件高速、便捷以及成本低廉这些优势的基础上，人们尝试着在适当的时候使用适当的语气书写邮件。确定并描述一种标准的"商务电子邮件风格"也许会相当困难，同时也是种无用功。

由于电子邮件具有非正式性，而且缺乏标准规范，人们使用电子邮件存在各种各样的方式，特别在语言和格式风格的选择上更是如此。《剑桥英语百科全书》(*The Cambridge Encyclopedia of the English Language*)的作者、语言学家大卫·克里斯特尔在《语言与互联网》一书中讨论了电子邮件用语间的巨大差异。[71] 例如，首先克里斯特尔发现，手中的电子邮件样本有三分之二在抬头部分都包含了问候语，但是与纸质信函不同的是，这些电邮问候语之间存在巨大差异。

正如你看到的，问候方式涵盖了从非常不正式到非常正式的整个范畴，问候在构建信件语气中起到了关键性作用：是正式的还是非正式的，是个人的还是职业的，是充满敬意的还是轻松随意的。对纸质信件而言，物理线索和格式通常能够起到上述作用。一封打印在棉浆含量很高的纸上的信件以"亲爱的克里斯特尔教授"开头，以手写签名结尾，这就是代表了一种正式的语气，信件内容的语气也应该被预期为正式的。相对地，写在记事本上面的办公室内信笺内容的语气应该被预期为非正式的。就物理线索和格式而言，电子邮件的同一性更高，很难传递语气。从物理意义上讲，一封你儿子发来的电子邮件看上去和感觉起来可能与你老板发来的邮件一样。

设定电子邮件的语气

在缺少物理线索的情况下，可以通过主题栏和问候语为电子邮件设定语气。工作场所中，一旦发件人选择了电子邮件作为通信方式，就必须慎重选择适合的语气以及传达该语气的方式。由于电子邮件既可以用在正式的场合也可以用在非正式的场合,并且缺少如信函及备忘录那样的标准规范,因而语气设定相当困难,且很容易出现偏差。发件人确信自己设定了某种语气,但收件人感受到的可能不是那种语气。发件人可能认为使用"嗨,戴夫"这样的问候方式能传递随意和友好,但是收件人可能会认为这是一种对他的冒犯。

在我受邀参加的一次电子邮件展会活动中,山姆·唐纳德森讲述了发生在他身上的某封电子邮件的语气被严重误解的故事。他给手下一名负责撰写大量展会文书的职员发了一封邮件,邮件内容是关于下一个环节的脚本,在邮件中他使用了开玩笑式的表述(或者说他确信别人也会把表述当成是开玩笑式的)"当然,谁都知道是我完成了大部分的撰写工作。"这位职员在回复邮件时却以冷漠的方式表达了歉意;她显然认为对方不是在开玩笑而且没搞清到底是谁完成了文书工作。唐纳德森为那位职员的误解感到非常不安,他无法理解为什么和自己很熟的一个人却认为他不是在开玩笑。

令人吃惊的是,很少有研究涉及工作场所中电子邮件的语气问题。但是,我们都知道非言语线索的缺失造成邮件内容极易被误解的状况,而且作为一种"写下来的口头用语",电子邮件的语气将如何被对方理解更加具有不可预测性。关于建构个人在线形象方式的研究表明,如果只能通过键盘与鼠标来建构印象,大多数人会感觉很困难。而且相当奇怪的是,当通过电子通信方式形成对他人的印象时,我们常常会忘记,想要通过键盘建构自己的形象是一项多么艰巨的工作。例如,罗德尼·富勒关于印象形成的研究证实,对仅仅通过电子邮件交流而从未见面的同事,人们倾向于过高评价对方的冷静与理性,同时会低估对方的情感和感觉。[72]在先前的《互联网心理学》(*The Psychology of the Internet*)一书中,我深入分析了在线环境对人们心理的影响以及在线环境如何影响人们的行为。其中一项关键性现象是,当信息通过窄带媒介传递时,语气上的细微差别会消失或被误解。[73]

除了由分散在世界各地的素不相识的成员构成的虚拟团队,很多工作场所中的电子邮件都是在相互认识且见过面的人之间传递,通常情况下电子邮件的交流双方是彼此非常熟悉的同事。因此,电子交流的语气是被置于一种更大的背景下解读的,在这样的背景下,同事间对彼此的各方面情况都比较了解。这就是为什么山姆·唐纳德森在自己邮件的语气被误解之后感到惊奇和沮丧。这一事件表明,他对自己工作场所中构建的个人形象的认识以及他对电子邮件的语气被解读的背景所作的判断都不是完全正确的。非言语线索的缺失常常会导致电子邮件中反语与幽默被误解,甚至在长期合作的工作伙伴之间也会出现这种情况。

针对在各种情况下,撰写信函、备忘录或进行面对面交流,现代商务通信教程在信件内容组织和语气设定方面作了详尽的描述。例如,在第6版的《现代商务通信》(*Business Communication Today*)中,考特兰·L.博韦和约翰·V.斯瑞尔对内容的直接组织计划做了详尽的描述,并推荐使用它处理涉及日常事务、好消息以及表达友好善意的邮件。这类邮件不涉及敏感的话题,应当一上来在第一段就说明主要的意思和最重要的事情,余下部分则用于提供一些必要的细节。如果信件的内容是坏消息,或者信件用于说服原本无兴趣或无意向的收件人,那么则更适合采用一些间接的方式。例如,传递坏消息的信件应以中性陈述开头,然后过渡到坏消息的原因。坏消息的内容可以清楚地说明,也可以只是暗示出来,并且应当在其后加上一些积极的内容,比如说,"您一定会找到与您的技术和理想相匹配的工作机会。"

总体上看,这种能够帮助人们处理电子邮件中口吻、语气问题的精细指导不是很多,或者一些指导性材料就是连篇累牍的警示。由于电子邮件被用于多种目的,且在各种工作场所中电子邮件的使用正在迅猛增加,写一本关于电子邮件风格的指导手册是相当困难的。取而代之的是,各种指南、杂志文章以及教科书中经常会出现一些你该做什么/不该做什么的列表,以及由技术、礼仪、法律、常识等杂糅而成的各种小提示。但是,在商务环境下,电子邮件正式场合会越来越多地被用于正式场合,电子邮件几乎已取代了传递速度慢得多的普通信件。

工作场所中的互联网——新技术如何改变工作

将电子邮件用于正式场合

虽然大量的电子邮件属于"写下来的口语",越来越多的人开始将电子邮件用于正式场合,而以前在这些场合,为了传递适当的语气或处于法律方面的考虑,人们可能会使用更为正式的商务信函或备忘。信息发送者选择电子邮件是基于它的媒介特征,但是,在随后创建电子邮件的过程中,模拟更为正式的纸质通信媒介。例如,公司的管理者也许会通过电子邮件在企业内部发送一封"电子备忘录",提醒大家公司即将采取新的差旅费报销政策。在电子邮件这种媒介所能允许的范围内,该"电子备忘录"在格式上可能会尽可能遵循标准的(纸质)备忘录格式,看起来和纸质备忘录是很接近的。可以明显地感到该"电子备忘录"的语气是正式的、通告性的和命令性的。

许多电子邮件与信函是相似的,它们以"亲爱的"开头,以问候结尾。例如,大卫·克里斯特尔信件打招呼用语列表不但包括了"亲爱的教授"、"亲爱的克里斯特尔博士",还有"嗨!"。这些信件采用正式的格式且这一点很容易被看出来(如,以"亲爱的同事们"开头),使用这些格式通常是为了向较大的群体传递信息。我收到的绝大多数遵循纸质信函格式的电子邮件都是语气严肃,并且是针对整个组织广泛传播的。

电子邮件的另一个用途就是传输一些更为正式的文件,例如商务信函或者项目计划书。电子邮件系统通常对发送者可选格式设有限制,而且系统也可能无法以发件人所设定的原始格式在收件人处显示邮件内容。例如,一本电子邮件指南中推荐发送者在每输入70个字符左右之后就按一次回车,这有点儿像自动换行成为规则之前,使用打字机的输入方式。之所以会有这样的建议,是因为有些陈旧的电子邮件系统可能会在不适当的地方换行,这样一来邮件显示起来就会有些奇怪。

> 如果你2001年1月31日能来参加会议,
> 请联系
> 我们的旅行社咨询更多

> 关于花费上的细节。我们
> 将很乐意为您效劳。

虽然可能看起来有点儿怪怪的,但是,通过电子邮件传送带有格式设置的文本正变得越来越普遍。我经常能收到这样的邮件,发送人的目的只是对附件进行说明,就好像下面这封:

> 帕(Pat),这是我答应发给你的邮件。打印的纸质副本(hard copy)应该明天寄到。——唐(Don)

电子邮件所粘贴的附件会尽可能地遵循标准的商务信函格式。虽然发件人可能会在信件中添加一个数字化信笺抬头,但是这些文件可能不会包含签名。这样做的目的在于,提升一起工作且遵守正式商务信函标准的同事间的通信速度。为了保持原来的格式,发送者更愿意以附件形式发送计划书、讲演文本以及其他文本。对于包含表格、图表或其他图形的文件,用附件发送具有特别重要的意义。

我前文已经简要讨论过了,对正式电子邮件而言,一项非常重要的不足之处是,目前还缺乏使电子邮件成为一种正式、具有捆绑性的通信工具的基础设施。电子化基础设施必须提供如下几个方面的保障:**可接受性**(acceptance)、**安全性**(security)、**完整性**(integrity)、**真实性**(authentication)。[74] **可接受性**意味着通过电子邮件传送的文件必须在法律上是可接受的,就像该文件的纸质副本必须为法律所接受一样。**安全性**也必须有所保障,即现存的任何电子文档都应加以保护,避免遗失、被盗或受损等情况的发生。在传统商务领域,签过名的原始文件多数会被保存在上锁的箱子里,并通过商务快递方式运输。虽然许多人会质疑这种传统方式的安全性,但是这仍是目前商务领域使用的方法。一份电子文档也可能会在传送过程中遗失部分数据包,而且由于存储介质发生故障,存储的文件会遭到破坏。硬盘可能会损坏,诸如 CD-ROM 这类介质上的信息不可能永久保存。例如,有人估算过,一个 CD-ROM 的使用寿命是 5 年,部分原因是用于存储介质的制造技术记忆写入/读出数据的技术更新换代极快。即使将 CD-ROM 安全地保存在档案箱里,但问题是有没有读取数据的硬件和软件呢？（我还有好几百个 $5_{1/4}$ 的软盘在地下室里，但是现在根本没有能读取它们的软驱。）

第三个需要确保的是**完整性**，它意味着所接收到的文件必须和所发送的原件完全一致。不但要确保传输过程的可靠性，而且接收人还必须确保文件在传输过程中不能有任何的更改。最后，必须保障的是**真实性**，即文件确实是由相应的发件人发出的。接收人必须确认传输过程是由发件人启动的，且某文件发送后，发件人不能否认自己曾发送过该文件。我们通常依靠签名来加以控制，但是也有使用录音的。例如，股票经纪人通常采用磁带录音的方式，对股票交易进行详细记录。

传统上，我们构建上述四个方面的保障的机制并非滴水不漏，但是电子环境需要严格措施才能提供这些保障，特别是因为在商务领域，人们需要确信电子交流和交易至少要和通过纸质媒介进行的交流和交易一样可靠。例如，唐就觉得在电子传输之后，应当再发送一份打印出来的纸质副本。

将电子邮件用作法律证据

虽然，在许多法律框架下电子传输文件的保障仍需进一步加强，但是电子邮件确实已经作为证据出现在法庭上了。在大量受到各界关注的企业案件中，原告便使用了电子邮件作为证据，同时，企业针对电子邮件的使用制定的政策也正变得越来越严格。一个引人注目的案件是，美林证券（Merrill Lynch）的分析师亨利·布罗杰特公开称赞某些公司，以诱使投资人购买该公司股票。但当他的私人电子邮件被公布之后，人们发现布罗杰特在电子邮件中所持观点与其公开发表的观点大相径庭。例如，他公开鼓励投资人购买的一只股票在他的私人邮件中被称为"垃圾"。[75]根据一份报道，由于分析师亨利·布罗杰特严重误导了投资者，纽约州检察长（New York state attorney general）最后让美林证券赔付了1亿美元。[76]在这之后不久，美林证券就召开了一次专门研讨会，重点在于指导员工如何正确使用电子邮件。[77]

即便已经充分了解了电子邮件的特征并看到了在大量法律案件中将

电子邮件作为证据,人们仍有可能会陷入各种麻烦之中。在商务环境中,人们在撰写电子邮件时将各种风格杂糅在一起,并且不恰当地使用非正式语气,这种语气可能会冒犯收件人,或者至少会导致收件人误解。在电子邮件这种"写下来的口语"中,人们会说出一些不希望被转发的内容,即便他们在理性上知道:转发邮件是很容易的,而且这种事情会经常发生。人们还知道或者至少现在应该知道电子邮件的非私密性。电子邮件是种存档文本,在自己的电脑上删除某邮件并不代表它在服务器上也被删除,不代表它在许多备份磁盘上被删除,也不代表它在收件人的硬盘上被删除。

造成上述情况的一个原因是,电子邮件是发送者私下独自撰写的,撰写过程中,缺乏引导和限制社会互动的线索,或者让发件人意识到可能的法律后果的线索。发件人看不到对方的面部表情、听不到对方的声音、注意不到对方的姿态和穿着。电子邮件的某些操作,比如登录时需要使用密码,实际上是一种陷阱,会让使用者觉得电子邮件是私密的。删除键则让人们觉得电子邮件真的能彻底被删除。

有关计算机介导通信的研究表明,在使用电子交流过程中,人们容易表现去抑制行为,部分原因是我在上面提及的那些特征。例如,发件人与接收者相距很远,同时邮件是发件人私下撰写的,这似乎会使发件人更有可能超越界限,说一些在普通信件中或在面对面情形下不可能说出的话。他们可能会使用一些在当面交流中不会使用的语言、短语或者语气。对员工和企业而言,这种去抑制现象难以阻止,但它会造成极为严重的后果。

出于自我保护的目的,不少企业召开了像美林证券那样的研讨会,同时也采取了其他一些措施。一些公司限制电子邮件的存储,一些公司则出台了正式规定,要求所有电子邮件在服务器及备份磁盘上保留30到90天之后必须全部清除。这些措施会有一定帮助,但是,从本质上讲,电子邮件具有自我复制性。无论如何,在很多情况下公司需要保存旧的电子邮件,并在法庭要求的情况下,将旧的电子邮件呈交给法庭。例如,亚瑟·安德生被判有罪,部分原因就是他销毁了与安然公司(Enron)有关的那些电子邮件。

电子邮件的受众

有几条与一般性的网络交流规范相关的建议涉及电子邮件的受众,电子邮件的受众是建立有效商务通信的一个关键因素。商科学生在学习如何写作信函、备忘录、讲演稿或市场营销策略时都会学习大量关于受众分析的内容,并有针对性地编辑信息以适应受众的需要。他们会学习如何预测受众对某些诉求和说服性信息的反应,以及如何对文化、社会地位、性别、年龄以及正式程度保持敏感性。但是,通过电子邮件有针对性地编辑信息却更加困难,因为不可能完全弄清楚电子邮件的受众。在你预期的收件人之外,还有谁会读到这封邮件?我们知道,企业是电子邮件系统的所有者,有权阅读你所写的任何东西,尽管大多数经理人可能不会使用这种特权。我们也知道,在很多公司里无论是否得到了发件人的许可,邮件转发是司空见惯的现象。

转发他人邮件有各种各样的原因,在很多情况下人们完全是无意而为。他们可能仅仅是为了与同事们分享发件人的观点,或者发件人的邮件中包含事实性信息而收件人需要广泛传播这些信息,在这种情况下,转发邮件是为了避免重复输入以节省时间。转发邮件也可能是因为公司存在关于某个工作问题的在线讨论,而为了使某位新员工更方便地了解在线讨论的最新情况,发件人将在线讨论的内容整合起来形成一个讨论副本转发给该新员工。

然而,在一些情况下,人们转发邮件的原因远不是冠冕堂皇的。他们也许是想让上级领导看到你并不灵活机智的反应,或者将邮件作为翔实的证据转发给领导,证明你是个不称职、懒惰、浪费公司时间的员工。不少人会将回复邮件保存好几年,还能找出十多年前的邮件。虽然现在许多人对电子邮件缺乏私密性这一点有了更多的了解,在很多年前人们并不是这样。自己早前的邮件很可能会从档案中被再次找出,并被四处转发。

由于对邮件转发的担忧日益增加，一些公司要求员工在每一封电子邮件后面都加上这样的内容：

这封邮件所包含的内容可能是机密且经过授权的。除非你是收件人（或者经收件人授权），你不能使用、复制信件中的任何内容，也不能向任何人透露信件内容。如果你不是这封邮件预期的收件人，请使用"回复"电子邮件方式提示发件人，之后将邮件删除。非常感谢。

上面这段信息可能并不能阻止人们在未经允许的情况下转发邮件，但它肯定能够增强发件人对这种做法的期望。

电子邮件也会因人为错误和漫不经心而被误发，有关网络规范的建议经常会提到这一点。例如，建议在发送回复邮件时应当谨慎，应将邮件回复给发送者而非回复给所有收件人。这是使用电子邮件常犯的错误，它会造成将大量琐碎且不必要的信息发送给很多人。不但如此，这还会导致大量的后续回复，提醒邮件群发者应该只把邮件发给原来的发件人。这种情况常见于RSVPs*。当发件人邀请几十人参加一个会议或会谈时，至少一些人会对整个群体成员进行回复道，"我会参加的！"

误发同样是常见的，因为收件人的地址出现在"收件人："这一栏，而某些情况下，这一栏可能是模糊不清，甚至是看不到的。发件人写好一封电子邮件，按发送键，其后不久便会发现自己误发邮件了。"发送"键按起来很简单，而这个键的功能仅仅是立即发送邮件。一旦按下这个键，发件人再也不可能核查收件人地址，也不可能放弃发送该邮件。一些电子邮件系统在发送前会要求确认或者执行拼写检查，但很多邮件系统并不具备上述功能。

菲利普·罗斯在他的小说《人性的污点》（*The Human Stain*）中描绘

---

* RSVPs缩写是法语词汇，意思是请回复，通常是在邀请信的结尾，要求你对这个邀请作出去还是不去的回复，不然主人无法做出进一步的安排。——译者注

了电子邮件被误发的最可怕的一种情形。黛尔芬·鲁克斯是一名一所规模较小的大学的从事古希腊和古罗马语言文学的教授。她一直很孤独，写了一份"寻找伴侣"的个人广告，并打算通过电子邮件寄给纽约书评（The New York Review of Books）。然而，她一不小心错发给了邮件系统中的同事列表。黛尔芬感到极度窘迫和尴尬，结果她毁坏了自己的办公室，并制造了下列假象：有歹徒闯进办公室弄坏了她的电脑，并使用她的电子信箱发送了这封伪造的邮件，目的就是为了羞辱她。这类邮件误投事件并不仅限于小说素材。例如，华盛顿一家公司的公共关系主管劳拉·洛厄里就曾将一封略带色情、原本要发给自己男朋友的邮件误发给了全公司同事——这其中还包括了她的上司。[78]

电子邮件会在工作场所造成特殊问题的另一个确定的原因是，电子邮件在很多的情况下都是一种非常便捷的通信媒介。在工作中，一名女性员工可以很便捷地给被自己昵称为"老虎"的男朋友发邮件，而且她在邮件里的语气、措辞、格式和思考方式都与发给同事、老板、客户或商务伙伴的邮件有所不同。在具有不同规则的各种环境下，我们使用的是相同的通信媒介。所有的电子邮件在屏幕上的显示方式都是相同的，而且各种电子邮件的撰写和发送等行为也是相同的，因此人们很容易混淆各种准则也就不足为奇了。

在面对面交流中，表征得体的交流方式的线索是极为明显且易于察觉的。面对面的会议中，会议室中的皮椅、与会者的商务着装都向人们提示着商务沟通规范。大嚷大叫、直呼其名和荤笑话都是不妥当的。飞眼儿[;)]或吐舌头[:p]也会被视为不妥当的。但是，当我们使用电子邮件的时候，表征通信背景的线索就不是那么明显了。在我们写邮件时，无论收件人是谁，几乎不存在什么物理线索能够促使我们从适用于给家人朋友写信的准则转换到适用于商务环境下的准则。事实上，也许唯一可用的模糊线索就是在"收件人："一栏输入的地址了，然而，收件人的电子邮件地址并不能有效地提示人们当时所处的通信背景。

电子邮件营销与垃圾邮件

电子邮件营销在20世纪90年代异常火爆,几乎所有人的收件箱中都装满了形形色色的广告,包含传授致富捷径的、治疗脱发的、赌场邀请、维生素的、包含色情内容的、假期出游的,以及其他关于各种事物的广告。通过电子邮件,市场营销者能够向几千名甚至几百万名潜在客户免费发送广告,这种事情实在是太诱人了,不能被忽略。通过电子邮件发送广告比通过普通信件投递广告便宜得多,而且即使这些免费发送的上百万封邮件中有少部分回复,也可以使电子邮件营销成为为企业获取利润的很有价值的营销策略。在如潮的抱怨和一些诉讼案件之后,很多企业现在会非常礼貌地询问客户是否愿意接收关于该公司新产品与促销产品的信息。这种方式被称为选择加入(opt in),因为客户必须事先选择接收这些广告信息。但是,很多企业更喜欢使用选择退出(opt out)的方式,即企业首先为客户选中复选标记,然后坚持让客户自己取消复选标记,以拒绝如潮水般泛滥的广告信息。因为大多数客户没有时间阅读网页上的所有内容,大多数人很可能忽略复选标记。这就意味着几乎没有人选择加入,绝大多数人也不会选择退出,结果就是大量电子邮件广告纷至沓来。

无论公司使用"选择加入"还是"选择退出",这至少给了消费者自由,让他们自己选择是否接收来自公司的电子邮件,但是垃圾邮件却不会给人们任何选择的自由。有人使用一些程序来彻底搜查网站、聊天室、讨论公告栏以及机构黄页,以获取并记录电子邮件地址并将其加入长长的地址列表中,这些地址列表被出售给那些想要向几百万潜在客户发送垃圾邮件的公司。垃圾邮件制造者通常会采用各种各样的伎俩,防止收件人知道自己的真实身份或者自己所处的位置。垃圾邮件制造者还会使用各种把戏,以确定潜在的客户是否阅读了垃圾邮件。用得很广泛的一种把戏是在垃圾邮件中加入"将我从列表中移除"的按钮供收件人点击,以"防止将来收到垃圾邮件"。然而,一旦收件人点击了"将我从列表中移除"的按钮,就相当于为垃圾邮件制造者提供了确认信息,即自己的地址是有效的,这样一来收件人肯定会继续收到垃圾邮件。

要发现侵害他人隐私的垃圾邮件制造者是极其困难的。罗宾·皮克就讲了一个试图发现垃圾邮件制造者的事例：

"最近,我从 Infowinner. info 和 Dotcomiscounts. info 公司收到了电子邮件,我从未听说过这两家公司。因此我决定查查它们,看看这两家公司的隐私声明(privacy statement)。结果发现,两家公司不但隐私声明一模一样,而且地址和电话号码也分毫不差。不但如此,每一家都写着'通过参加[任何一家公司的]抽奖活动,你事实上就是选择加入了。''订户向我们的任何一个网站定制服务前都已充分了解本公司对其个人信息的使用方式。'啊,但是有一个问题:我并没有参加抽奖。第二天,我试图访问 Infowinner. info,但是它早已消失了。"[79]

电子邮件营销成本很低,这是推动商家获得有效邮件地址的强大动力。许多"免费"产品都是向员工开放下载的,需要付出的唯一代价就是自己的联系方式。例如,最近的某个软件产品向用户承诺,通过向电子邮件地址列表中的所有联系人发送自动升级请求,该软件能使用户电子邮件地址簿时刻保持最新版本。地址列表中的联系人收到自动请求后,他们可以更新你的地址簿,之后选择加入这一地址更新网络。随着越来越多的人加入,出现的结果就是一个金字塔形的图式,对软件供应商而言,这将会是一笔极为丰富的具有商业价值的有效电子邮件地址资源。Ziff Davis Media 公司副总裁比尔·马克罗尼将这种软件视为一种对个人隐私和私密性的潜在重大威胁,因为,用户实际上是向所供职公司之外的第三方发送了一份自己全部联系人的电子邮件地址的完整列表。虽然公司承诺,在未经用户允许的情况下不会将所获得的电子邮件地址用于任何目的,但是,以前曾经有公司违背了这种承诺,特别是在公司的拥有者发生变动以后。[80]

正如我在本章前面提及的,对于研究人员而言,电子邮件是作为非正式通信工具出现的,商务电子邮件最初是被禁止的。然而,时代变了,现在电子邮件营销,无论是人们要求的还是没有要求的,都因为它分散了员工的注意力以及过多耗费了系统资源而成为了工作场所中的一个主要问题。现在，企业竞相安装各种垃圾邮件过滤软件以及病毒检测软件，以识别潜在垃圾邮件的各种特征，要么垃圾邮件在达到收件箱之前将其删除，要么更改垃圾邮件的主题，这样员工就可以轻易地发现这些是**垃圾邮件**。一些分析家预测，制止垃圾邮件潮的唯一方式是确定出人们对互联网的使用量，这样一来，垃圾邮件的成本就会落在发送者身上，而不再是将成本转嫁到企业或者员工的时间和效率上（即耗费他们的时间，降低他们的工作效率）。

电子邮件骗局

垃圾邮件的一种特殊变体是电子邮件骗局，它借助网络向垃圾邮件发布者所收集到的大量电子邮件地址反复地广泛传播。它的始作俑者利用网络的放大效应向几百万人散布各种恶作剧谎言和诡计，这会对员工构成严重干扰，从而降低工作效率。

电子邮件骗局的一个类型就是向收件人发出虚假病毒预警。有时这类骗局的变体还包括：首先帮助接收者确定电脑是否中病毒的具体说明，接下来按照指定的步骤清除所感染病毒。例如，一种变体是用英语、捷克语、意大利语、丹麦语和其他各种语言在全世界范围内发送邮件，警告用户他们的电脑可能从某个文件那里感染了一种病毒，该文件以泰迪小熊作为图标。然而，该文件事实上是 Windows 操作系统的一个合法组件。这封邮件告诉用户如何删除该文件，并且警示用户应当将这条有用信息发给收件人列表中的全部联系人，这样大家就都能删除这个文件了。在这个案例中所涉及的文件不影响系统正常运行，所以中计的人即使删除该文件也不会对系统造成损害。但是，人们浪费时间是肯定的了。

另一些骗局则更加狠毒，致使几千人受骗而破坏自己的电脑，随后又会无辜地把恶作剧邮件传给地址簿中的所有人，从而进一步扩大对电脑的破坏。一些恶作剧邮件则包含了令收件人感动或者愤怒的故事，促使收件人向某个特定的邮箱发送表示良好祝愿或强烈愤慨的邮件,最终导致那个邮箱被塞满。"生病小孩"的恶作剧就是一个例子,它特别流行,而且制造恶作剧的人经常得逞。下面是一段邮件摘录,该邮件使许多人上当,进而将彼此的邮箱塞满:

"大家好……这不是一封连锁信,但却是一个机会,借此我们能够拯救一个被严重的、致命的癌症折磨将死的小姑娘。请把这封信发给所有你认识的人……或者不知道这件事情的人。这个小姑娘只剩下6个月的生命了,她最后的愿望就是发一封连锁信,告诉所有人,要充分利用自己的生命,因为她再也没有机会这样做了。她再也没有机会参加学校舞会了,再也没有机会高中毕业、结婚并组建自己的家庭。当你把这封信发给尽可能多的人,你就能给她和她的家庭一些小小的希望,因为你每发给一个人,美国癌症学会(American Cancer Society)就会为她的治疗和康复计划捐出3美分。有个人发给了500个人!!!!所以,我知道我们至少可以把它发给5、6个人。行动起来吧,朋友们……如果你过于自私,不愿意花10—15分钟把这封信发给**所有人**,那么,请你想象一下,有一天你也可能会遇到相同的情况……而且这与你的 \$ 金钱 \$ 无关,只是占用了一些时间。朋友们,请帮一把这个姑娘,我知道你能做到!!我爱你,朋友们!"[81]

造成巨大经济损失的一类互联网骗局是"4—1—9"诈骗。发送者自称是某外国政府的代表,由于某些原因,现手上有数百万美元的闲置资金,资金的来源可能是无人认领的不动产,又或者是"多开了发票"的合同。发送者希望把这部分资金存入美国银行的账户,从而避免在自己国内出事,可是他自己没办法独立办成。如果能为他办成这件事,你便可以获得转账资金中的很大一部分。见你上钩了,对方就可能说服你出国去见一见合伙人,看一看盖有印章并印有标识的文档,它们看起来就像官方的正式文档。当你一步步陷入圈套时,会出现一个可能导致交易无法达成的突发事件。这时,你新的商务合伙人会以某种名义恳求你拿出"预付款"——诸如税金或律师费这类——以确保交易能够达成。到了这个时候,你的合伙人就会带着你的钱从人间蒸发。[82]

无论工作场所内部还是外部,人们成为互联网骗局的受害者和人们称为其他种类骗局的受害者的许多原因是一样的。关键原因,就是人们具有**真实性偏向**(truth bias),即人们倾向于相信自己的所见所闻是真实的。人们往往未经深思就相信某件事情是真实的,不会立即想到和自己打交道的人具有隐藏的动机。如果人们没有真实性偏向,生活将变得非常麻烦。事实上,那些对事物表现出强烈怀疑倾向的人都会被建议去寻求一些专业帮助。现在的问题是,互联网在很大程度上为骗子们提供了很大的便利,帮助他们将不计其数的骗局发送到人们的收件箱,这些骗局信息与正常的新客户的邮件混合在一起。网络的放大能力有益于正经的生意人,同时也在同等程度上惠及了各种骗子和强行推销产品的人。

发展中的电子邮件使用规范

在早期,电子邮件的使用规范针对的是一些相对基本的问题,其中很多规范都是帮助发送者避免在电子邮件中出现最严重的失误。施乐公司帕洛阿尔托研究中心(Xerox PARC)在 20 世纪 70 年代发展出了第一套此类使用指南,名为《电子邮件使用简介》(Electronic Mail Briefing Blurb)。其中的建议简明扼要,然而,作者却明确意识到了电子邮件作为通信媒介具有一些特殊的特征,人们需要一些指导,以正确使用电子邮件,避免陷入麻烦、冒犯同事、或者过度占用网络资源:

- "在回复一封冒犯你的电子邮件之前,先等上一到两天。
- 只给发件人回复,不要全部回复给发件人的原始收信列表中的所有人。
- 不要使用电子邮件发送你不想公之于众的任何内容。"

20 世纪 90 年代早期,各种电子邮件使用指南开始在杂志和商务期刊上盛行。例如,1993 年,在互联网只有两千万用户的时候,菲利普·埃尔默-德威特和大卫·杰克逊向《时代》杂志的读者提供了五条基本的电子邮件使用规则。[83]

- "不要全部使用大写（这就好像在对别人大喊大叫）。
- 保持简明扼要。
- 在说反语时加上；）（旁边加上一个眨眼的图形）。
- 别人没有提出要求时不要发送广告。
- 不要问愚蠢的问题。"

请注意，电子邮件email中的字符"e"在以前是被大写的——这是描述新技术时常用的一种方法。但是，随着电子邮件在工作场所中的普及，而且如前文所述，人们的知识增加了，经验丰富了，email中的"e"就变为小写了。此外，各种使用指南也开始涉及与通信媒介有关的各个细微层面，建议也变得越来越多了。早期的建议之一是使用表情符——主要使用标点符号所构成的各种面部表情——来表达幽默或讽刺，而这种建议后来被重新评估了。1998年的《成功的会议》（successful meetings）一书建议谨慎使用表情符，原因是许多人可能不明白表情符的含义。一个更重要的问题是，这会以某种方式影响发件人留给收件人的印象。在20世纪90年代，表情符引起了大众传媒的极大关注，部分原因是表情符的使用表明：即便在只有ASCⅡ键盘可供使用的情况下，人们也能够富有想象力地传递语气以及非言语线索上的细微差别。表情符字典里包含了几百个用键盘打出的各种微笑的面孔、皱眉、眨眼以及弯眉的样子。然而，表情符在现实中的应用似乎被高估了。例如，一个对在线讨论群的研究发现，只有13.4%的信息中包含了表情符。[84]

人们开始发现幽默和讽刺通常达不到预期效果，因此许多工作场所网络使用指南都奉劝其使用者注意这个问题。前面的山姆·唐纳德森的反语评论被误解就是一个很好的例子，管理咨询师建议工作场所中的人们在电子邮件中使用幽默时要极为谨慎（Sloboda，1999）。[85]达特茅斯学院的玛丽·芒特和她的同事提出了一些对工作场所中的电子邮件商务用户非常实用的建议，其中包括"如果要使用笑话和非正式习语，应当带着十二分的小心。"[86]

人们的电子邮件使用经历以及一些诉讼案例都提供了非常具体的警示,即不能认为电子邮件是完全私密的。甚至早期的《电子邮件使用简介》也警示人们,电子邮件具有公开性。但是,特别是在非正式场合下,电子邮件在私下被撰写这种特点会不断导致人们将其视为一种私密的交流。法庭经常做出这样的裁定:公司管理的电子邮件是公司的财产,而不是个人的财产,企业管理者可以随时对员工的电子邮件加以检查(我们将在下一章节中探讨有关工作场所中的监视和监控的问题)。

最后一条经修订后的使用建议是针对商务电子邮件的。起初,如果不是因为法律条文,则是因为社会压力和群体影响,商业信息是禁止使用网络通信工具传递的。网络使用指南通常包括一些警示,告诉用户如何保持互联网的非商业性。企业开始利用电子邮件进行直接的市场营销,他们通过电子邮件给数以千计的潜在用户发送广告。而收件人对企业的这种做法感到非常愤怒,大声表示抗议。但是,电子邮件营销成为了一种具有相当价值的商务工具,在20世纪90年代发展非常迅猛,对电子邮件营销的反对之声也有所减弱。然而,正如我在本章前面描述的那样,由于某些人误用和滥用电子邮件,人们再一次变得义愤填膺。我们又一次看到互联网的放大能力是如何发挥作用的。个别可能受到员工欢迎的商务电子邮件正被淹没在(垃圾邮件的)潮水中。

跨文化的商务通信

商务人士常常都要应对通信风格上的文化差异,商务课程也经常设置一到两种讲座,用以帮助新晋的 MBA 们提高跨文化沟通技巧。或大或小的错误和误解的例子比比皆是。作为一名 20 世纪 80 年代在日本工作的大学教员及商务顾问,我发现很难向美国人解释,日本人如果针对一份方案说"这是困难的",那么这就等于说"不行"。然而,对美国人而言,"这是困难的"这种回答通常会激发美国人加倍努力以克服困难。

爱德华·T. 霍尔(Edward T. Hall)建议以语境为维度，将文化及其相对应的交流方式加以分类。[87]语境维度代表了一条信息的意义能在多大程度上由这条消息所处的语境而不是消息本身来传达。诸如日本或中国台湾等地，被认为是"高语境"的文化，因其言语交流依赖消息本身的程度较低，而更多地依赖消息所处的语境。非言语消息是极为关键的，交流所处的环境为构建言语的意义提供了线索。社会成员能清楚知道遵守各种礼仪规范的重要性，因为违背它们将导致尴尬的场面。

日本人使用"腹语"(stomach talk)来指代用于建立商务互信关系的非言语沟通(腹部被认为是生命力的中心)。商务伙伴依靠非言语信息来建立信任，交流思想，建立私人关系，而私人关系是随后开展交易和达成协议的基础。当我还在日本的时候，有人开展了一个电子化谈判的实验，被试的地理位置分别在美国和日本，他们尝试着通过使用各种电子媒介进行模拟谈判。日本人认为这个项目很令人着迷，但是一个人却说道："当然，我们从来不愿意那样做。"这种方式并不支持腹语。

低语境文化倾向于从信息内容本身提取信息的意义，依赖于沟通语境的程度较低。美国和德国就是实例。由于在某种程度上各个国家内的个体有更多的共享语境，因此多数国家不是靠近语境维度的这一端，就是靠近语境维度的另一端。鉴于参与交流的个体在过去很长一段时间内都有共享的价值观与知识，一条信息的内容不必外显地与交流情境的各个方面都相关。此外，低语境文化中的人们更加倾向于个人主义，而高语境文化中的人们则更倾向于集体主义。

高语境文化倾向于更多地依靠私人关系来建构沟通语境，他们同时倾向于使用更加间接的沟通方式。我在前文中曾提到过直接组织计划，这部分内容经常会出现在低语境文化的商学院的课程中，然而，在高语境文化中，直接组织计划却常常是无效的或被误解的，例如图4.2，下面的一封信使用了直接组织计划。美国人皮特·琼斯(Peter Jones)把这封信发给了一位中国代表团的成员，该成员曾在一次农业展览会上驻足参观过皮特·琼斯的展位。[88]

英语式　希伯来语式　东方式　　拉丁语式　俄语式

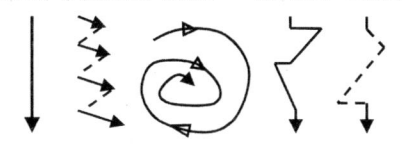

图 4.2　段落发展风格。选自卡普兰(1996),文化间教育中的文化思维模式,《语言学习》,16,1—20。经 Blackwell Publishing 授权重印。

亲爱的先生:

伊利诺伊农业部——远东办公室(Illinois Department of Agriculture-Far East Office)向我提供了您的姓名和地址。他们说您对我们的产品很有兴趣,并希望得到更多的信息。

因此,我在信中附带了一份小册子,其中罗列了本公司的各种产品和服务。请将您的具体需求告诉我。我将乐意为您提供更多的信息。

谢谢您参加伊利诺伊州展示与分类展览(Illinois Slide and Catalog Show)。期待您的回复。

真诚地,

彼得·琼斯

销售主管

农具分公司

随信附手册

可以预见的是,上面的信件得不到回复。上面罗伯特·卡普兰的图形通常用于表明不同文化中的沟通方式。[89]在低语境文化中,直线是典型的沟通方式,彼得·琼斯与来自高语境文化的中国人进行沟通时使用的就是这种方式。

电子邮件具有低成本、高速度、极便捷的特性,因此,从总体上看,全球范围内电子邮件使用的增长是很好的一件事情。但是,作为一种非正式的通信媒介,电子邮件植根于西方国家,因而在用于跨文化交流,特别是当低语境文化遭遇高语境文化的时候,电子邮件可能是一种很不利的通信媒介。电子邮件本来就具有非正式性,再加上(对来自高语境文化的收件人)使用直线式的交流方式,这可能会立即破坏双方的关系。

查尔斯·P. 坎贝尔建议在与来自高语境文化中的人打交道时,低语境文化中的人们可以学着调整自己的交流方式,这建议对跨文化的电子邮件交流特别具有指导意义。[90]调整自己的交流方式并不意味着不自然、不舒服地模仿对方的交流方式,而是要把两种文化中的交流方式真诚地结合起来,让彼此都感到被重视。发件人应当以包含个人感情的方式与对方交流,并一直要考虑到收件人对交流语境的认识。例如,彼得·琼斯可以将邮件的第一段改成如下的内容:

> 亲爱的严正久先生(取代"亲爱的先生")
>
> 我希望您归程一路顺风,而且您家人身体健康。您曾参观过的我国中西部地区还将继续保持湿润的气候,但是在两年的干旱之后,我对降雨心存感激。

许多低语境文化中的商务人士都很难通过电子邮件写出上面那样的一段话,然而,它说明了快速应变的风格对于有效的电子邮件交流而言是极其重要的。

虽然在工作场所中电子邮件是互联网的杀手应用程序[*],其他的网络交流工具也已经出现,这些工具的使用规范甚至更少,因此带来了新的挑战。与电子邮件相比,即时消息是一种更倾向于使用口语的通信工具范例,而且发送信息的人能够更快地得到回复。

工作场所中的即时消息

即时信息仅仅刚刚成为一种常规的商务通信工具,但对某些商务情

---

[*] 杀手应用程序是计算机行业中的术语,它指的是一个有意或无意地使你决定购买它所运行的整个系统的应用程序。——译者注

境而言，即时信息正发挥着重要的作用。即时信息似乎处于电子邮件和电话交流的边缘，通过即时信息可以很好地实现简短文本信息的快速交换，信息发送者能立即收到回复。

经由互联网中继聊天服务器，在线聊天拥有了大量使用者，但同时也"赢得"了相当狼藉的名声。这种网络聊天服务器网络始于1988年的芬兰，由芬兰奥卢大学(University of Oulu)的雅尔口·欧伊卡林恁*(Jarkko "Wiz" Oikarinen)研发。多年以来，不同组织(group)之间的争议导致了一种四分五裂的局面，出现了许多小型网络，例如 EFNet、Undernet 以及 DALnet。通常这些小型网络遵循(protocol)相同的协议，但是采用不同的策略(policy)，登陆某一网络的用户只能与同一网络内的其他用户聊天。IRC 世界可谓是三教九流的聚集地，人们利用这些网络做各种各样的事情，包括谈论摇滚乐队、进行在线约会和在线性爱。海湾战争时期，人们用 IRC 从现场传送报道，这使 IRC 赢得了人们的好感。[91]

直到20世纪90年代末，实时的、基于文本信息的聊天才成为商务通信工具。一些公司开始在内部网上使用同步聊天软件，不过，他们并不将其称之为"聊天"。迈克尔·卡特鲁西奥在《战略金融》(Strategic Finance)撰文写道，"聊天"不可能成为一个商业卖点，因为它所勾勒出的是一幅员工想方设法浪费时间的画面，不仅仅在饮水机旁浪费时间，而且在自己的办公桌前浪费时间。相反，即时消息(IM)这种表达方式却变得很时尚，尽管即时信息技术和聊天技术是一回事。即时消息这种表达方式暗示了该产品是针对更加严肃的用途的，交易人可以利用即时信息收集实时的商务情报。[92]如今，IM 这两个首字母既可以当作名词使用，也可以当作动词使用，例如"他 IM 我了。"

IM 的最为重要的一个特点是，信息发送者不是"向空气中"发送信息因而无法知道对方是否在办公桌前立即接收信息。除非发送者要求对方确认(一些电子邮件系统具有要求对方确认这种功能)，发送者往往不知

---

* 雅尔口·欧伊卡林恁(Jarkko Oikarinen)，"Wiz"是对他的昵称。——译者注

道对方是否收到了信息。服务器出问题、将收件人地址写错以及病毒感染整个收件箱，这些情况会使得利用电子邮件进行通信在某种程度上是不可靠的。然而，如果利用即时信息软件，人们可以在发送信息之前确认对方是否在线，如果对方在线，发送者就有望得到迅速回复。

IM 的形式和格式被限制于简短的文字消息，而且与电子邮件相比，IM 的非正式性用语更为普遍，其部分原因是 IM 自身具有很强的限制性。因为 IM 是同步的，人们必须放弃对信息进行编辑以更正拼写、语法和语气，从而保持适当的互动步调和节奏。

在一种网络上的用户也许无法做到轻易地与使用另一种网络的用户交谈，从这个意义上讲，各聊天网络处于分离状态。尽管如此，公共互联网是支持即时信息的。不过，私有运营网络正在出现，它们不依赖美国在线（AOL）、微软（Microsoft）或其他被广泛应用的服务器。在私有运营网络中，聊天列表中的用户被限制在身份经过核实的公司员工。在旧金山的员工能够通过 IM 和马德里的同事交流，但不能用 IM 与自己的家人聊天。而且，企业安装的软件具有更多的功能用来对在线聊天进行监控和调节。

虽然一些人认为，即时消息将成为商务通信领域中的下一个杀手程序，但是另一些人则认为，人们起初对即时消息的热情很高，但这种热情很快就会减弱。IM"在线"意味着人们在任何时刻都会被打扰，而且发送者会期待即时回复。虽然在某些消息必须立刻送达的状况下，IM 也许有着巨大的优势，但 IM 也会降低工作效率。

更有可能出现的情形是，针对某些工作类型或某些特殊场合，IM 会得到普遍使用，然而并不是在所有时段所有员工都会开启 IM。例如，很多负责技术支持桌面的经理人更喜欢使用 IM 而非电话。技术支持的工作通常是，按照帮助桌面员工的建议，花费很长的时间输入命令或者尝试各种不同的方法。通过 IM，技术支持人员可以同时为多个人提供支持，这样便能有效地利用时间空档。对于那些在家工作的人，IM 也是一种有效的技术支持工具，这些人一般只有一条电话线而没有宽带，使用 IM，他们便可以做到无需从互联网上断线就能拨打电话。IM 对于那些成员分布在世界各地的虚拟团队协作尤其有价值。

员工喜欢 IM 的一个原因是，IM 在某些特定类型的交流中具有很高的效率。例如，一名销售代理可能正在起草一份合同，但是需要纽约办公室新的电话号码。她知道这个号码在企业内网上查不到。她可以选择电子邮件作为通信方式，但是收件人可能不知道该电话号码或者当时可能不在办公室无法查收邮件。如果她有 IM，就能登陆，看看有谁在线，之后挑选一个最有可能知道号码的同事。她也许发送一条快速消息：

<jsthomas> 当娜，你知道纽约办公室的新电话号码么？

她知道当娜在线而且处于激活状态，因此回复可能几乎立刻就会发过来：

<dtflores>212－555－5555

<jsthomas>谢谢！

这就是一个商务通信中快速获取信息的令人惊叹的实例，特别是考虑到存在其他方式：电子邮件、电话、信函、传真或者面对面交流。这意味着托马斯(J. S. Thomas)可以即刻完成她的销售合同。IM 在某种程度上被宣告为一种服务于特定需求的高效通信工具，因为 IM 的内容可以极其简略，而且通常情况下人们不会被期望遵守社会规范，例如表示礼貌的问候或结尾或者其他礼貌用语。使用 IM，可以将"直接路径"发挥到可能的极致，从而节省时间，提高工作效率。

拓展网络规范

即使通信媒介改变了，许多商务通信的原则并没有改变。我们将继续利用关于商业背景下人类行为以及人类行为所导致的印象这方面的知识。随着我们对这些新的通信媒介(互联网和相应的以网络为中心的技术)的使用的增加，我们对它们的了解将加深，从而将改进并优化对它们的使用方式。随着时间的推移,针对网络使用的建议也将发生变化,一些建议可能最终会变得奇奇怪怪而且完全没有必要,这就好像没有必要警告新员工在商务宴会上满嘴食物时不要说话。

不过,在当前这个混乱的转型时期,电子通信媒介在不断增加,他们所带来的各种挑战也在不断增加,在这种情况下人们仍然需要一些直接的甚至肤浅的网络使用规范。不要在论坛上争吵,不要包含太多附件,不要回复发件人全部,不要使用电子邮件解雇员工,不要使用蹩脚的语法,也不要期望你的电子邮件是私密的。但是,为了真正地对电子商务通信工具加以最好的利用,也为了避免极为糟糕的误解与错误,需要做的并不只是遵守上述几条简单的规范。我们要考察每种通信工具的特性,深入思考这些特性会对通信事件带来怎样的影响。电子邮件、即时消息、视频会议、网络会议、群件以及其他革新技术支持不同类型的通信方式,这些通信方式的特征不同于电话或者面对面的交流。要有效地使用这些通信方式,就需要不断实践,因为人们能从错误中汲取教训。

注 释

60. Electronic invective backfires. (2001). *Workforce*, 80(6), 20. Retrieved March 11, 2003, from Business Premier Database.
61. Reese, J. (2001). Email quagmire [Electronic version]. *Public Relation Tactics*, May 2001, 6.
62. Slivers of Genius, Transcript of an interview with Neal Patterson. (2000). Retrieved March 11, 2003, from Small Business School PBS Series Web site: http://www.smallbusinessschool.org
63. Wired/Merrill Lynch Forum Digital Citizen Survey. (1997). Retrieved December 3, 2001, from http://hotwired.lycos.com/special/citizen/survey/survey.html
64. Daft, R., & Lengel, R. (1986). Organization information requirements, media richness and structural design. *Management Science*, 32, 554—571.
65. Sproull, L., & Kiesler, S. (1991). Connections: *New ways of working in the network*. Cambridge, MA: MIT Press.
66. Trevino, L. K., Webster, J., & Stein, E. W. (2000). Making connections: Complementary influence on communication media choice, attitudes, and use.

Organization Science: *A Journal of the Institute of Management Science*. 11 (2), 163—183.
67. Gates, W. H. (1999). *Business@ the speed of thought*. New York, NY: Warner Books.
68. Carlson, J. R., & Zmud, R. W. (1999). Channel expansion theory and the experiential nature of media richness perceptions. *Academy of Management Journal*, 42(2), 153—171.
69. Standage, T. (1999). *The Victorian Internet*. New York: Berkley Books.
70. Licklider, J. C. R., & Verazza, A. (1978). Cited in Campbell, T. (1998). First email message. *Pre-Text Magazine*, Mar/Apr, 1998. Retrieved December 3, 2001, from Pre-Text Magazine Web site: http://www.pretext.com/mar98/features/story2.htm
71. Crystal, D. (2002). *Language and the internet*. Cambridge, UK: Cambridge University Press.
72. Fuller, R. (1996). Human-computer-human interaction: how computers affect interpersonal communication. In D. L. Day, & D. K. Kovacs (Eds). *Computers, Communication and Mental Models*. London: Taylor & Francis.
73. Wallace, P. M. (2001). *The Psychology of the Internet*, Cambridge University Press.
74. Minihan, J. (2001). Electronic signature technologies: A tutorial. *Information Management Journal*. 35(4): 4—8.
75. Lavelle, M., Barnett, M., Benjamin, M., Clark, K., Grose, T. K., Newman, R. J., Perry, J., Pethokoukis, J. M., Sherried, P., Schmitt, C. H., & Streisand, B. Rogues of the year. *U. S. News & World Report*, 133(25), 32+. Retrieved March 12, 2003, from Business Source Premier Database.
76. Brown, E. (2002). To shred and protect. *Forbes*, 170(11), 114+. Retrieved March 12, 2003, from Business Source Premier Database.
77. Varchaver, N., & Bonamici, K. (2003). The perils of email. *Fortune*(Asia), 147(3), 96+. Retrieved March 12, 2003, from Business Source Premier Database.
78. Kleiner, C. (1999). Online buffs hit and miss on manners. *U. S. News & World Report*, 126(11), 60.
79. Peek, R. (2003). Spam Jeopardizes E-Mail Publishing. *Information Today*, Retrieved March 12, 2003, from Business Source Premier Database.
80. Machrone, B. (2003). The plaxo worm and the lovelorn. *PC Magazine*, 22(5), 57.
81. A Little Girl Dying, Hoaxbuster Web site. (n. d.) Retrieved March 14, 2003, from http://hoaxbusters.ciac.org/HoaxBusterHome.html

82. Public Awareness Advisory Regarding "4 — 1 — 9" or "Advance Fee Fraud" Schemes. (n. d.) Retrieved March 14, 2003, from United States Secret Service Web site:http://www. secretservice. gov/altert419. html
83. Elmer-Dewitt, P. (1993). First nation in cyberspace. *Time, 142*(24), 62—64.
84. Wittmer, D. F., & Katzman, S. L. (1997, March). Online smiles: Does gender make a difference in the use of graphic accents? *Journal of Computer-Mediated Communication*, 2(4). Retrieved May 2, 2003, from Journal of Computer-Mediated Communication Web site: http://www. ascusc. org/jcm/vol2/issue4/witmer1. html
85. Sloboda, B. (1999). 'Netiquette'—new rules and policies for the information age. *Management Quarterly*, 40(4). 9—35.
86. Munter, M., Rogers, P. S., & Rymer, J. (2003). Business email: Guidelines for users. [Electronic version]. *Business Communication Quarterly*, 66(1), 26—40.
87. Hall, E. T. (1984). *The dance of life: The other dimension of time*. New York: Doubleday.
88. Boiarsky, C. (1995). The Relationship between Cultural and Rhetorical Conventions: Engaging in International Communication. *Technical Communication Quarterly* 4, 245—259.
89. Kaplan, R. B. (1966). Cultural thought patterns in international education. *Language Learning 16*, 1—20.
90. Campbell, C. P. (1998). Rhetorical ethos: A bridge between high-context and low-context cultures? In S. Niemeier, C. P. Campbell, & R. Dirven (Eds.), *The cultural context in business communication*. Amsterdam: John Benjamin Publishing Company
91. Some example of the logs from the chat sessions during the Gulf War are posted at http://www. ibiblio. org/pub/academic/communications/logs/Gulf-War/
92. Castelluccio, M. (1998). Email in real time [Electronic version]. *Strategic Finance*, 81(34), 34—38.

第五章

互联网时代的领导艺术

纽约喷气机队传奇四分卫乔·拿马斯曾说过:"想成为领袖,就必须让人们有追随你的欲望,没人愿意追随那些自己都不知道前进方向的人。"[93]在互联网时代,具备成功领导艺术的这两个要素比过去更加困难。在动荡多变、节奏快速的商业环境中了解前进的方向并为企业领航并非易事。在相互竞争的商业大环境下,互联网所带来的是高度的不稳定性以及数量惊人的新型投资机遇。正如前面章节所讨论的,企业难以预测下一个竞争对手是谁,不但如此,由于网络的影响力,价值链会在一夜之间发生突变。企业也许刚刚通过对链上某一环节的增值找到了其最佳结合点(sweet spot),而第二天就可能由于某种急速扩张的革新技术的出现,价值链上的这一环节就被绕过而失效了。网络为商业交易和增值创造了大量的新方式。网络彻底颠覆了许多传统的商业模式,使得这些商业模式在过去所增加的价值显得无足轻重或者没有必要。

拿马斯所说的领导艺术的第二个成分——说服人们追随你——也是极富挑战性的。今天的员工大军有许多选择和行为动机,这些员工在背景、文化及种族上差异巨大,此外,基于虚拟工作场所的因素,他们所处的地理位置差异也很大。在以网络为中心的世界,成为成功的领导、达到领导艺术的巅峰似乎需要新型的知识(knowledge)、技巧(skill)和能力(ability),换言之就是需要具备人力资源专家所说的 KSAs。

无论你是否认同拿马斯对出色领导的定义,有一点是明确的,那就是领导正面临各种各样的新挑战。在本章中,我们会谈到难以准确界定的领导艺术，在开头部分我们会回顾一下过去几年中研究者是如何对领导艺术开展研究的，也会谈到在以网络为中心的时代出现的全新领导风格。成为最高层的企业领导并且保持该位置从未像现在这样令人满足，而要做到那一点也从未像现在这样充满挑战。

显微镜下的领导艺术

想要研究一种现象，我们就要先对它进行定义。但是，正如许多难于定义的心理学变量一样，人们在"领导艺术"真正含义上从未能达成共识。下面是大量定义中的一部分：

  在一群人当中激发他们的信心和相互支持的能力，这些人是实现组织的目标所需要的——安德鲁·杜比林（Andrew DuBrin）

  一个人对一群人产生影响以实现共同目标的过程—— P. 诺特豪斯（P. Notthouse）

  个人（或某一领导团队）说服与做出表率的过程，引导一个团体根据领导者的目的或所有人共同的目标采取行动——沃伦·本尼斯（Warren Bennis）

  一种体现在如下几个方面的能力：了解自己，对事物拥有远见并将其与他人交流，在同事之间建立互信，以及采取有效行动以实现自己的领导潜能——约翰·W. 加德纳（John W. Gardner）

这些定义都强调了领导艺术的两个主要特征。第一个包括了个人特点——某种特定的特质、能力或者天生的潜力。第二个特征关注了在个人领导背景下个体所采取的一些行为。这两种特征以及二者各种形式的结合对构建 20 世纪所出现的主要领导理论具有十分关键的作用。

做真实的自己：成功领导的特质

领导艺术的**特质**理论认为，成功领导的身上拥有一些特质的某种复合物，这是他们成功的原因，比如杜宾所指出的"激发信心和相互支持的能力"。这种理论最初源于"伟人"(great man)理论,该理论认为历史是被一小部分卓越的领导人物所塑造的,他们的个人品质也是非同凡响的。这种理论引发了很多研究,研究者试图确定成功领导的共同特质,以找到那种神奇的特质复合物。一旦能够确定特质复合物是什么,研究结果便可应用于预测哪些人能够成为将来伟大的领导者。只需要度量被评估者所含每种特质的多少即可进行这种预测。

蒂莫西·A.贾奇(Timothy A. Judge)以及他的同事对过去几年的许多研究做了一次全面综述,这些研究试图找到人格与领导艺术之间的联系,结果发现,领袖特质与所谓的"大五"(Big-Five)人格特质之间存在着某些一致性。[94]"大五"分别指神经质(neuroticism)、外向性(extraversion)、经验开放性(openness to experience)、宜人性(agreeableness)以及尽责性(conscientiousness)。外向性指社交、友好、自信、积极以及表现出精力和热情的倾向,外向性是与领导能力之间相关最高的特质。成功领导也倾向于在某种程度上表现出更高水平的责任心和经验开放性,同时他们在由焦虑、安全感缺乏以及敌意所表征的神经质程度更低。虽然这些发现表明,成功领导之间存在着某些共同的特质,但是这些共同的特质本身是非常笼统的。此外,统观所有该领域内的研究,相关程度更高的研究均主要以学生作为领导艺术的实验研究的样本,然而对于商业及政府领导人而言,实际的相关程度则小得多。

另一种确定成功领导者所具有的特定特质的研究方法是直接询问法,即询问成功领导者他们认为自己所具备的最重要的领导特质是什么。我们常会尝试学习自己钦佩的人物,希望从他们身上获得成功指南,以期成为与他们一样的成功人士。例如,我们也许会问一位耄耋老人的长寿秘诀,他的答案会被追捧为长寿公式。他也许会这样说:"我只吃自己院子里种的圆白菜,并且每天抽一包烟。"虽然有可能是真的,他的这种饮食和吸烟习惯也许和他长寿没什么关系。在某种程度上,各种特质理论是不成功的,因为它们混淆了相关和因果,这就像我们把上面那个人长寿的原因归功于抽烟和吃圆白菜的饮食方式。成功领导者拥有诸如支配性和责任感这些人格特质并不意味着这些特质是他或她成功的根本原因。

尽管从直觉上看,特质理论相当有吸引力,但是它并不是很成功。成功领导者之间的差异极大,研究者不可能在一些笼统的特质之外找到所有成功领导者都具备的任何一致的神奇的特质复合物。一些领导者非常温文尔雅,说话轻声细语,却热情高涨地致力于实现某一目标,并且能够运用**参照性力量**(referent power)即表率的力量把人们聚拢在自己的周围。另一些领导者,例如比尔·盖茨,使用的则是**专家力量**(expert power),即通过在某领域内专业知识上的优势赢得追随者的支持。要找到各不相同的成功领导者的共有特质是非常困难的。

做我做的:领导艺术的行为理论

特质理论未能揭示成功领导者的共同特征,这使研究者们感到失望,他们转而开始考察成功领导者在做什么样的事,而不再关注成功领导者是什么样的人。行为理论引发了广泛的研究,以期发现成功领导者人群的习惯与行为模式,这些研究强调领导的过程而不是领导者所具备的个人特质。斯蒂芬·R. 柯维的畅销书《高效人士的七个习惯》(Seven Habits of Highly Effective People)采纳了这种行为理论,该书也成为了商务人士谋求职位升迁的重要手册。柯维在书中建议人们采取七种行为习惯,其中包括:工作中采取主动姿态、先试图理解他人再期望被他人理解、在人际关系中采用双赢策略。

几项大规模研究中均采纳了行为理论,最广为人知的一项研究于1950年代在俄亥俄州立大学(Ohio State University)展开。研究者们提出了一份行为纲要,包括了成功领导者可能采取的典型行为,涉及数量超过了1800种。下面是其中几种:

  成功领导者……

  事情出差错时能及时发现

  召集团队成员对事情进行讨论

  将集体利益置于某一个体的利益之上

第五章　互联网时代的领导艺术

在集体中实践自己的新想法

虽然领导行为的种类繁多，但是研究者发现可将它们归为两大类。第一类领导行为可称为"关怀"（consideration），通常指以员工为中心的、强调支持及全员讨论的各种行为。第二类领导行为称为"启动性结构"（initiating structure），它更多涉及任务导向及指令性行为。研究者试图考察是否强调两种行为中的一种的领导比强调另外一种的领导更有效，但没有发现有价值的结果。下一个阶段的考察所关注的问题是，领导者如何管理自己的行为，以及他们如何根据具体情况灵活调整自己的行为方式。

做我做的，我何时何地做：因地制宜理论

军事指挥官需要以指令性的方式成为有效的领导者，在战场上尤为如此。如果手下员工很容易跳槽到其他公司（过去10年间这种现象常出现在专业技术人员身上），领导者就需要培养员工的忠诚度。对于他们而言，以员工为中心的领导方式可能效果最好。在不同企业之间、同一企业的不同时期、甚至同一团体这一时刻和下一时刻之间，领导者是否能够领悟不同的领导背景，这为考察领导艺术的成功与否提供了另一个角度。因地制宜理论认为，成功的领导艺术既不是人格特质的集合，也不是行为的汇总。要成为成功的领导，就应该根据具体的情景调整领导方式。领导者在选择领导方式之前应当考虑到员工的本质特点与动机、需要完成的任务以及最终要实现的目标。

例如，召集团队成员参与讨论事务是行为理论中提及的领导行为之一。但是，召集团队成员在一起讨论一件琐事或者讨论团队成员永远不会达成共识的敏感话题，可能会适得其反，造成时间浪费。因地制宜型的领导者会在要求团队成员参与讨论之前对具体的环境进行考察。如果问题需要多种专业知识联合解决，或者需要每个人都在场以找到解决方案，那么以员工为中心的、强调全员参与的领导风格就会更有成效。

因地制宜理论从直观上看很吸引人，基于这种理论，出现了许多旨在

提升领导艺术的研讨会。在这些研讨会上,向具有成功潜质的企业领导提出不同的情境,要求他们进行分析。一旦了解了员工的本质特征以及需要完成的任务,这些企业领导就会得到关于具体领导方式的指导。

上述几种关于领导艺术的理论都是出现在互联网时代、商业网站(.com)爆炸性(以及内爆性)增长、许多传统商业模型创造性毁灭及安然公司崩溃之前。这些理论都存在不足,它们强调人格特质、一般行为、或者特定背景下的领导行为,但未能建立统一的"成功领导者"的概念。在1990年代,这些理论的不足便显得特别明显了,这一时期许多"新经济"企业家带着自己关于如何领导一家公司的理念加入到了传统商业领导者的队伍之中。

互联网时代的领导风格

伴随着互联网时代出现的领导艺术理论不再重视像"以员工为中心的"以及"以任务为导向的"这些概念,取而代之的是用"敢说敢为的"、"有领袖魅力的"以及"充满激情的"等词语来描述成功的领导者。思科集团(Cisco System)的网站上有一段该集团主席和CEO约翰·钱伯斯的传记:

> 钱伯斯先生富有远见的策略、驱动企业文化的能力以及他充满热情且直言不讳的风格已经在世界范围内得到政府领导和无数出版物的赞许。钱伯斯先生福音传道式的风格得到了广泛认可,他是当今世界最具有创新精神、激情和活力的商业领袖之一。

英国谢菲尔德商学院(Sheffield Business School)的戈帕尔·坎吉(Gopal Kanji)和帕特丽夏·莫拉(Patricia Moura e Sá)描述了在互联网时代引人注目的若干新型领导风格,尽管目前还很少有研究对这些领导风格的有效性进行考察。[95] 他们指出,现代企业是复杂的适应性系统,面临各种不可预测且迅速变化的挑战。传统的静态的领导艺术模型无法预测哪些性格和行为将促进有效的领导风格,这部分是因为企业环境变化迅速且难以预料。关于什么是成功的领导艺术,出现了一些新的更加模糊不清的观点,但这些观点似乎指出了在这个过渡的混乱时期,商业环境最为明显的特征是动荡多变且变幻莫测的情形下,要带领企业继续生存并谋求发展,领导者应该具备什么条件。

例如,**转换型领导者**(transformative leader)在公司中是吸引所有人眼球的焦点,这种领导很有影响力,能调动起公司内所有员工的力量,并为大家提供行为表率。这种领导者通常对某个单一目标充满激情,能够通过自己的表率作用激发手下员工做到最好。尽管转换型领导者也许并非在公司实际管理中发挥主要作用,但在媒体上他们会发表最为大胆并富有远见的言论。在某种意义上,转换型领导者也成了企业的精神领袖,能够号召员工团结一心,为实现共同的目标而努力。

另一种领导风格是**事务型领导者**(transactional leader),这种领导者能够统筹企业的奖励制度,并确定单元目标让员工完成,这种领导者会参与那些有助于实现最终目标的项目。事务型领导者能建立一些根本的机制,用以奖赏和激励那些工作表现与公司目标保持一致的员工。转换型与事务型两种领导风格彼此互补:转换型领导者能够提供远见卓识并激发员工的忠诚;而事务型领导者通常是公司的首席运营官(COO),其关注点在于奖励机制、合同契约以及战略目标。

系统领导力(systemic leadership)是一个激进的概念,其核心含义是每一名员工都必须表现出领导行为,这样公司才能取得成功。系统领导力强调,公司的每一位成员都需要成为完全具有责任感和自治性的个体,都需要具有判断力并且做出有助于实现公司目标的决策。在一个需要做出快速决策的时代,最有效的"领导艺术"也许是,基于共同的企业价值观以及频繁的沟通,人们可以彼此信赖并做出有益于整个企业的正确决策。在一些研讨会上,人们常常会引用中国哲学家老子(生于公元前604年)的观点,研讨会所关注的是,领导者如何通过扮演更低调更具支持性的幕后角色以及构建员工的领导潜力来成为成功的领导者:

不好的领导者为人们所鄙视。好的领导者为人们所尊敬。最好的领导者在人们眼中就像自己不存在一样;当他的工作完成时,当他的目标实现时,人们会说,"工作是我们自己完成的。"

在互联网时代,人们对新型领导风格的兴趣在继续增加,特别是在商业周期不断自我重演的时候,我们看到了不少能够打下江山却守不住江山的领导者纷纷出局。在互联网发展的早期,领导魅力、远见卓识、冒险精神和创新意识是领导艺术的关键元素,刚刚创业的企业家几乎只要具有任何能够利用互联网"沙漏"结构的新主意,"天使般的"风险投资者就会将大把的资金投向这些企业家。自从2000年的股市暴跌以来,许多CEO都汲取了关于领导艺术的一个重要教训。在缺乏资金支持的艰难时期,仅仅靠领导魅力和创新精神是不足以使企业挺过难关的。尽管风险投资和增长使企业看起来似乎即将成为下一个经济巨人,但CEO们不再将目光集中在风险投资和增长上,他们意识到必须关注能维系企业生存的根本问题。简单地说,其中的一个根本问题就是利润。只要风险投资者提供资金,赤字就可以被忽略。当投资人的资金转向他处,CEO们要么作出调整、要么下台或者将运营管理交由那些事务型领导者。

Mutual.com的掌门人,企业家里克·萨皮欧的领导行为的变化体现了上述转换。[96] 1994年,他的公司在达拉斯起家,在最初的6年中公司收入年增长超过了100%。该公司作为信息中间商向投资者提供关于共同基金分析与建议的收费服务,多数情况下,该公司的服务通过网络提供。正如我在前一章讨论过的那样,由于互联网的出现,人们被如潮水般涌来的信息所淹没,于是对信息进行正确客观的过滤和分析服务这种商业模式就频频出现了。

萨皮欧在自己的门上贴着一条标语"利润等于收入除以支出"。这个计算公式也许不那么正确,但是标语明确反映出萨皮欧对支出的强烈关注,而不仅仅是收入。萨皮欧说:"最开始我们并不打算做一家能够盈利的公司,因此精力没有放在支出上。我们所看重的只有收入。"目前,由于他对根本性问题的重新关注,公司的利润率(profit margin)达到了15％,虽然无法和商业网站的全盛时期相比,但也是可观的。他确保金融交易数据每天都被录入,并且每天与自己的管理团队碰面仔细核查各种数据。公司则会详查各项支出票据,如果员工在事先未经允许的情况下支出超标,必须自掏腰包。萨皮欧本人就为此拿出了6000美元,他原以为团队会允许他接受领导艺术培训,但因他事先未向团队就此事提出正式申请而未能得到批准。

互联网时代的领导者们所面临的新挑战

领导一家企业总是极富挑战性的,但是在以网络为中心的时代,领导者们会遇到几种全新的挑战。和以前的挑战相比,一些挑战有着本质上的不同,而另一些挑战则只是在互联网时代变得更为巨大了。正如我们在上一章讨论过的,技术专业人员和管理人员所承受的压力很大,而且他们非常愿意承担繁重得难以想象的工作任务,保持紧张而忙碌的工作状态。对于CEO和管理团队而言,在互联网时代工作场所发生了更多的变化。高层管理人员所获得的酬劳是非常高的,但是他们被寄予的期望也是非常高的。

高收入,高期望

在互联网时代,为公司制订一条通往成功的康庄大道的确比以往要困难很多,然而人们对领导者的期望未曾降低。实际上,对领导者的期望升高了,特别是CEO,将承受难以想象的压力。例如,一家大型公司聘用或任命一名新的CEO常常会是全国性的新闻,媒体会把这位新的商业领袖描绘成超级巨星,公司股东们期望新任命的CEO能给他们带来巨大的利益。

正如许多人可能认为的那样,公司的高层领导肩负重担,因而获得了高额薪酬,并且高得很离谱。收入最高的管理者和普通员工之间的差距巨大,这在给 CEO 们提供补偿金上表现得尤为明显。2000 年,20 位收入最高的 CEO 每人带来的平均收入是 1176 亿美元。而全美 365 家最大企业给 CEO 们的平均补偿金达到了 1300 万美元。[97] 收入差距的变化可以清楚地从倍数比较中体现出来。1980 年,CEO 的补偿金是公司员工平均收入的 42 倍。到了 2000 年,这一数字超过了 530 倍。CEO 相对于普通员工收入的补偿金上升势头在 2001 年有所减缓,这部分是因为补偿金中所包含的股票和分红的部分大幅下跌所致。尽管如此,进入最紧张而忙碌的职位并保持在这种职位上,就能获得极大的经济回报。

在锦标赛中到达巅峰

到达顶峰都需要什么?通向那里的道路千差万别,有些人成为了 CEO,特别是在以创新为导向的互联网时代,因为他们发明了某种产品,并建立了相应的公司。然而,另一些途径则被称为**锦标赛理论**(tournament theory),一项充满压力的比赛,胜利者获得一切,这便解释了为什么收入差距在不断扩大。

企业竞赛背后的理念是,管理人员必须时刻相互竞争以得到再次提升,更上一层楼。在每一轮比赛中,只有少数选手能够过关,而余下的胜利者永远为了争取更大的收益而继续竞争下去。比赛的最终胜利者就成为了 CEO。失败者被甩在了后面,而且通常是应当离开公司的,因为在特定公司的竞争中表现不佳会阻碍他们在该公司中的职业发展。在一家新公司里,他们能够再次加入比赛,并且努力表现得更好。巨大的收入差距促使管理者沿用这种幸存者获利的激烈比赛方式,特别是对那些最终的胜利者而言更是如此。比赛的方式能够确保只有最明亮的那颗星星留下来,同时也有助于使管理者保持强烈的动机,继续在各个层面上努力工作。然而,这种模式不但加速了企业人事变动,并且降低了员工对企业的忠诚度。此外,这也会对团队协作以及企业内部的人际关系造成损害。

将收入与绩效挂钩

　　管理人员的补偿金制度是极其复杂的,同时还包括了其他补充方式,各种额外补偿、房屋支付金、旅行、优先认股权、红利、物质奖励,以及降低失误风险的承诺,例如提供离职费及黄金降落伞(golden parachute*)。一段时间以来,公司高层管理者的补偿金不断增长,人们对这种现象进行了仔细观察。在经济长期繁荣的1990年代,公司股东不断获利,对上述现象的批评受到了抑制。许多人认为,互联网时代的CEO们领导公司披荆斩棘,创造了巨大的财富,因而他们获得天文数字般的补偿金是理所应当的。由于许多补偿金都是与公司效益挂钩的,公众对"超级巨星们"所获得的巨额报酬是持宽容态度的,因为这些人的名字是和远见卓识以及新经济联系在一起的。但是,在经济低迷的时期,公司股东们遭受了巨大损失,公众就会更为细致地审查CEO们所获的巨额补偿金。特别地,分析家们会仔细具体考察CEO们的补偿金和公司效益之间的关系。如果在公司为股东们带来丰厚收益的时候,CEO们可以获得高额报酬,那么公司亏损时,CEO们是否会与股东们"有难同当"呢?

　　遗憾的是,分析家们通常发现,在经济低迷时期,CEO们却受到了极度的保护。例如,奎斯特通讯(Qwest Communications)公司2001年亏损额达到40亿美元,股票价格下跌了55％,而其CEO则收入可观,获得了150万美元的分红,2400万美元的现金以及更多数以百万美元计的行使期权。在奎斯特裁员以及股东们的投资价值缩水的时候,该公司CEO依然能获得高额收入。[98]

　　《商业周刊》(Business Week)管理记分榜记录了高层管理人员的补偿金数目,并将这一数目与公司业绩和股东受益做出了对比,对管理补偿金的趋势进行了彻底的数值分析。[99]在列出了全美收入最高的管理者之

＊ 黄金降落伞,公司高级雇员合约中的条款,注明在公司因被收购而导致其职位不保时,必须向其支付丰厚福利。——译者注

后,还继续计算了哪些 CEO 为股东提供了最高收益额。他们计算了股东收益额,并且将其与每个 CEO 的补偿金做了对比。计分榜列出了诸如威利姆公司(Atmel)的乔治·佩勒戈斯与巴奥米特公司(Biomet)的戴恩·米勒,这两位 CEO 的薪水相对处于中等水平,但他们为公司股东们带来了非常丰厚的收益额。相对其获得的管理补偿金,向公司股东们提供最低收益额的 CEO 几乎全部集中在高科技互联网领域。例如,康博软件公司(Compuware)CEO 彼特·卡马诺斯的薪水加上长期补偿金达到了 9390 万美金,然而在他任职期间,几乎所有的股东都在亏钱。换句话说,分析所得出的趋势是:CEO 的高绩效和高额的补偿金是相联系的。但是,CEO 的糟糕业绩与补偿金之间的关系却不太明晰,在不景气时期,无论公司股东和员工们的收入情况如何,很多 CEO 依旧享受着每年不断增加的高额补偿金。

企业内部收入差距的不断加大是一种很重要的趋势,特别是由于公众对 CEO 及其管理团队所获的巨额补偿金是很清楚的。为什么在一些公司里 CEO 们的补偿金很高而公司股东及员工的收入却很低,而在其他公司却不存在这种现象,至少不明显存在这种现象?为什么在一些行业——包括高科技产业——更有可能出现高层管理者的补偿金是公司普通员工收入的几百倍这种现象?是否有证据证明互联网及其对商业环境的影响与收入差异的加剧有关?是否巨大的收入差距对某些企业是有益的,但对另一些企业则是有害的?某些高层管理者真的有资格得到如此高额的报酬吗?

高收入与高期望,特别是在高科技领域

在高科技领域的企业中似乎特别容易出现更大的收入差距。圣母大学(University of Notre Dame)的马特·布鲁姆和约翰·G. 米歇尔研究了不同企业和行业中的收入差距。他们发现,一家企业试图生存和发展的环境是一个关键因素,它决定了收入差距是否出现以及收入差距是否能真正促进企业成功。[100] 依赖于环境,收入离散程度能够达到一个理想化

的水平,它能够使锦标赛带来的利益与这类内部竞争缺陷之间保持平衡。

基于经理们的收入差异,布鲁姆和米歇尔为样本企业收入离散度赋予了分值。接下来,他们分析了每家企业所处的运营环境,包括了对诸如新投资机遇、不稳定性和多样性这些方面的测量。布鲁姆和米歇尔基于如下假设选取了一些环境因素,即任一因素上的高分值都需要一位极其出色的领导者,这样的领导者极有可能在锦标赛性质的竞争中轻松地脱颖而出,成为胜利者。例如,基于自身的研发或拓展计划,一家公司在新投资方面面临着多种选择,这时,该公司的发展便有可能在很大程度上依靠其CEO的远见卓识和专业知识。想要在多变而不稳定的环境中生存,需要一位特别谨慎而精明的CEO。当新的竞争对手从幕后转到台前,或者跨过重重阻碍突然成为变化的一部分,一家企业所处的环境便是极为多变而不稳定的。布鲁姆和米歇尔分析所得的结果与他们的假设相一致——拥有最多投资机会、身处最不稳定同时也是最不可预测性环境中的企业,收入差异也是最高的。正如所预料的,由于锦标赛竞争的本质特性,这些公司用于经理人的费用水平也最高。成王败寇,失败者得到的就是解雇通知。

商业环境的不可预测性和不稳定性正是互联网时代的特点。去居间化和价值链上的急速变化都增强了商业环境的不可预测性和不稳定性。互联网在创造新投资机会方面也是作用巨大的。面临诸多革新技术时决定采用哪一种革新技术是极需要远见卓识的,可能也是需要运气的。显而易见的是,不是所有投资机会都与互联网有关,但是得益于互联网的沙漏结构,与其分内的工作相比,技术所起到的作用更大。即便是在亚洲开设一家工厂这类与互联网几乎没有关系的事情,仍旧需要依靠技术上的进步。是否存在电子化供应链是确定建厂地址时需要考虑的一个重要因素。

变化中的劳动力:多样性的新种类

互联网时代领导者所面对的另一个问题是劳动力。在过去某些时候,劳动力在种族构成方面变得更加多样,而现在劳动力则在年龄、宗教和价值观方面出现了更多文化上的多变性、差异性以及更强的全球化特性。例如，随着人们工作的时间延长，就年龄而言，可供 CEO 调配的人员范围更广。婴儿潮出生的一代，年纪渐长，他们横跨了沉默的一代与 X 世代。近期，在大学毕业生中寻找人才的企业招聘人员却似乎遭遇了另一群人——"千禧世代"（millenials）。这群人生于 1980 年之后，他们的生活经验与之前任何一代人都迥然不同。

在某种程度上讲，商业的全球化不断推进是由互联网所触发的。伴随着由互联网带来的快捷通信，全球化在工作场所中创造了另一种多样性。商务通信不再受制于缓慢的递送速度，也不再受到地域的限制，**工作场所**这一术语也在某种程度上变成了时代错误。无论身处何地，人们都可以在一起工作，互联网所惠及的人群远不止那些为了避免在环城公路上浪费几小时而每周在家工作两三天的远程办公的人。我们在下面的章节将讨论到全球化团队，在那样的环境下，CEO 面对的是一个具有多样性的劳动力人群，这种多样性便不只表现于在相同地点工作的人群差异上了。在同一地点工作的人们，所处的地理位置、时区相同，分享当地同一家电视新闻站、孩子上学的学校、收入水平，就连谣言八卦也会沿着饮水装置传播开来。这些人的肤色、宗教也许不同，但仅仅是因为所处的地理位置相同，面对的国家法律和文化背景相同，他们之间存在着很多共同之处。混居再加上全球化多样性意味着生活在不同国家又各不相同的人们可以一起工作，因此他们不受生活在同一个社区的那些条条框框的约束。他们的孩子不在同一个学校上学，也不会去同一家购物中心，共享同一支球队或者电视台。

此外，他们所处的收入阶层或所遵循的人事政策也许不同。例如，在亚特兰大、乔治亚州的团队成员即使在种族和文化上存在差异，也都要遵守相同的业绩考核方式，并处在相同的收入水平上。即便不是完全等同，彼此间的报酬也至少在同一水平内。假如一位在印度的成员加入虚拟团队后，他便可能受制于不同人事政策，处于不同的收入阶层之上。印度员工也许会认为自己的收入水平与他人是相等的，但是一个来自亚特兰大

第五章 互联网时代的领导艺术

的成员加入进来,他就是一种新的、不稳定的变化因素,亚特兰大员工的技能与印度员工相似但收入却高很多,这些都是依靠协作技术实现的。

在若干国家均有业务的跨国企业多年来一直在与各种不同人事政策和收入水平作斗争,但是,工作场所中新兴的全球化又增加了另一个新的维度。[101] 由于在同一地理区域内的政策是相近的,因而,当通讯缓慢、地理因素成为团队协作的阻碍时,政策之间的差异就不是那么明显了。

变化中的雇佣关系

创新精神能促进商业成功,这使得智力资本成为一个企业最有价值的资产。但是,对这种资产的把握并不像经营工厂和打理银行账户那样简单。我们在后面的章节会对这个问题进行更加深入的探讨,雇主和雇员之间的关系已经出现了极大的变化。以往 CEO 用于构建企业忠诚度并使员工坚持完成任务的许多奖励手段不如以前有效了。例如被同领域的专业人才慧眼识英这种竞争性奖励也不在 CEO 的可控范围之内。在一个极需高端人才的年代,精英们面对工作有众多的选择,他们甚至可以选择完全不工作。现在 CEO 们面临的最严峻的挑战之一是招到并留住尽可能优秀的人才。

几乎所有的企业网站都会登出公司空缺职位,希望能够吸引自己所需的人才。例如,位于西雅图海岸的 Google 在抢招高科技员工过程中采取了一些政策,他们希望这些政策能吸引到合适人才。其空缺职位列表超链接上写着"在 Google 很酷的职位、空缺职位、特殊福利、企业文化……"公司也列出了在 Google 工作的理由,其中涉及的特殊福利包含免费按摩和冰球。[102]

技术精英

虽然电脑和使用电脑的专业技术人员已出现几十年了,但大多数 CEO,特别是来自于高科技领域之外的那些 CEO 并非电脑技术人员。他们多数来自金融、市场营销及制造业,这些领域被认为对商业成功最为

143

重要。因此,在互联网时代许多CEO不得不想方设法超越竞争对手,不断加深的忧虑削弱了他们的信心——即使是对于那些竞争中的幸存者也是如此。"富有远见"与"缺乏见识"已经被用来区分两类CEO:一类是懂技术的对互联网有一定见识的CEO,而另一类则因循守旧,有可能在互联网背景下的商业变革浪潮中遭到失败。即使是比尔·盖茨,在互联网发展早期也"缺乏见识"。在互联网发展初期,微软公司忽略了全球网络,认为全球网络将一直是仅仅属于研究者和电脑狂的孤立领地。但是,微软迅速而彻底地改变了决策,意识到了全球网络的意义,开始接受并利用全球网络的力量,进而影响了互联网发展的进程。

在"黑暗年代"技术部门的主管被称为"数据处理",该部门主管几乎从未跻身公司的管理团队。技术部门的职责主要是支持办公室后台会计工作以及员工薪水计算,该部门通常设在地下室。然而,随着技术日益成为一家企业运营的核心,成本投入越来越高昂,且最终会驱动全新的商业模式和革新,"计算机经理"出现在了管理层的更高水平上。"首席信息官"(CIO)在许多公司中开始出现,CIO的作用不仅仅是监控后台计算机操作。人们还希望CIO成为管理团队中的一分子,为公司构建以技术为基础的新商业计划,并协助公司转变商业模式,以适应互联网时代要求。虽然极少有CIO参与公司最高管理职位的竞争,但他们至少是管理团队中的组成部分。

但是,CIO的平均在职时间是极短的。META集团的研究表明,他们的在职时间只有短短的18个月。一名金融财务背景的CEO很容易任命一位自己信任有加、负责财务的副总裁。因为他们之间有共同语言,CEO也能够判断这位副总裁在政策、理念以及建议上的工作质量。但是,有关技术术语、技术人员所关心的问题以及相关政策与其他商业领域差异巨大。如果CEO不懂网站操作系统,他便不得不信赖CIO的意见,而这会令多数的CEO感到非常不安。特别是在技术成本上升,很难获取投资回报的情况下,CEO就可能一个接一个地更换CIO。但是,在互联网时代如果缺乏能够描绘企业商业进程的技术精英,CEO们几乎将别无

第五章 互联网时代的领导艺术

选择,只能信任那些自己不了解的人,这些人所用的语言不同于CEO们所用的语言。鉴于自己所处的位置,CIO们也学着使用更有商业领导者风格的语言了,现在他们会更加自如地使用诸如"核心竞争力"、"目标市场"以及"竞争优势"这类名词。如果缺少技术精英的支持,CEO将很难制定合理的商业战略。

技术盲CEO还面临着这样的问题,即他们不能把握互联网在企业的组织体系和通讯方面所起的作用。更为扁平的企业体系的出现已有一段时间,尤其是新技术出现后,可以削减中层管理者规模。特别当高级管理人员可以借助用户友好软件绘制商业活动图形表格,自己完成工作的时候,中层管理人员作为信息分析师的价值就下降了。电子邮件以及其他协作性技术有助于扩大高级管理人员的控制范围,做更多直接的报告,因为通讯更为畅通了。电子邮件不但有助于使扁平体系更加成功,也有助于使扁平体系更具浸透力,更加随意。

过去,大型企业的CEO习惯于只通过预先周密安排的集会与各等级的员工见面,或是通过单项的备忘录和通知与员工交流,而现在他们已经在学习使用互联网沟通的新技巧了。现在,员工具备了更多的机会向高层领导者以及全公司的其他同事发送消息。讨论和争议不再受到交换中心(central office)的控制及限制了,因为讨论一旦在网上进行,便会变得宽松,立刻会有人回复,而且回复会被广泛传播,且无法加以控制。

我记得有一个生动的例子,说的是"总办公室"无意中把所有的员工都加入了订阅时事通讯的大学系统邮件列表,从而激起了一场利用电子邮件展开的大讨论。马里兰大学体系(University System of Maryland)包括了马里兰大学(University of Maryland)、帕克分校(College Park)以及十所州内学位授予机构,体系办公室是一个小型总部。为了加强交流,体系办公室的工作人员决定每个月发送电子时事通讯USMemo。他们把订阅地址簿上的所有拥有电子邮件地址的教师及工作人员都加入到了列表服务中,并向他们发送最新的邮件。体系办公室工作人员本以为这会像所有时事通讯一样仅仅是一种单向的公报,然而,他们错误地估计了互联网对通讯的影响。一阵邮件回复的风暴随之而来,回复被发送到了列表服务的所有人的收件箱中。这场风暴是有启发意义的。一些人表达了对此事的愤慨,他们认为,体系办公室不应未经当事人允许便将其加入列表服务,而且更不应该发送这种未经要求的垃圾邮件。另一些人则借此机会展开了一场关于体系究竟应当在大学事务中扮演何种角色的讨论。几天之内,这个事件已经在列表服务上被公开讨论了,尽管我从未看到任何体系办公室的管理人员参与其中。

公众怒火与信任危机

在 1990 年代经济繁荣时期,许多高科技企业的领导者因具有远见卓识、创新手段以及非传统的领导风格而受到人们的极大赞誉。只要公司保持增长态势,股票价格上升,那么他们拿到的巨额补偿金便不会遭人诟病。一位人力资源管理者指出,在这种趋势中唯一占主导地位的就是"怒火"——当 CEO 的收入高得离谱的时候,股东、雇员以及公众会变得无比愤怒。当 CEO 可以创造巨大的收益,或者至少是业绩出色的时候,人们可以接受他们不断增长的补偿金数目。但是,正如我们前面说到的,在经济低迷时期,CEO 的补偿金并非与业绩紧密相连,这自然会如预期那样激起公众的愤怒。在员工和股东都认为他们收入过高时,CEO 们就不得不面对一个新的挑战,但是还有一个更大的挑战就在不远处。

在经济低迷时期,另一个转折点使得互联网时代的高层领导者所面临的挑战更为巨大。2001 年 12 月,位于休斯敦的企业安然申请破产保护,创下了当时历史上最大的企业破产。

安然事件涉及了对伪造账目的指控、财务"违规"操作、关键性文件的匆忙销毁以及来自联邦政府、新闻界和公众的大规模质询。数千名员工丢掉的不仅仅是工作,还有他们与安然股票联系紧密的退休金。投资人也遭受了重大损失。安然的股票价格从每股超过 84 美元一路猛跌到每股只有几分钱,一下子就抹掉了几十个亿的价值。[103]随着事件的逐步明朗,对这次破产事件负有责任的安然管理层受到了法律的制裁,公众也了解到,尽管确知安然已处在破产的边缘,管理层仍在对其股票大吹大擂,并抛售自己手中的股份大量获利。公司 CEO 肯尼思·雷声称他对此事一无所知,但是根据一位股东的诉讼,雷和其他高管在安然公司宣布破产前,将其手中股票兑换成了十多亿美元的现金。[104]

安然事件曝光之后,社会公众和证券及交易委员会(Securities and Exchange Commission)开始将目光投向公司的外部审计——安达信会计师事务所(Arthur Andersen)。为什么该事务所没有发现安然公司的不正常财务现象,没有警告有关部门安然公司已经陷入了巨大的麻烦中?后来的调查表明,一些安达信的雇员埋首于篡改会计账目,销毁本该保留的文件。由于阻碍司法起诉,安达信的员工受到了司法部门的起诉,并在 2002 年 6 月 15 日被判有罪。有意思的是,不利于安达信的一个关键性证据是一封广为流传的电子邮件,这封邮件提醒员工遵守公司关于文件存档和销毁的政策。政府认为,该电子邮件包含密码信息,其真正含义是提醒员工销毁而不是保留安然公司的文件。

安然公司的全面破产特别令人不安,因为它曾经是繁荣的新经济的标志之一,它的创新策略和迅猛增长受到了热情赞誉。由于所取得的成功,安然公司赢得了一个又一个荣誉,曾入选《财富》杂志 100 家最佳供职企业(Fortune's 100 Best Companies to Work For)、全球最受敬佩企业的全明星榜单(All-star List of Global Most Admired Companies)以及 100 家发展最快的公司(The 100 Fastest Growing Companies)。多年来,商业科研人员认为安然公司是在快节奏的商业环境下政策灵活、领导得力的一个典范。例如,研究人员詹姆斯·奥图尔(James O'Toole)更是写过一篇预言式的文章,强调安然公司的领导风格如何创造了一种氛围,这种氛围中富有创造力的员工能够独立思考,将位于得克萨斯州穷乡僻壤的一家天然气管道公司带入互联网时代:

"安然管理层通过有意识地为公司各层许多领导者创造冒险、开创新业务以及分享其成功的机会……从而使整个公司发生了积极变革。安然的CEO肯尼斯·莱……创造了一种氛围,在这样的氛围中,人们可以进行富有创造力的思考、勇敢表达、尝试新事物——并且激励现有的管理团队……"[105]

具有讽刺意味的是,安然公司的领导者付出了巨大努力来塑造有道德感和责任感的企业形象。安然行为守则上写着:"商业运作必须……符合最高的行业标准与道德标准。"在给股东们的年度报告中写着,安然的价值观包括了尊重、沟通、卓越以及诚实——"我们为客户与潜在客户公开、诚实、真诚地工作。"帝波大学(DePaul University)柯蒂斯·C.维斯库勒指出,安然公司向外界塑造了一种可靠、道德感强、诚实且富有责任感的企业形象。公司的领导者以各种方式在公众、能源专员、投资者和员工中建立信任感和信心。然而,领导者真正奉行的核心价值观却与他们写入年度报告中的内容大相径庭。其中包括了欺骗、傲慢、隐瞒以及自私自利。[106]

由于安然和安达信的丑闻,公众对企业领导层的信任出现了动摇。如果仅仅是因为这两件事,公众对企业责任感和诚实性的信心也许会很快恢复。但遗憾的是,在2002上半年仅仅几个月的时间里,却爆出了更多的商业丑闻:

- 泰科国际(Tyco International)的CEO丹尼斯·科斯罗斯基(Dennis Kozlowski)被控在其于纽约所购画作上逃税100余万美元。
- 美林证券分析师内部的电子邮件表明,尽管在客户面前把某支高科技股吹嘘得天花乱坠,他们自己却把这些股票称为"垃圾"。
- 生物技术公司英克隆(Imclone)公司的前CEO萨姆·瓦克萨(Sam Waksal)被控向其亲戚及友人玛萨·斯图尔特(Martha Stewart)提供该公司大有前途的癌症治疗新药并未获得FDA认证的信息。斯图尔特在这一消息向公众宣布之前卖掉了自己手中的股票,因而也成为内部交易调查的核心人物。此时,内部交易丑闻可谓再创新高。

- 司法观察*（Judicial Watch）控告环球电讯（Global Crossing）管理层于宣布破产前"吹嘘并抛售"公司股票。
- 电信巨人世界通讯（WorldCom）承认该公司的财务欺骗,从2001年开始夸大公司盈利达到了40亿美元。在消息公布之后,有17,000多人丢掉了工作,公司股票价格更是跌至1角以下。一位评论员称,使用世界通讯旗下子公司MCI所提供的服务打1分钟电话的收费都比其股票价格高。
- 世界通讯丑闻爆出仅仅几天之后,理光（Xerox）宣布其财务账目存在问题,其中包括不当的收益记录。在过去5年中,理光公司夸大其盈利高达30亿美元。

在上述曝光的丑闻中,公司管理者将手伸向"钱柜"时被发现了。这些丑闻不仅仅损害了他们在公众心目中的形象,而且预示着在很长一段时间内公众将保持不信任感,这种不信任感所针对的不仅是那些可能正在欺骗员工并破坏员工退休金的公司领导者。上述丑闻直指体制内部的深层不道德行为,该体制本应是一种制衡机制**,以确保公众能够得到关于一家企业内部状况的准确、可信以及无偏见的信息。负责对企业账目进行审计的会计公司,以及华尔街向投资者建议哪只股票应当买进、持有或者卖出的分析师们统统受到了质疑。事实上,在世界通讯宣布破产前的几个星期,许多分析师还在建议投资者购买该公司的股票,在宣布破产之后,分析师们的建议也仅仅是简单地变成了"持有"而已。

符合道德标准的领导方式

在当前缺乏互信的氛围中,CEO和领导团队面临的挑战是从对最高道德标准的一个新承诺开始的。此外,CEO仍须处理的是,如何平息愤

---

* 司法观察,非官方司法监督机构,总部设在华盛顿。——译者注
** 西方政治结构中为防止滥用职权,在政府各部门之间实行相互牵制的制衡原则。——译者注

怒并且重建员工、股东以及公众的信心。即便是从未盗取公司一分钱的CEO也需要说服股东们,其管理团队既不是一帮盗贼,也不会向他们隐瞒任何事情。

哈佛商学院(Harvard Business School)的康斯坦斯·巴格丽指出,领导方式应符合道德标准越来越受到关注,这是令人感到高兴的一件事情,然而,几乎没有领导者受过任何训练或者实践指导来帮助他们如何评估其决策是否符合道德标准。[107]巴格丽提出了一个简单的决策树,以帮助领导者决定是否要采取某种行动。首先,领导者们需要询问该行动是否合法,如果答案是否定的,那么应当立即中止该行动。如果是合法的,下一步就应考察该行动是否能实现股东利益的最大化。如果答案是肯定的,那么领导者接下来应当评估该行动是否符合道德标准。领导者必须权衡某行动带给股东们的利益以及该行动对其他股东——客户、员工、供货商、环境或者社区可能产生的任何负面效应。这种权衡极其复杂,但它有助于对一些涉及道德的问题作出正确决策,而在只把股东利益最大化作为行动准则的情况下,这些涉及道德的问题就有可能被忽略。

决策树的另一个分支不包括实现股东利益的最大化。领导者接下来应当考虑的是,如决定不采取行动,这一决策是否是符合道德标准的。不采取行动是否会对公司股东造成损害?如果会造成损害,这种损害是否超过了股东的成本?例如,某位CEO在某个发展中国家设立分支机构,从法律上讲也许不需要在该分支机构采取与本国工作场所相同的安全措施。但是,为了符合道德标准,CEO应当衡量如果不采取与本国工作场所相同的安全措施,员工可能受到的损失。巴格丽提出,假如出现一些不采取行动便会违背道德标准的情形,即使这些情形不会促进股东的利益,也应该采取行动并将其告知股东。

要使领导行为符合道德标准,总是要在某一行为造成的损失和伤害以及该行为带来的利益和价值之间进行权衡。然而,在互联网时代,对损失与利益进行评估是极其困难的,部分原因是许多创新性举措都已经表现出并将继续表现出不可预知的效应。在许多涉及新技术的情况下,很难确定某项行动究竟是惠及股东还是损及股东,而且由于网络的放大功能,评估过程中的小差错会变成弥天大错。例如,对于一项可能会削弱金融中介机构作用的网络中心革新技术,领导者要如何评估它的成本与收益?在社区可能会造成的几千人失业是否是创造性毁灭自然过程的一部分呢?从长远来看,几千人失业是否能使社区变得更好?或者由于对股东造成的损失过大,领导者是否应该基于道德因素而放弃革新技术呢?在一个竞争高度激烈的商业环境中,放弃的可能性非常小。虽然道德决策树并不能解决这类问题,但是它至少使人们更为关注道德问题以及商业决策所产生的更为广泛的影响。

未来的领导者

老的领导者退休,具有完全不同经历的年轻领导者上台。这些年轻领导者将目睹一些"新经济"企业借助互联网所催生的新商业模式以极快的速度走向成功,他们也会目睹另一些"新经济"企业以同样快的速度破产。他们中的一些人将成为这个变化万千的创造性毁灭时代的一部分,并供职于老领导者所在的企业。他们也许会得到股票优先认购权作为自己补偿金的一部分,也会看到这些股票变得一钱不值。另一些人将经历收到解雇通知书的痛苦,并体会到丢掉一份工作意味着什么。

这群未来的领导者包括了更多女性和少数派,在组成上比现有的CEO群体更富多样性。许多未来的领导者都会参加领导技能培训和关于领导技能的大学课程,这将帮助他们发展相应的技能来管理复杂的、结构体系更为扁平的企业。[108]他们也将伴随着新型通讯手段而成长,在生命中的大部分时光里使用电子邮件、即时消息、网络以及协作性技术。他们不会再将上述技术视为"新技术",而认为它们是日常生活和工作所必需的组成部分——正如我们不再将把冰箱当作"新的技术产品"一样。

与老一辈相比,新一代的领导者更能适应商业环境的快速变化,而且知道如何在更为快速涌动的商业浪潮中确定自己的航线。他们在很大程度上需要依赖互联网和具有相应知识储备的员工来快速收集商业情报，并制定可行的商业策略。

  企业丑闻的教训很可能促使政府加强对企业的监管，并且更为严格地要求企业财务工作的透明化。然而，对于领导者而言，新的条例以及规章制度并不足以确保员工和公众相信公司及其高层管理者的行为是正直清白的。如果不能重获信任，他们的工作成效会降低，即使他们自己的行为并不是导致信任缺失的原因。他们必须表现得像凯撒的妻子那样——不但诚实讲道德，而且要非常明显地体现出来。CEO 们的巨额补偿金和普通员工收入之间的差距可能会缩小，部分原因是 CEO 们必须想尽一切努力使股东们相信，他们不会只注重自己的利益和贪欲，而是承诺要使公司的全体成员共享成功，他们不会认为自己的利益和贪欲比该承诺更为重要。

  在互联网时代做一个 CEO，关键任务是要建立信任，而不是使用技术，但是 CEO 们需要利用互联网重建员工、股东、客户和公众的信任。

注　释

93. Leader. (2003). *Journal of Business Strategy*, 24(2), 48. Retrieved March 22, 2003, from Business Source Premier Database.
94. Judge, T. A., Bono, J. E., Ilies, R., & Gerhardt, M. W. (2002). Personality and leadership: A qualitative and quantitative review. *Journal of Applied Psychology*, 87(4), 765—780.
95. Kanji, G, K., & Moura e Sa', P. (2001). Measuring leadership excellence [Electronic version]. *Total Quality Management*, 12(6), 701—718.
96. Barker, E. (2002). Cheap executive officer. *Inc.*, 24(4), 114—115. Retrieved June 25, 2002, from Academic Search Elite Database.
97. Lavelle, L., & Jespersen, F. E. (2001). Executive pay. *Business Week*, 3728, 76+. Retrieved June 25, 2002, from Academic Search Elite Database.
98. CEOs: Why they're so unloved. (2002). *Business Week*, 3779, 118.
99. Lavelle, L., Jespersen, F. E. & Arndt, M. (2002). Executive pay. *Business Week*, 3778, 80—87.
100. Bloom, M., & Michel, J. G. (2002). The relationships among organizational

context, pay dispersion, and managerial turnover [Electronic version]. *Academy of Management Journal*, 45(1), 33—43.
101. Begley, T. M., Boyd, D. P. (2003). The need for a corporate global mind-set [Electronic version]. *MIT Sloan Management Review*, 44(2),25—32.
102. Google Web site. (n. d.). Retrieved July 2, 2002, from http://www.google.com/jobs
103. Goett, P. (2002). Houston, we have a problem [Electronic version]. *Journal of Business Strategy*, 23(1), 2.
104. Newman, P. C. (2002). The mind boggles. *Maclean's*, 115(23), 21. Retrieved July 4, 2002, from Academic Search Elite Database.
105. O'Toole, J. (2001). When leadership is an organization trait. In W. Bennis, G. M. Spreiter, & T. G. Cummings (Eds.), *The future of leadership: Today's top leadership thinkers speak to tomorrow's leaders*. San Francisco: Jossey-Bass.
106. Verschoor, C. C.(2002). Where Enron's ethical missteps a major cause of its downfall [Electronic version]? *Strategy Finance*, February, 22—25.
107. Bagley, C. E. (2003). The ethical leader's decision tree [Electronic version]. *Harvard Business Review*, 81(2), 18—19.
108. Doh, J. P. (2003). Can leadership be taught? Perspectives from management educators. *Academy of Management Learning and Education*, 2(1), 54—67. Retrieved March 22, 2003, from Business Source Premier Database.

第六章

知识管理

虽然"知识管理"这一术语已出现了一段时间，但职场中大多数人——包括经理们在内——对何谓"知识管理"却仍未形成清晰的认识。它是否将成为管理学领域的又一场时尚风潮，是否会同以往种种潮流一样，风靡一阵便消失无踪？它是否是一种审视企业难以捕捉却极为重要的资产和资源的全新方式？不少人坚信，它是商业顾问的最新销售手段，与原来那些相比，不过是多了些专业术语。另一些人则认为，它是软件销售商兜售复杂而昂贵的产品的一种手段，这类产品只有令人着迷的名字，但包含极少内容或几乎不包含什么内容。

这样的困惑是可以理解的，因为对知识下定义就是一项艰难的工作，更不要说掌握并管理知识了。字典对知识下定义所用的词语也同知识一样难以定义，这些词语包括**知道**、**理解**、**意识**、**认知**或者**拥有信息**。例如，韦伯斯特字典对知识的定义有很多种，其中一些定义是这样的："通过经验和联想达到熟悉感，进而了解某事物的事实或情形"，"人们所拥有的信息或所形成的理解的范畴"，以及"通过推理来完全理解真相或事实的情形或状况"。

然而，随着"知识工人"的出现，人们焦虑地意识到：在工作场所中或员工的头脑中游荡着某种重要的资产，经理人或组织机构应该控制并利用这种资产，或者至少系统地处理这种资产。这种资产很难获取，它不同于诸如雇员的工作时间或工厂地板上的设备这类资产。而在如今这个知识社会里，知识工人开始在数量上超越其他类型的工人，许多人开始认为企业运作不当甚至是忽视了其自身所拥有的最重要资产。企业大量员工同时退休或者跳槽到竞争对手那边的现象引发了特别关注,这些员工的离职同时也带走了他们所掌握的知识。

但是,学会如何发掘、捕获、分享并管理这种资产比大多数人所认为的要困难得多。发现创造新知识的更好更高效的方式更是难上加难了。本章中,我们首先考察知识管理的起源。接下来,我们会考察知识在工作场所中意味着什么,哪些知识可能是重要的而需要被管理,以及一些企业是如何进行知识管理的。

知识管理的起源

在1980年代和1990年代,计算机在工作场所中开始成为标准化设备——它不仅仅被负责薪水名册与会计账目的数目编排的人员使用,而且也广泛地被知识工人所使用。起初,计算机只是与主机相连的非智能化哑终端(dumb terminal)。计算机功能受到主机软件的限制,这些关键工作的重点主要在后台办公平台操作。随后出现了企业电子邮件和文字处理软件,扩展了数字化信息的通讯与存储能力,然而存储空间是有限的,并且此时的软件也不好用。

微机出现后,企业员工想存储多少信息就能存储多少信息。人们可以将信息存储在自己的存储硬盘上,也可以在可重复使用的廉价软盘上存储无限量信息。人们能够存储文档、报告、信件、如果这样—就会怎样型电子数据表(what-if spreadsheet)以及大量个人作品草稿。

无限的数字信息存储空间极大地改变了工作场所中的各种习惯。人们无需在档案柜塞满的时候把文件扔掉了,可以将它们自然地保存下来。每个工作站变成了一个可以不断扩容的信息知识库,用户可以新建存储信息或对信息进行修改。最初知识库只允许特定员工便捷地使用。然而,当局域网投入使用后,员工们便可以通过服务器互相分享信息了。随着时间的推移,计算机的存储能力不断提高,使用数字化格式存储的文档类型也在增多。通过扫描仪人们可以存储图片,通过声卡能够存储并播放音频文件。同时,电影也能够以电子化格式存储为数字视频。

当互联网特别是万维网投入使用后,一名员工能够获取的信息绝对数量再一次出现了激增。人们不仅可以与自己处于同一局域网的工作组成员分享数字化信息,而且可以与任何能够访问互联网的个人或公司实现信息共享。

简单地说,激发人们对知识管理的热情的主要力量就是不断增长的数字信息,这些数字信息可以(至少可能)被访问并予以重复利用。得益于企业内部网与互联网,信息得以便捷地共享并在全球范围内传播。计算机和互联网并没有"创造"出知识管理,但是它们确实使人们注意到这样一个事实:贮存在人们头脑里的至少一部分知识可能作为企业的资产及资源被记录、分享并加以利用。

针对人们对知识管理日益浓厚的兴趣,特别是对那些能够通过互联网和技术手段广泛传播的知识的管理,IBM 知识管理研究所(Institute for Knowledge Management)创始人劳伦斯·普鲁萨克(Laurence Prusak)提到了另外一些原因。[109]一个关键原因便是步伐大幅加快的全球化进程。全球化参与者、全球传递渠道以及在全球范围内可获取的产品数量已出现了巨幅增长。企业过去所依靠的是物理空间上的毗邻来支持员工间的知识传播,这种传播更像是一种或然性的副产品,而非一种有意造成的结果。走廊中擦肩而过的人们,或在同一家自助餐厅就餐的人们能够自然而然地通过交谈来实现知识共享。即便是供职于不同部门的同事也会在出去参加企业培训或会议的时候分享知识,然而全球化却使这种面对面的知识共享变得更加困难了。

因此,人们对知识管理的兴趣越来越浓,部分原因是,锤子被发明出来了,人们发现它能够卓有成效地用在堆得越来越高的钉子上。锤子就是信息技术,特别是指网络技术与网络核心化技术。而钉子则包括了跳跃式激增的数字化信息。钉子(至少是部分钉子)似乎颇有价值,然而数

156

目多得惊人的钉子堆在一起却好似一团乱麻,仅靠技术手段不易将其加以处理并分类。而企业希望利用的知识并不仅仅只存储在数字化文档中,这使信息的处理和分类工作变得更加困难。此外,大量数字信息根本算不上"知识",许多信息实际上是垃圾,毫无用处。

如果看一看自己是如何组织统筹个人电脑工作空间的,你就会明白我的意思。你离职后的岗位继任者能否弄清楚你的电子文档系统?他是否能充分利用相关知识开展你已经从事了多年的工作?你在电话中对继任者进行一个多小时的电话定向辅导就能使他从新手达到与你知识储备完全相同的状态吗?

你也许会将重要信息储存于电子邮件中、硬盘各目录下、备份的CD-ROM上、软盘上、压缩驱动中、个人网站上、办公桌抽屉或者金属箱柜中。同样的文档会有多个不同版本,你很难区分究竟哪一个是最终版——如果实际上所有文档都是最终版。假如你和大多数人一样,尽管把自己文件柜整理得井井有条,却没有将大量电子文档统一命名的习惯,你做的也许只是用一个当时看上去合适的名称来命名文档。

同事们可能也和你一样随随便便地管理数字化信息。那么从企业的角度考虑,这个价值不菲的潜在"知识"库发掘起来就是相当困难的,更不要说对其进行管理了。当然,许多对企业而言有价值的知识根本不是以数字形式保存的。

当认识到知识是比原始数据更复杂、也更难掌控的事实之后,对知识管理感兴趣的人们采取了两种不同的途径。一种途径是通过开发相应的技术,以某种数字信息的形式来获取、分类和组织知识,并将知识传播给有需要的人们。另一种途径则根本不依赖技术,它强调智力资本的价值,以及如何鼓励人们创造并分享知识。第二种途径更注重工作场所中的心理学与社会学层面,而不是获取和传播知识的技术层面。正如我们在本章后面看到的,在知识管理项目中有一些涉及人的重要因素,其中部分因素处理不善将导致项目完全失败。

什么是知识?

过去 10 年中,知识管理领域都在关注这样的问题:什么是知识?什么样的知识才值得企业花时间和精力去管理?举例来说,知识与信息之间有什么区别?知识管理是否只是信息管理的扩充版?

数据→信息→知识

了解知识与数据、信息之间区别的行之有效的方法之一是将它们视为一个连续体,在某些特定情境下连续体内的内容会变得更加丰富、更有价值、更有意义并且更为重要。例如,数据可以是一周内一家公司完成交易的原始数量。当数据所代表的意义有所增加时,可以对数据处理并汇总,而后这些数据将转变为能够揭示公司交易趋势和模式的信息。各类交易以地域为基础绘制成柱状图,这样销售经理就能了解特定的产品是在哪些地区销售的。销售经理可以借助于丰富的销售经验,并且将柱状图与来自各个区域的销售人员的商业情报结合起来,这些销售人员了解竞争对手在当地的销售行为,这样就可以为数据增添意义和背景。销售经理借助来自于自身经验、图表信息以及商业情报的洞察力,可能会发现特定类型的竞争对手的行为和自己公司的特定产品的销售量之间的关系。来自各个地区的销售信息不断增加,将这些信息加以整理和提炼就能将信息内容转化为在特定情境下有意义的知识,而且销售经理将这些知识加以整合之后,只要他愿意,就可以依照整合的知识采取相应的行动。销售经理可能会根据这些知识并按照不同的地域特点来开展市场营销行动,以对抗竞争对手的策略。

数据与信息或者信息与知识之间的分界并非曲径分明。但是,从数据到信息再到知识,每上升一个层次,意义就会增加,尽管并不是所有人都能察觉到在知识这一最高层次上的意义。

内隐知识与外显知识

在工作场所中,很难对知识下定义的原因之一是,知识这一术语的使用过于广泛和模糊,指代了太多不同的事物。办公室文员可能了解自己国家人口统计学领域的知识,一家保险公司也许了解如何处理一起车祸索赔案的知识。在一位从事基因研究的科学家看来,拥有知识可能意味着精通基因学基本原理,全面了解基因领域的其他研究者的最新研究成果,以及具备科学洞察力用以创造知识。

我们可以使用各种方式对知识进行分类,但是,在互联网时代完成这项工作的一种行之有效的方法是将**外显**(explicit)知识和**内隐**(tacit)知识区分开来。外显知识是有形的、系统化的,可以被记录并与他人共享。外显知识并不一定是简单的,因为虽然这种知识具有共享性,但这并不意味着人们通过阅读一定的说明就能掌握外显知识。例如,关于编程语言的知识就是外显的,但是要掌握它需要花费大量时间,而且不是所有人都能做到的。

内隐知识指的是一种更加难掌控的知识,它很难被记录,也很难实现共享,部分原因是"知识拥有者"本人也不清楚地知道如何将自己所知的内容表述出来。例如,一位手艺精湛的工匠拥有大量关于制作顾客定制橱柜的内隐知识,这种知识的相当大一部分很难被记录下来。工匠选择特定木材,加热加压使木材定形,打磨使木材表面平滑以及将零部件组装起来,这一系列工作都是基于过去经年累月积累的工作经验。他或她可能无法确切告诉你哪些步骤组合起来是有用的,也无法写一张核查表来确保工作的成功。

日本高等科技研究院(Japan Advanced Institute of Science and Technology)和知识科学学院(School of Knowledge Science)的野中郁次郎(Ikujiro Nonaka)重点考察了内隐知识和外显知识的差异,主要是因为这两种知识的差异显示了日本工人和美国工人对知识的看法上所存在着的一个关键性差异。[110]野中郁次郎认为,美国人对知识的观点过于狭隘,他们强调的是前文所述的数据→信息→知识这一连续体中的"信息"。外显知识固然重要,然而,企业若缺乏适当的举措来培养并使用储存于员工头脑中但难于表达或难于沟通的内隐知识,那么企业将会面临相当大的风险。

这里有一个面包烤制设备制造企业利用内隐知识赢得强大市场竞争力的案例。[111] 烹饪是一门艺术也是一种科学,面包制作是一个特殊的烹饪领域,内隐知识在面包制作中似乎占有特别重要的位置。当日本松下公司(Matsushita)尝试研发一种家用烤面包机时,工程师们运用了最基本的关于面包烤制的外显知识。结果是烤制设备最终能够做成面包,但是面包表皮总是烤得过火,而面包内部却几乎还是生的。包括 X 射线在内的各种工程学分析手段都用上了,但仍无法解决这一问题。

松下公司的软件研发人员田中郁子(Ikuko Tanaka)决定在大阪国际饭店(Osaka International Hotel)接受世界上最好的面包师之一的培训,以期能够利用面包烤制的内隐知识,这些内隐知识是当时他们所缺乏的。田中郁子仔细观察了面包师傅的制作手法,有些手法甚至连面包师傅本人都无法解释,自己是怎么揉面团,以及为什么自己会这样揉。田中郁子回到制图板边,设计了一些特别的能够像面包师那样揉搓拉伸面团的特殊机械圆拱形结构。结果,经过改良的全新面包制作机连破销售记录。

为公司创造信息和外显知识:前互联网时代

当人们开始对知识管理表现出兴趣时,企业正开始使用电脑和技术带来的一些复杂功能。那时互联网发展还处于很早的阶段,万维网也没出现,但是信息技术的功能逐渐显现,受到人们的关注。用于内容报告与总结的在线工具在工作场所中变得极为受欢迎。想要查看某地区的销售情况总结的经理们无须再等待月度报告了。他们可以自己从企业服务器上拖出需要的表格或图形。

人们还发现可以轻松地使用个人电脑软件处理从主机上获取的原始交易数据,赋予这些数据特定的意义和解释。所下载的交易数据能够使一位熟练掌握电子表格、制图工具以及统计分析技术的员工在相当长的一段时间内实现高效工作,为原始数据添加相应的意义与背景,从而使原始数据转化为信息,最后转变为知识。人们可能会提出如下问题,"各地区产品销量与销售人员薪水之间是否存在着相关?"或者"男性和女性谁更擅长于电话销售不同产品?"人们会使用如果这样—就会怎样型电子表格软件设置一些假定的状况来评估不同战略决策,包括涉及开展一项新业务以及在海外开办工厂等不同类型的决策。这些工具为人们提供了考察诸如启动成本、月销售量、制造工人的人均工资等大量因素的不同评估方式。将自身经验和即时的计算结果相结合,人们便能够对大量不同的工作假设和商业状况做出相应的评估。

电信和网络技术的不断壮大也是1980年代早期商业大环境的一个组成部分。你可能还记得在个人电脑联网前公司政策指南手册通常是怎么样派发的。带有分隔标签并记录着关于怎样在企业内部开展工作的关键信息的记事本被派送到各个部门。这本册子上写明了如何填写支出报销单以及每日津贴限制的内容。这本册子的内容还可能涉及招聘与录用、员工福利、投诉流程、公司结构图以及重要电话号码簿的标签。当然,手册信息一直在发生变化,因此"发生变化的页面"会分发到各部门的秘书手中,之后夹入手册里。秘书可能会保存也可能不会保存发生变化的页面,员工们通常会有选择地保留手册内容的副本,将其置于自己的办公桌上。随着时间的推移,公司上下可能就找不到完全相同的两本手册了。当网络进入企业之后,许多公司把政策指南手册放在服务器上,这样一来人人随时能浏览手册内容,并了解到最新的内容,这样就能大大降低时间和印刷成本。

网络也可被临时用来促进人们彼此分享更多的内隐知识,这样新雇员就无需再从头来过了。例如,团队成员被要求对头脑风暴会议进行详细记录,相互分享他们从项目中学到的经验,这些内容都会被放在服务器上，从而可使其他团队从他人的失误中吸取教训。研发专家系统的目的也是为了通过更为系统的手段来获取内隐知识。可以将该专家系统软件置于网络上，供那些经验不足但面临相似问题的人员使用。例如，医疗行业使用诸如 MYCIN 和 VIBES 这些专家系统已经获得了很好的效果，MYCIN 有助于医疗保健从业人员分析不同感染类疾病的症状，而 VIBES 则有助于对视觉损伤做出诊断并提供参考意见。

分析及报告工具与企业内部电脑的联网这两项重大技术突破使企业意识到了创造、获取以及管理知识的新方式。不断激增的企业数据是知识挖掘的源泉。此外，公司内部员工所掌握的大量资料也不一定来源于原始数据，而是来源于员工自身的经验与洞察力。通过使用互联网——特别是万维网，管理各种知识和信息的手段得到了极大的拓展。

后互联网时代的知识管理

到了 1990 年代中期，互联网开始进入工作场所，全世界范围内企业开始在互联网上建立自己的网站。这种做法最先带来的效应之一是人们在工作场所中可访问的数据量呈现出了迅猛增长。此外，万维网的规模出现扩张和飞速增长，原先存储在局域网的数据现在都能够借助网络访问了。例如，我可以访问 www.census.gov，在网站下载数百份人口统计原始数据文件，再按照我需要的方式加以分析处理。美国劳动统计局（Bureau of Labor Statistics）已采取了一些措施，使得下载就业信息的表格和文件并对它们进行分析变得非常简便。即便是非常强大的搜索引擎都无法跟上如此庞大的内容增长。

市场营销人员和行为科学家们：想一想我们现在又增加了多少与人们浏览万维网时的行为有关的数据。像美国在线这样的互联网服务供应商可以记录用户每次登录网络的数据以及上网时每次点击鼠标时的数据。假定美国在线的用户有 2000 多万，每人每天上网 2 小时。在人们网上冲浪的这段时间,假定每个用户每分钟平均点击鼠标 5 次。这样乘出来最后就是每个月有 5400 亿次鼠标点击量。这的确是海量的原始数据,其中包含了上网者的个人偏好、购买模式、人口统计学信息以及对某个主题的兴趣。与海量数据相对应的是海量存储空间,美国在线的管理者曾说过,公司必须定期删除这些数据——因为数据量太大了。

此外,通过万维网还可以在全球范围内快速而便捷地传播信息以及潜在的知识。只要文字、图像及表格这些信息是以标准化超文本标识语言 HTML 写成的,浏览器就能读取这些信息,并且将它们显示在任何台式电脑上。HTML 语言中的标签允许所有免费的浏览器能够快速地解读各种格式命令,例如加粗、换行或标题等。另一种更为复杂的标记语言称为 XML(可扩展标记语言)实现了文件定义、标记、分类和解读方式的进一步标准化。XML 语言同样会用到标签,但是标签除了用作格式命令外,还用于对文档元数据(metadata)、文档结构及其内容进行定义与标准化。此外,还可以对标签进行自定义,以适应诸如图书馆和医疗等特定行业的需要,这样一来软件就能够根据不同的情境采用更有意义的方式解析标签。

与企业若干年前的做法相比,按照上述方式对信息表征和共享进行标准化是一种巨大的进步。企业有自己的网络,可以发布所有人都能读到的最新信息,但是这些信息以专门的格式存储,且需要每一台台式电脑提供相应的客户端软件和认证,客户端软件通常是由公司 IT 部门负责安装的。早期的网络优化了企业内部通信,但每一家企业使用的都是自己专门的软件。甚至在同一家企业,各个部门也可能使用自己专门的软件——这也许是由于 IT 部门是在不同的时间购买和安装系统的。这就意味着在纽约分公司员工看到的信息与费城分公司员工看到的不同,与伦敦分公司的员工看到的信息更是不同了。

在万维网刚刚出现的时期,由于它使用了标准化的超文本标记语言,具有很强的可用性,这为万维网的爆炸性增长提供了强大动力。安装免费提供的浏览软件之后,人们便能够在所有对公众开放的网站上冲浪,上传个人文档。最初,能够阅读文字就是极有价值的,即使这些文字没有使用加粗、斜体、标题或分栏这些格式。但人们很快便掌握了使用HTML,令文档看上去更有吸引力也更具可阅读性。而借助XML,各家企业和整个行业的信息交换能力更是得到了提升,打破了由于不同格式所造成的信息壁垒。

由于信息技术与互联网的功能都在不断增强,知识管理成了一个非常令人感兴趣的领域。首先,计算机的使用导致了大量原始数据的出现,并提供了许多精细的功能使人们从这些数据中生成信息。早期的网络推动了企业内部的信息交流,而万维网使得在全球范围的信息传播成为现实。而具有讽刺意味的是,信息技术和互联网的功能不断增强,数据和信息数量的大量增加,其结果竟然是人们面临着信息超载而不是知识。这使人们更加意识到有必要找到更好的方式对数据进行管理,对数据进行分析,从而发现新的意义。人们直觉上认为自己拥有大量重要且有价值的原始材料,但令人们沮丧的是不知如何对数据加以利用,如何做到取其精华弃其糟粕。人们需要恰如其分的信息,即在适当的时间适当的人员能够获得适当的知识。

知识发现和数据挖掘

数据量的扩张激发了人们从数据中发掘抽取更有意义的信息及知识的巨大兴趣。科研人员与从业人员基于自身知识经验提出假设,通过一些数据证实或拒绝自己的假设。然而,数据量太大而且出现很快,这就需要采取一些新的方法对数据进行探索并从数据中构建知识,特别是在研究者并未提出先验假设的时候更是如此。这些方法被称为**数据挖掘**。这种隐喻使人们想到淘取金银的行为,以及在满是沙砾的看似无用的泥浆中寻找金银所需的耐心。数据挖掘更多地依赖于人工智能、数学算法以及计算机的力量而不是人类的双手,但是目标却是相似的:都是为了从数以十亿计的数据中发掘有趣的联系、趋势与行为模式,并将发现用于预测新的结果。

数据挖掘源自传统的统计方法,但在数据挖掘领域已经出现了一套功能非常强大的软件工具,人们可以用它们探索海量数据集,以揭开有趣却隐匿的关系。软件程序会提供数据所存在的各种联系,其中很多根本是无意之中发现的,所以"有趣的"这种表达方式在数据挖掘领域是非常重要的。例如,假使关于过去一个月用户网站浏览的数据挖掘结果显示,访问者在主页停留的时间与欧洲南部气温之间有中等程度的相关。如果缺少人类的指导,相对于在主页停留时间与历史访问次数之间的关系,在主页停留的时间与欧洲南部气温之间的关系便不能被软件程序判定为令人感兴趣的。即便如此,数据挖掘者还是不太愿意使用过多的指导,因为他们所寻找的就是隐藏在表面之下的联系,有时最惊人的发现就是最有价值的发现。

财富500强企业已经使用数据挖掘技术,有效地获取了关于公司客户及其偏好、购买模式以及忠诚度方面的信息。数据挖掘技术也被应用于诸如高等教育这样的领域,例如,对转校生的行为模式进行分析。[112]澳大利亚的研究者使用数据挖掘技术对法律数据库进行了研究,这是一项非常艰难的工作,因为大量的法律信息缺乏良好的组织。[113]随着数据挖掘技术的不断优化,该技术有望在多个不同领域推动知识发现进程。

知识管理实践和项目

知识定义的含混、知识管理手段的多样导致了在工作场所中充斥着形式各异的项目。其中一些获得了巨大的成功,而另一些却彻底失败了,然而它们的共同特点是:试图获取、创造、传播以及管理知识——不管知识是如何被定义的。因为从根本上讲,工作场所注重的是实用性而不是理论,这样就更容易理解企业是如何基于对具体项目和实践的描述来开展知识管理工作。

一家名为加特纳集团的信息技术研究公司将知识管理行为大体分成五种类型。[114]第一种类型涉及改善对海量的电子信息的管理并改善在工作场所中对这些信息的访问。

改善信息管理和信息访问

任何一家精明的企业只要考虑一下公司需要多大的物理空间和电子空间存放文件,员工们花在信息搜索上的时间又有多少,就会寻求一些方式来改善信息管理和信息访问。拥有强大搜索引擎与分析工具的结构化整合数据库在改善信息管理和信息访问方面起到了很大的作用,然而,在文件柜、电子邮件、书架和员工头脑中的非结构化信息与知识才是更大的挑战。企业内部网是最早尝试对上述部分知识加以利用的方式之一。企业内部网的设计宗旨是将诸如政策指南、电话簿、职位列表等所有公司文件汇集起来,允许所有员工无论身处何方都能访问到最新的文件。企业内部网同时也是一条通向论坛、知识库、团队网站、各种协作技术以及企业交易系统的通道。

为了提高内网的实用性,允许员工实现个人工作空间的个性化,许多公司将内网升级为企业门户(portal)。这是一种功能更强大的企业内部网,它允许公司员工自定义所访问内容,使这些内容与员工手头的业务更为相关。市场营销经理也许希望早晨首先在屏幕上看到的是她所关注的实时数据显示板,而不是一上来显示的是公司网站首页。显示板上会显示出近期广告推广活动的最新数据、图表以及所有竞争对手的地址链接。门户网站正朝着单点"登录"的方向发展。随着时间的推移,大多数企业都已建成针对诸如电子邮件、人事部门、销售部门及讨论版等软件的大量独立系统,各个系统都附有自己的安全措施。在门户网站上,人们登录一次即可(只需一次性输入用户名和密码——译者注),再也不用在不同系统之间频繁地多次登录了。

文件管理是另一种发展成熟的知识管理方式,它改善了对那些尚未结构化的信息的访问。采用文件管理这种方式，需要将纸质文件扫描为数码图像、并建立索引，从而至少可以通过创建的索引实现电子化搜索。例如，可以扫描某份医疗记录，然后根据患者的姓名、社会保险号码、诊断结果或其他关键词建立索引。一些系统还添加了字符及文字识别功能，文件中的文字能够被转化为可读特征而不仅仅是图像，因而使文件具有可搜索性。如果在某一企业里，部分或者大多数需要查询的信息都是以纸质文件或微缩胶片的形式而非电子形式保存，上述先扫描然后建立索引的方式是特别有用的。医疗记录、法庭记录、专利、手抄本以及不动产交易记录均是以纸质文件或微缩胶片的形式保存的。尽管其中一些目前已有电子版本了，但历史记录却仍未实现电子化。

管理关于过程的知识

企业的一个关键竞争优势源于它所具备的关于如何做好一些事情的知识。一家葡萄酒厂的成功之道是它能够培育出最好的葡萄，将这些葡萄制成优质的葡萄酒，然后进行有效的市场营销。为了出色完成这些工作，酒厂员工以及整个企业必须掌握适用于不同气候与土壤条件下的各种知识，并且利用、分享、传播这些知识，逐步优化这些知识。关于过程知识的项目关注的是，在具备最优实践程序和知识储备库的条件下，如何对关于过程的知识进行管理。

最优实践程序通常会记录促进项目运作良好的经验，捕捉带来成功的因素，以便对成功因素加以复制。例如，Banc One（现在是 Bank One）使用了最优实践程序，依据其系统要求，以系统方式对银行进行了调整。Bank One 详细记录了所有新员工需要学习的放贷、商业交易处理、开户、股票卖出业务，以及在新系统下将要开展的大量业务的步骤与流程图。负责在 Banc One 系统中建立新支行的人员可以作为新员工的培训师，因而可以将文档记录与人的因素统合起来实现知识传递。每家新分行都会有一所作为示范"模板"的联行（sister bank）。联行选择的标准是它与新建支行位置相近，服务于相似的客户群，且已完成了转换。新支行的员工可以到联行处，从投身实际工作的员工那里学习更加详尽的知识。联行的工作经验还会有助于新支行管理者预测可能出现问题的方面，从而有助于避免问题的发生。例如，如果联行的员工抵触使用集中程序处理业务，那么新支行的管理者便会对此给予特别关注。Bank One 还以公司总部附近的某一模范银行的形式设立了最佳"模板"，经理们可以在向各支行公布新想法之前，在总部的密切督导下将这些想法付诸实践。[115]

知识储备库旨在为企业建立一个大型的关于过程的信息库，从而使知识得到利用与传播。例如，软件经销商可能研发出一种知识库，它囊括客户投诉的所有问题以及技术支持人员解决这些问题所采用的方式。若能与文件管理相结合，知识库能够成为一种极为丰富的信息源。比方说，如果有一种医学知识库，医疗从业人员能够通过症状的组合对该知识库的所有记录进行搜索，这样就能找到比最有经验的专家头脑中所存储的还要多的病因。

在工作场所中使用团体知识

为了提高知识利用水平，企业采取了各种各样的措施，开展了各种各样的项目，包括鼓励员工相互传授知识、分享彼此的知识以及建立学习型社团。例如，为了向实践社团提供支持，一些公司创建了专业网站，为同一工作领域的员工提供了自由交流的空间。一家大型公司可能会为分布在世界多地的为公司服务的法律专业人士创建一个活跃的万维网社区，使他们能够交流知识产权、国际法、劳动法以及合同纠纷领域的知识。将专业兴趣相同的人们聚集起来，为他们提供研讨和辩论的协作工具，这种举措能避免分布在不同地域的专业员工产生隔离感。

许多企业都已采用了一些协作技术，以促进工作场所的知识交流。这些协作技术对在一起工作的团队和分布在不同地域的团队都是很有用的。我们将在下面的章节考察虚拟团队是如何开展工作的，然而，从知识管理的角度看，可利用上述协作技术来支持许多类型的需要共享知识的团队。

168

许多公司从中受益的另一种知识管理项目称为"专家位置"（expert location）。从企业的角度看，该项目旨在确保企业能够了解自身已经掌握的知识，或者至少让企业了解到公司内有谁掌握了这些知识。例如，当团队成员集中在一处研发某种产品时，成员们并不一定掌握了研发出最佳产品的全部专业知识。然而，公司内部某位员工可能掌握了相应的专业知识，专家位置这一项目的目的便是找到那位员工。专家位置项目通常会收集并更新公司所有人员的简历，包括各种关键词。通过专家位置项目，项目团队还能检索包含公司所有人员的简历的数据库。

从电子商务中学习

在企业开始使用万维网开展电子商务的过程中，数据增长越来越快，出现了管理知识的各种新方式。企业以电子化方式与客户、供应商以及合作伙伴通信，因此这一信息源为知识管理创造了条件。此外，企业的竞争对手也在使用电子商务，竞争对手的部分信息能够被商业情报收集截获。这一类型的知识管理项目涵盖了企业内部和外部环境之间的交界区域。

企业一直强烈地希望最大限度地收集关于客户的知识，并培养与某些客户的关系，这些客户是企业希望保持的。针对企业上述愿望的知识管理项目相当受欢迎，诸如数据挖掘等基于技术的知识管理工具迅速投入应用。同时出现的另一类软件被称为"客户关系管理"软件（CRM）。这些产品关注的是企业如何通过分析并管理与每一位客户间关系来吸引客户、留住客户（特别是那些最有价值的客户）。企业的一贯做法是努力使客户们愉快，但得益于电子商务与互联网，如今，企业能够利用各种各样的大量的信息，以达到使客户愉快并通过有针对性的电子邮件与客户保持联系的目的。

总是存在一些信息，例如客户每年在企业产品上的消费金额，企业可利用这些信息来管理与客户的关系，如今这些信息可以与电子商务信息结合起来。例如，基于注册用户过去的消费行为，许多网站会向注册用户提供各种有针对性的促销信息。网站可能会向客户提供注册机会,以获取特殊的仅限于电子邮件用户的促销商品,或者网站会向客户提供订阅个性化的公司业务通讯的机会。例如,如果用户在提供理财建议的网站Motley Fool 注册,就可以按照自己的需要订阅任何数量的关于投资、退休或其他主题的业务通讯,还可以加入理财讨论群体,跟踪自己的投资组合,或者为了好玩儿而创建一个模拟的投资组合。Motley Fool 能够收集到大量关于人们理财方式和理财兴趣的信息。涉及客户关系的知识管理项目旨在利用此类信息,从中挖掘出知识,并将其转化为企业的竞争优势。

培育智力资本

最不成熟的知识管理领域体现在一些彼此联系很弱的项目上。在这些项目中,企业通过发掘能够激发创造力、洞察力、革新精神的方式以及能够对难以捕获的知识产生过程进行记录的方式,来达到培育和管理智力资本的目的。这些项目包含的范围极广,涉及到了企业的方方面面。软件商正在研发各种有助于此类知识管理的辅助产品,然而,有时候在知识管理项目中根本没有必要采用技术。

在探索问题空间时,有多种手段用于激发人们的创造力,帮助他们"突破"思维的"禁锢"。由于时间限制,大多数以群组方式工作的员工倾向于将思维固着于对问题的第一个明确的定义上,之后试图采用最先想到的合理方案来解决问题。人们也许不会花时间以不同的方式来构建问题,而如果以不同的方式构建问题,就可能很容易找到其他的解决方案。下面看一看 IBM 公司的约翰·托马斯无意中听到电梯故障的例子。[116]

许多年前,曼哈顿高层写字楼租户经常抱怨等电梯的时间太长。找来了电脑程序员对算法进行优化,但租户们的抱怨有增无减。房东花大价钱安装了新型的速度更快的发动机,但抱怨并未因此而平息,许多租户威胁要退租。绝望中的房东聘请结构工程师来对安装额外电梯进行成本评估。结果是,安装额外电梯的成本非常高,安装后出租空间将大大缩小,超出了可接受范围。

经理人、工程师和电脑编程员都是在使用同一种思路构建问题。在他们的思维框架中,上述问题的症结在电梯速度太慢了,解决之道应当是提速。然而,房东的一位表亲却从另一个不同的角度看待这个问题,建议在电梯旁边放置一面镜子。他认为等待是合理的,但是等待中的人们需要找一些有趣且有用的事情来做。装上镜子之后,租户们的抱怨便消失了。

很多行为技术都是用来鼓励人们延长问题构想的时间,而不要急于寻找解决方案。"博姆对话"(Bohm Dialogue)便属于这类技术,它有助于不同的团队在针对问题的本质进行交换疑问和看法的过程中暂时放弃判断和偏见。在与团队成员就某一特定问题进行交流的过程中,"博姆对话"要求参与者摒弃内心的竞争倾向。此类对话技术的核心成分包括,决策行为延迟以及用于思考前一位发言者讲话内容而预留的静默空间。[117]

另一些项目强调的是,如何使用隐喻协助人们进行创新性思考,从而创造新知识。例如,当人们致力于特定领域中的某一特定问题的时候,常常会通过倾听并借鉴来自完全不同问题领域中的隐喻来帮助团队拓展思路。致力于解决交通问题的团队如果只考虑卡车、火车以及船舰等交通工具,那么团队的思维就可能是非常狭窄的。若能接触到来自人口流动系统或鸟类迁徙领域的各种隐喻,那么针对交通问题,他们的思维范围将会大大拓宽。

知识管理技术成熟曲线

有望改善工作场所或提升企业竞争力的革新性技术通常会经历这样一个周期——评估、试用、应用、最终被抛弃。在一开始,这些革新性技术似乎针对的是尚未引起足够关注的关键性需求。例如,整体质量管理关注的是质量以及旨在设定目标的管理。最初,这些方案可能会吸引大量的眼球,因为从书面上看貌似不错,且推崇这些方案的咨询师也可能夸大它们的价值。预期被拔得非常高(甚至高得过分了),但革新性技术是不成熟且存在漏洞的。过去目睹过上述周期的员工对最新的革新性技术的反应也许是打个哈欠、痛苦地呻吟或是大笑。然而,许多人则拒绝在最新的管理潮流和技术上花费更多的时间,"接纳"充其量也是时好时坏。超出预算的试点项目,无法实现预期承诺的收益,接踵而来的就是幻想的破灭。最终,如果创意是很有价值的,问题又的确是被寄予厚望,那么就会重新考虑革新性技术。解决了软件中的漏洞,对预期做出了调整,企业采取了方案中真正起作用的部分。随着新方案在工作场所中的应用,人们可能记不住它曾经风行一时的名字,但是新方案对生产力的贡献,如果有的话,会继续存在。

加特纳公司将这种状况称之为技术成熟曲线,[118]并将其划分为五个阶段:(1)革新开始阶段,(2)过分期待顶点,(3)幻想破灭低潮,(4)启迪斜线,(5)工作效率高原稳定平台。相对于其他基于技术的工作而言,知识管理革新技术所用时间特别长,因为它所包含的内容极多,且人们对工作场所中"知识"的理解也是含混不清的。正如大家从我所描述的这些项目中看到的,许多以前的项目现在都属于上述项目范围之内,这些以前的项目曾被赋予其他名称,或仅仅被称作高效工作场所的"好主意"。许多商业领导者开始意识到,知识管理仅仅是在上一个风潮——或许是商业过程重组的风潮——退去以后,咨询师炮制出来的一个术语,其目的是将该术语作为闪亮的新符号来吸引客户。

最成熟的知识管理实践利用了一些成熟的技术,例如精细设计的数据库、文档管理系统、知识库、协作性技术,当然还有互联网和万维网。而最不成熟的知识管理实践涉足的则是情形不甚明朗的领域,既缺乏可用于知识管理的策略,也缺乏能支持知识管理的技术。1990年代末,大量商业网站公司破产之后,无论咨询师和软件销售商的展示做得如何,几乎没有公司愿意冒险向这种未经证实的领域投入大量资金。

知识管理中的社会和心理因素

沿着技术成熟曲线，知识管理过程中充满了重重困难，因为试点项目揭示了人们在工作场所中所表现出的一些行为的重要事实。阻碍知识管理项目取得成功的最大障碍是心理和社会因素，而不是技术因素。例如，工作场所中的知识共享对于高层领导来说是个听上去很棒的主意，但是存在一些障碍使得人们不愿意分享知识，而这些障碍与学习新软件所面临的困难几乎没有什么联系。

有许多经典研究揭示了对知识管理项目形成阻碍的社会和心理因素。在其中的一项经典研究里，向某家咨询公司引入 Lotus Notes。Notes 是一种组件，可支持多种知识管理方式，包括建立便于检索的知识库以及进行在线协作。用户可以轻松地召开会议、建立讨论线程或者构建数据库并将想要与他人分享的特定主题领域的知识归档。麻省理工学院的旺达·奥尔林斯基（Wanda Orlikowski）研究了 Lotus Notes 是如何被引入的，以及为什么该知识管理项目会陷入困境。[119]

上述咨询公司的首席资讯官认为 Lotus Notes 的功能非常好，特别是通过这种软件员工们可以在公司内部分享专业知识。许多员工都迫不及待地尝试它，但是他们却没有接受相应的技术培训。结果，他们以为这是自己已熟知的那些软件的扩展版。一些人认为这是电子表格软件的另一个版本，不过添加了诸如文字处理这样的功能。另一些人则将它视为"大电子邮件"或者"被放置在宇宙中心某处的一个数据库"。显然，使用者头脑中没有能够与组件正确匹配的模型，他们也不能理解组件可能以何种方式提供一些新的途径来提高工作效率。

社会和心理因素阻碍了知识管理和分享项目取得成功，甚至在员工对知识管理和分享工具略有了解的情况下仍旧如此。虽然企业希望员工能够彼此分享专业知识,但是大多数员工并不愿意这样做,因为企业补偿和升迁体系并不会奖励知识分享。正如一位员工所说的:"我试着学习一个新领域的专业知识,这会使我变得更出色。如果我与你共享了这些知识,那么得到回报的就是你而不是我……这是一个竞争异常激烈的环境。"当人们因为拥有了独特且有价值的知识而获得回报时,他们没有理由把这些知识与他人共享。在这些人看来,分享知识只会让他们所掌握的知识贬值而已。虽然高级管理层可能认为知识管理和知识共享对整个企业成功是至关重要的,但是员工们却不是这么看的。

在回报体系建构在个人成就和所拥有的独特知识的环境下,知识"储藏"现象就会出现。它的范围涉及公司上下所有的层次。我记得的一件事可以证明这一点,当我需要在50份印有信笺抬头的信纸上打印信件时,办公室联网打印机纸用光了,但是纸槽里面的打印纸明显是够用的。我把带有抬头的信纸塞进纸槽,之后跑回我的台式电脑点击打印命令。当拿回信纸之后我才发现,内容打在信纸背面了。我把另一叠信纸调过来放进去,之后再跑回自己的台式电脑点击打印。这次倒是打印在正面了,可却是上下颠倒的。打印机管理员走了过来,替我把纸张以正确的方式放了进去。我对他一再表示感激,但还是问他为什么机器上就没有一点标记提示人们塞纸的方向。他说有的,然后从抽屉里面把提示拿了出来。我又问他,为什么他把这个放在抽屉里而不是贴在打印机上呢。他笑了,然后说道:"为了我的职业安全。"

知识管理项目中的另一个心理障碍就是尴尬。多数人不喜欢承认他们不知道某事,许多人也不愿意在有需要的时候开口向别人求助或者寻求专业知识。例如,在一个项目中,为了提高复印机修理人员的工作效率,向他们提供远程访问他们所工作的地方的知识库网站的权限。在试点项目中,向修理人员提供一台笔记本电脑和一个调制解调器,告诉他们不知道如何修理一台复印机时,可以连入知识库寻找所需的内容。遗憾的是,许多修理人员不愿意使用笔记本电脑来查找所需内容,因为他们被认为是专家,从客户所在位置的知识库寻求帮助是件令人尴尬的事。

在试图向某一知识库或知识管理项目提供专业知识的过程中,人们也会面临尴尬的情形。例如,在技术环境下,编程员可能针对一个特定问题提出一个解决方案,但第二天早上却发现了四五条"批评"。另一个编程员希望指出先前编程员所提供的解决方案的不足,或者提供更好的方案以解决同一个问题。在某些情况下,"知识库"成为了一个争论的平台,人们力图贬低他人而炫耀自己,并没有多少真正的知识分享。

知识管理的成本,从每个个体所花费时间的角度看,同样是一个会在早期阻碍知识管理的因素。在一个特定领域内构建一个知识库需要付出时间。知识库项目要求人们加入好的个人观点、最好的实践惯例、吸取的教训以及在一天结束时或某项目结束时的专业意见,这些都会占用每一位员工的工作日以外的时间。从工作场所中的个体角度考虑,提供专业知识的成本超出了他们从数据库中可能发现知识的收益,特别是知识管理项目的早期阶段很难找到合适的知识时更是如此。在成为对多数人有意义的工具之前,知识库需要达到一个临界量(critical mass)。在达到这个量之前,员工们会很理性地认为知识库项目会降低自身工作效率——或许他们会将该项目看成是另一股管理风潮。如果参与知识库构建的过程中,员工得不到鼓励、回报或某种奖励,那么他们就会抵制知识库项目,因为这种项目需要他们付出太多的成本。

知识管理的未来

尽管各种知识管理项目起步艰难且问题繁多,然而大多数企业以及其领导者仍旧相信知识是一种至关重要的资产,必须加以更为有效地管理。[120]技术成熟曲线如此之长,只是部分因为软件和技术手段的不成熟。事实上,大多数用于创造和管理知识的技术工具既非特别复杂精密,也非价格昂贵,它们已经出现在了许多企业中。这些技术工具当然包括万维网,也包括不怎么起眼的搜索引擎和数据库后端。复杂精密的软件工具不一定会导致知识管理的成功,在一些情况下,甚至这些软件工具还可能阻碍成功。

知识管理的成熟周期是如此漫长且令人沮丧,这种情形与社会和心理障碍的联系更为密切,我们需要克服这些社会和心理障碍。此外,一些深深植根于企业内部的组织结构因素——例如现有的薪酬制度——直接阻碍了知识管理项目,因为这些薪酬制度抑制了员工进行知识分享的愿望。要克服知识管理项目的阻碍因素,企业及其领导者面临着进退两难的选择。例如,对薪酬制度进行大范围改革可能会促进知识共享,但也可能会降低工作效率。

无论"知识管理"这个术语是如何被定义的,许多有效的知识管理实践和途径将保留下来,大大促进企业的成功。不过,"知识管理"这个术语使人们正确地注意到了这样的事实:虽然"知识"的内涵难以确定,但是知识是网络核心化工作场所中最重要的资本。

注 释

109. Prusak, L. (2001). Where did knowledge management come from [Electronic version]? *IBM Systems Journal issue* 40(4), 1002—1007.
110. Nonaka, I. (2001). Make the most out of your company's knowledge: A strategic framework. *Long Range Planning*, 34(4), 421—440.
111. Nonaka, I. (1991). The knowledge-creating company. In *Harvard Business Review on Knowledge Management*. Boston, MA: Harvard Business School Publishing.
112. Luan, J. (2002). Data mining and its applications in higher education. *New Directions for Institutional Research*, 113, 17—36. Retrieved March 24, 2003, from Business Premier Database.
113. Ivkovic, S., Yearwood, J., & Stranieri, A. (2002). Discovering interesting association rules in medical databases. *Information & Communication Technology Law*, 11(1), 35—47. Retrieved March 24, 2003, from Business Source Premier Database.
114. Caldwell, F., & Harris, K. (2002). Management update: The 2002 knowledge management hype cycle. *Inside Gartner*, 23 January 2002. Retrieved July 14, 2002, from Gartner Research Service intraWeb.
115. Szulanski, G., & Winter, S. (2002). Getting it right the second time [Elec-

tronic version]. *Harvard Business Review*, 80(1), 62—69.
116. The Slow Elevator, IBM Research Web site. (n. d.). Retrieved July 15, 2002, from http://www.research.ibm.com/knowsoc/stories_elevator.html
117. Bohm, D., Factor, D., & Gartner, P. (1991). Dialogue: A proposal. Retrieved July 15, 2002, from http://www.muc.de/~heuvel/dialogue/dialogue_proposal.html#5
118. Linden, A. (2002). Gartner's 2002 hype cycle for emerging technologies. Gartner Research Service, Note number LE-16-7559. , May 28, 2002. Retrieved July 15, 2002, from Gartner Research Service intraWeb.
119. Orlikowski, W. J. (1992). Learning from Notes: Organizational Issues in Groupware Implementation. Center for Coordination Science Technical Report #134, MIT Sloan School Working Paper #3428—92. Retrieved July 15, 2002, from http://ccs.mit.edu/papers/CCSWP134.html
120. Duffy, J. (2001). Knowledge management finally becomes mainstream. *Information Management Journal*, 35(4), 62—66.

第七章

虚拟团队和计算机支持的协同工作

身在印度的阿米特每天早晨醒来就会立即查看电子邮件。他的收件箱一夜之间便塞满了各种信息、附件和发自马萨诸塞州波士顿同事们的软件编码样本。波士顿方面已经评审了印度团队在新网站方面的工作，并在他们的工作日发来了意见和附加软件编码。波士顿的同事们回家了，但是阿米特与他在印度的同事们根据发来的材料开始了工作。尽管有不少疑问，但是他们只能等到傍晚才能与波士顿的团队联系。下午6：00，波士顿时间早上8：30，两个团队同时上网，查看最新的工作雏形，并通过各自房间里的话筒召开音频会议。他们遇到了一个问题，英国办事处的某人兴许能够解决，于是他们拨通了那位女士办公室的电话。运气不错，此时正是英国的午后，那位女士正在上班，于是他们临时把她接入了音频会议。团队所有成员都点开了一个带有虚拟电子白板功能的网站，这样他们可以在举行音频讨论的同时写写画画了。印度时间晚上8：00，阿米特和同事们已是饥肠辘辘。团队关闭了电子白板会议，在各自的电脑上保存图像留作参考，随后互道"晚安"、"早安"或是"全天好！"，并对全球虚拟团队中这种怪异的工作方式报以一笑。

团队协作已经成为工作场所日益重要的一大特色，特别是新的、更为平行的企业组织形式已经出现。有特殊专长的人需要在项目间顺畅流转，同时针对每一个独特的项目，管理者都需要具备相当大的灵活性，从而聚集最好的智囊。一名具有某一特定领域知识的员工也许会被安排参

第七章　虚拟团队和计算机支持的协同工作

与各种委员会、项目团队、攻关小组。一些安排是永久的，其他则是短期的，只持续到项目的结束。

有关群体工作和团队协作的研究已经开展几十年了，对于人们受命共同地完成一项任务，提出一个解决方案，或者做出某项决策时会发生哪些状况，我们有了深入的了解。问题——通常还有答案——都非常有吸引力，而且有助于理解工作场所中的行为动力学。试想一下当一个工作组被指派去改进工作场所中的一些流程时会发生什么。工作组能够比个人提出一项更好的解决方案吗？以招聘委员会形式出现的团队能够比个体做出更好的雇佣决定吗？团队成员的构成如何对团队绩效和凝聚力产生影响？当企业内不同级别的个人被安置在同一个团队时，他们能够做出同等的贡献吗？地位较高的成员能否左右决策的制定？团队内部正反两方的关系如何对团队绩效产生影响？作为一个整体，只有团队成员需要相互喜欢才能做好一项工作吗？

团队协作的技术支持

有关团队协作的多数研究所关注的问题是：当成员被安排到一起工作时，即在同一个房间或是很近的距离内工作时，他们会如何运作。他们面对面地开展工作，所有的肢体语言、面部表情和言语交谈都是团队工作环境中的一部分。大部分研究除黑板、铅笔和活动挂图外，很少涉及技术。尽管信息技术正迅速地遍及组织内部，并且有效地应用于一些环境之中，但是有关团队如何从这些新技术中获益的研究却为数不多。相反，研究者们关注的是图 7.1 中的内圈，并且找到了许多改进个人工作绩效的方法，例如，改进人—机界面。研究人员同时强调外圈部分——组织层面，以期了解一个完整的组织如何适应新的技术。

```
        组织范围
      小团队
    个体
```

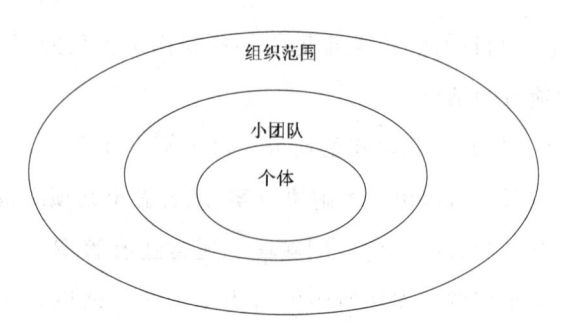

图 7.1　在一个组织的不同层面应用新技术

尽管一个组织中大量的工作都与团队有关,然而图 7.1 的中圈部分却很少受到关注。是否存在一些新兴技术的革新应用手段,能够帮助人们提高在小团队中工作时的绩效?组织中的团队协作通常是一件喜忧参半的事情,有时会带来更好的绩效,有时却令结果变得更糟。社会和心理因素至关重要,尽管目前尚不完全清楚技术怎样才能起到辅助作用,但是团队协作却是前景乐观且大有希望的。

各学科领域,如商学、心理学、通信、信息科学和计算机科学,都在试图弄清楚技术如何才能为团队工作提供最佳支持。于是,**计算机支持的协同工作**(CSCW)领域出现了,同时许多跨学科的研究项目也启动了。研究者开始分析各种技术对团队协作的影响,通常的做法是将基于计算机支持的团队行为与传统的面对面的团队行为进行比较,传统团队都是在同一房间内工作,且没有先进的设备。研究者力争将人们实际共同工作的方式考虑进来,开始积极地为各种团队设计并测试新的技术工具。**计算机支持的协同工作**这一领域不仅吸引了来自学术界的研究者,而且还吸引了来自公司实验研究室、软件开发公司以及政府机关的人员。

如今,只要地处世界各地的成员均能登录互联网,"虚拟工作团队"就能马上组建起来,因此,公司网络以及互联网为研究计算机支持的团队协作扩展了崭新而重要的范围。起初,人们使用的主要是电子邮件,但之后便开始应用更为复杂的包含更多功能的工具,例如基于网络的电子白板和通过网络的电脑视频会议。这些新技术有望令全球化团队摆脱地域的

第七章 虚拟团队和计算机支持的协同工作

束缚。但是正如你将会看到的，结果并非完全如此。

扩展团队协作圈的半径

在大多数企业内部，小团队的工作通常是由相互邻近的人们完成的。例如，在指定一个攻关小组时，管理者会优先选取在同一部门工作的人员，或是邀请处于同一地理位置、最好是同一座大楼内不同部门的员工。即使是在同一城市另一端工作的分支机构员工都可能不在考虑范围之内，原因仅仅是因为他们可能不方便过来参会，以及很难临时集合全体小组成员。

对工作场所中自愿参与协作的各项研究也强调了物理距离的关键性，物理距离限制了人们进行协作的意愿。企业内绝大多数协作都发生在相距 50 英尺以内的员工之间。这一**协作半径**支持办公室饮水间中那种非正式的知识共享与头脑风暴，它们特别有助于提高团队的工作绩效。能够在办公室内相互碰面，或是有很多机会坐在同一张桌上共进午餐的人们，更有可能谈论自己的工作并彼此协作。[121]

办公室空间设计师们提供了一些能够扩大协作圈半径的策略，例如开放式的座椅，随手可得的团队临时会议室，以及公司园区内连接各个大楼的宽敞公共空间。一些策略也能有助于半径内的协作，尽管半径本身没有增加。"作战室"就是一个例子，员工们在里面长期密切合作，为某一个协作项目而奋斗。一些空间更大的"作战室"，为个人工作设置了"洞穴"，为团队工作设置了"公共空间"，此外还装配了带有电脑大屏幕、电子白板、视频会议功能以及很多其他技术的辅助设备。当个人成为团队的一员，他们的工作紧密结合并相互依赖时，上述极致的搭配会非常有效。例如，控制塔必须支持具有高度协作性的依赖于技术的工作，因此航空交管人员被安排在同一房间内一起工作，员工之间能够很容易地进行视觉和听觉的沟通。许多软件开发项目也利用"作战室"策略来配置团队成员,特别是在开发项目涉及高度敏感或机密信息的情况下。

然而,从企业灵活性和适应性的角度来看,要实现有效的团队协作,凭借通常的协作圈半径存在着巨大的缺陷。即使是中小企业,在与世界各地的客户和供应商打交道时也受到了来自全球化的压力。为了更加贴近所需的合作伙伴,企业的员工被派往世界各地。如果有效的团队协作能够在虚拟环境中实现,人们无须聚到一处便可按需参与,那么企业将摆脱很大的束缚。

以达娜为例,她是波士顿一家网络开发公司的软件开发工程师,该公司在波士顿、旧金山、温哥华、悉尼和新加坡均设有办事处。达娜在电子商务支付通路和用于在线交易的购物车方面拥有专业的知识。凭借电脑和基于互联网的协作技术,她能够向正在为客户建立网站的几支团队提供专业建议。她不需要出差,因而公司节省了大笔的差旅费用。她能够同时兼顾多个团队,时间或长或短。此外,她还可以成为一种专业资源,虽然不是某一团队的正式成员,但当该团队要讨论在消费者网站添加"现在购买"键时便可以招其加入。

从公司的角度来看,能够创建不受地理距离限制的虚拟团队,会使公司摆脱很多束缚。如果专家们为了参与需要自己的项目而不得不在世界各地往返奔波的话,那么我在上一章所讨论的用于知识管理的专家数据库将变得毫无意义。如果企业能够创建虚拟团队,当它们发展并向世界各地拓展业务时,就无需在每个地方都发展专家队伍了。

从达娜的角度来看,虚拟团队协作同样很有意义。她不必因为出差而离开波士顿的家,或者在外出时请保姆来照看孩子们。在孩子们生病时,她可以安心地待在家中与他们在一起,并通过联网的家庭办公室继续自己的团队协作。她甚至能够选择成为一名远程上班族,一周在家待上两三天,免去舟车劳顿之苦。

从社会的角度来看,虚拟团队协作也有不少优点。它有助于减少交通拥堵,以及降低用于道路建设、公共运输和支持高密度人口所需的其他设施的费用。如果一定比例的人不必每天开车去人口中心区上班,停车

第七章 虚拟团队和计算机支持的协同工作

场就会有空地,污染也会减少。

从表面上看,虚拟团队协作有许多优点,而且一些分析人士预测,包含虚拟团队的分布式工作安排将成为新千年前十年的一大趋势。[122]甚至在"群组软件"产品仍然存在漏洞,并且尚未证实这种产品能否作为支持团队协作工具的情况下,软件卖家就已经能够将这些昂贵的"群组软件"推销给公司的执行官了。但是虚拟团队的绩效与在同一地点工作的团队的绩效一样吗?虚拟团队在某些项目中更为有效,而在另一些项目中却更加糟糕吗?为了回答这些问题,让我们首先看一看每种团队所处环境的特点,尤其是在通信领域和信息获取领域。

团队协作的环境

人们一直关注团队协作的过程和结果,例如团队讨论的类型或者最终做出的决策,但是没有关注团队协作的环境。实际上,面对面团队与虚拟团队之间的最为重要的差别之一就是体现在环境上。

面对面的环境

在同一房间内,当人们想要完成一项任务,做出一个决定,找出一个解决方案,或是进行某些活动时,他们拥有丰富而复杂的各类感官线索。他们能够看到房间中的每一个人,如果没能一下子看到所有人,那么环视一下四周即可。大家的面部神情、姿态、体型相貌、声音腔调和说话节奏都清楚地展现在房间里的每一个人面前。同时房间里还有团队成员的其他感官线索,包括身体的气味以及轻拍后背的赞许。正如我在上一章所讨论的,面对面环境的媒介丰富性很高,因为从各个感官渠道传来的信息可以时刻进行交换。对于那些含混的表达,面对面的媒介有助于快速的澄清。当某人所讲的内容不能被他人领悟时,睁大眼睛或是紧锁眉头的反馈将瞬时激发进一步的解释说明。

183

每个人的社会呈现度也很高。在面对面的环境中,所有非言语的线索都十分明显,人们通过非言语线索彼此形成印象。身份线索显而易见,行为模式也能被迅速感知。社会呈现度高意味着人们在公开场合的自我意识更高,他们知道其他人在该环境下能够感知并判断自己发出的所有线索,无论线索是言语还是非言语的。甚至仅仅是其他人的出现也是环境的一个重要方面。有其他人在场,就会增强人们对工作任务的关注,或者至少促使人们表现出关注的样子。暴露使团队成员对彼此的特质更加熟悉,而心理学的经典研究表明,熟悉通常会导致喜欢。

在同一房间内,人们也会共享周围的物件,例如白板上的图表,桌上摆放的文件,一台电脑大屏幕或是一个他们正在设计的新面包烤箱的雏形。他们能够指点着谈论一个物件,拿起它或是移动它的部件来演示它的工作原理。在谈话时,人们不必用言语完整地描述,因为可以通过手势来指点,或者在其他人不太明白的时候做出进一步解释说明。试想在一次会议中,一支由美术设计者、电脑程序员和数学家组成的团队正在共同制作一款基于冒险游戏的数学软件。屏幕截图的样本制图摊在圆桌上,电脑大屏幕正在展示运行中的程序。

何塞:你为什么把它放在这儿?(敲打着桌上纸版打印稿的"提交"按钮图像)

玛丽:你是说这个?(指着屏幕,并用鼠标接触着"提交"按钮)

达伦:这儿,它就像这样工作。(点击鼠标键,工作雏形给出了反馈)

何塞:好的,但是……(用双手比划着,建议"提交"按钮应该更大些)

在会议的这一部分没有太多的语言交流,但是,由于团队成员间的搭配及其物件的搭配,大量的信息得到了交换。成员通过手势以及"这个"、"那个"一类的词语便能相当迅速地达到彼此理解,从而在各种交流方式间进行流畅转换。

虚拟团队的环境

虚拟团队所处环境各式各样,但是毫无疑问它们与面对面的团队所处的环境存在很大差异。虚拟团队可能会使用同步协作技术,例如在线聊天系统、视频音频会议、互动电子白板,或是上述协作技术的组合。这些技术可能拥有基于团队的"意识"功能,可以让所有成员都能知道某一名团队成员能否联系得上。同步工具还可能包括团队决策支持系统(GDSS),该系统支持团队成员进行头脑风暴会议,在屏幕上将成员们的观点加以重新组合以形成连贯的模式或类别,对各种问题进行投票并马上列表显示结果,或者按优先度整体排序。虚拟团队环境下也会采用非同步工具,包括合作创建的网站,这些网站包含项目所需的物件、非同步讨论板以及人们最喜欢的东西——电子邮件。尽管团队成员没有被安排在一起工作,但他们可以借助许多其他工具来彼此协作。

然而,对于虚拟团队的成员来说,主要的工作环境不是会议室而是各自独立的办公室、格子间以及台式电脑。绝大部分时间里,他们的手放在键盘上,眼睛注视着电脑显示器,而非扫视其他团队成员或物件。显示器的尺寸确实增大了,但是它们与一个塞满了同事、书写白板和电脑图像投影的房间比起来还是小多了。对于虚拟团队的成员来说,大量的团队互动协作是通过这块窄小"舷窗"进行的。

团队成员的背景所形成的环境

邻近的事物对团队成员而言是环境的组成部分,但是环境的构成同时也受到某些背景因素的影响,例如成员过去是否共同工作过或者他们是否期望长期的工作关系。这些背景因素不但影响着团队成员间的关系和团队的凝聚力,而且还影响着团队成员完成各自工作的动机水平。

至少在信任和关系链的发展方面,这些背景因素使得在一起工作的团队具备了另一种优势。因为团队成员来自同一个地区,甚至是同一座大楼,他们过去很可能曾经共事,并且希望将来也在一起工作。正是因为相隔不远,他们可以更加轻松地在正式会议内外交流。人们更容易探头到邻近的格子间向同事问一个简单的问题并立即得到答复。在连续体的另一端是全新的全球虚拟团队,其成员来自不同的国家、从未谋面、从前未曾在一起工作过,而且也不期望再次合作。会议安排总是非常正式,也许会通过视频会议、音频会议或者网络互动。会议中的多数交流是电子化的,而且常常是非同步的。

尽管在基于成员背景的环境方面,虚拟团队存在着潜在的劣势,但是虚拟团队依然具有很大的优势,而且还在不断增多。与在同一地点工作的团队相比,虚拟团队如何开展工作?在同一房间内一起工作的小组也存在自己的问题,特别是与团队动力学相关的问题,它们有时会影响团队绩效并阻碍团队能力的充分发挥。实际上,虚拟团队可能会使团队绩效出现某些类型的改善,至少在一些情况下如此。面对面的工作团队未必总是团队协作的"黄金标准"。然而,在虚拟团队中,媒介丰富性和社会呈现度会降低,这一点是不容忽视的。让我们接下来看一看面对面团队和虚拟团队的团队动力学,特别是用以构建互信的团队动力学。

虚拟团队的团队动力学

从原则上讲,出于各种原因人们期望团队比个人更好地完成某些任务。最重要的或许是,团队中的每一个人都能提供自己的专长和经验。所有成员都能以其自有的方式看待问题,并提供具有创造性的见解和设想,而这一切是个体单独工作时无法做到的。一支团队能够分解完成复杂任务的责任,协调成员的工作,并向着共同的目标快速前进。至少理论上是这样的。

在实践中,工作团队的社会和心理因素的动力学能够对团队的决策质量和工作效率产生巨大影响。有时,团队会完全破裂,成员流失或愤然离去。有时,团队完成的工作会存在缺陷,而单个人也许能以低得多的成本更好地完成该项工作。导致团队绩效优劣的因素通常与同样的环境因素相联系,这些环境因素将面对面团队和虚拟团队区分开来。信任的构

第七章 虚拟团队和计算机支持的协同工作

建便是一例。

发展关系和构建信任

团队协作成功的一个关键因素是彼此信任。当工作被分派，项目的成功有赖于所有成员在适当的时间做出适当的贡献时，信任必不可少。对于在同一地点工作的团队，成员们有很多机会来构建彼此间的信任，既可以在工作之中又可以在工作之外。萨姆的轿车电瓶没电了，隔壁办公室的莫尼卡通过自己的轿车为萨姆的轿车引擎提供电能。莫尼卡在单位的时候学校来电话说她的儿子有出水痘的迹象，应该马上接走。萨姆自愿帮助莫尼卡完成需要在上午提交的本月销售交易统计分析报告。当萨姆和莫尼卡被安排到同一个团队时，他们已经做到彼此信任了。

曾在伦敦商学院任教的查尔斯·汉迪认为，在信息时代，企业要获得成功，需要员工间的信任，而"信任需要通过接触来构建"。[123]矛盾的是，一个企业越是"虚拟"，就越是需要将人们聚在一起参加集会、野餐、会议或者其他团队活动，这样员工才能发展相互间的关系并建立像萨姆和莫尼卡之间那样的信任。

针对虚拟团队的信任所进行的研究趋向于支持汉迪的观点，尽管可能存在一些途径有助于虚拟团队环境中信任的形成。位于奥斯汀的得克萨斯州大学的西尔卡·耶尔文佩与其在欧洲商学院（INSEAD）的同事多萝西·E. 雷德纳共同对由各国学生组成的全球虚拟团队中信任的形成进行了探究。[124]来自二十八所大学的三百五十名研究生参与了这个项目，每个学生被安排到一个小的团队，团队中的所有成员都来自不同的国家。学生们参与和完成团队项目的动机是为了取得优异的课程成绩，不过研究者也承诺给予表现最好的团队 600 美元的奖金，并对他们的项目进行推广宣传。

每支团队都被布置了必做任务和选做任务，其中的课程项目要求团队开发一个网站以便为信息系统从业者提供一项全新的服务。团队成员可以通过电子邮件交流，同时还可以访问一家项目网站，该网站拥有一个面向所有团队的中央信息库。研究者收集了团队成员间的所有电子邮件,并且还要求参与者在项目初期和结束后分别完成一项调查。该调查旨在测量参与者的互信水平,调查包括的项目例如"如果以我的方式,我不会让其他团队的成员在一些对这个项目很重要的问题上产生任何影响"以及"我信赖我们工作团队里的那些人。"

各个团队在信任水平与交流本质上大相径庭。结束项目时信任水平低的团队,其交流通常是不可预测且不确定的,很少有人采取任何主动的方式引领团队向共同的方向前进。在自己团队的其他成员沉默了相当长的一段时间后,一位团队成员写道,"除了詹姆斯以外,剩下的团队成员都怎么了?"另一位团队成员则发了个消息,"我有点困惑……我不知道自己能发挥什么作用。"低信任团队的参与者通常不愿意表现出自己的可靠性。有人说,"我认为(不是承诺),我能在下周早些时候完成这一页(至少是个框架)。"此类言论不能令团队成员相信你是可靠的,不能令他们相信你会承担属于自己的工作量。

一些团队确实显示出更高水平的信任,他们的交流信息与低信任水平的团体相比常常是不同的。他们更有可能热情地投入到交流媒介之中,欣然接受其他团队成员,向团队的其他成员介绍自己,并且积极分派角色或是自愿承担责任。他们还更有可能更快地对他人做出回应,而且回应的内容更有实质性意义。高信任水平的团队能够迅速对他人的贡献和工作成果做出反应,但是未能形成或维持信任的团队却做不到这一点。一名团队成员所在的团队在开始时还有较高的信任水平,然而,信任随着项目的开展逐渐丧失了,该成员失望地抱怨自己的贡献几乎没有得到团队其他成员的反馈。他说:"我只能靠我自己的创造力了,因为我没有获得任何真正的评价意见。"

耶尔文佩和雷德纳认为,在这些全球虚拟团队中能够建立起信任,但这种信任与在同一地点工作的团队内部牢固的关系链不是一回事。虚拟团队中的信任是一种"迅速的信任",这种信任更具有任务导向性,而且更加以行动为基础。这种信任是脆弱的、暂时的,而且如果出现技术问题、发生沟通中断或者一些成员保持沉默,这种信任就很容易丧失。

社会两难情境中的信任、合作和冲突

有关社会两难情境的研究也显示了在虚拟团队中建立信任有多么困难。在社会两难情境中,团队成员的个人利益与团队的整体利益是相互冲突的。一些两难状况会被"攻破",如果团队成员选择信任彼此并进行合作。但是团队中只要有一个叛徒便足以破坏合作,并且将团队推向竞争的行为。许多两难情境,如"囚徒的两难困境",已经被设计为实验研究,实验中采用各种收益矩阵来制造个人和团队回报间不同的平衡。这些两难情境已经成为研究小团队内合作与冲突模式的主要流行范式,因为采用这些两难情境,可以更为容易地量化这个难以捉摸的心理变量——信任。

密歇根大学电子工作合作研究实验室的埃莱娜·罗科(Elena Rocco)通过一种社会两难情境将团队在面对面工作时所能达到的合作和信任水平与使用电子交流在虚拟环境中工作时的状况进行了对比评价。[125] 这一两难情境涉及市场投资,每六名成员组成一支团队,实验共有二十八轮,所有人在每一轮实验开始时都会得到 13 个代币。个人能够随心所欲地投资,每轮结束时的个人收益为团队收益的一部分且与个人的投资成一定的比例。就个人而言,投资越多赚的也就越多,但是收益矩阵设了一个圈套。在达到一定收益水平之后,团队总投资越大,团队的总收益越低。这意味着,相互合作且自愿将投资控制在一定限度的团队将会赚得最多。然而,如果其他所有成员都在合作,出现一个叛徒就能卷走大量的收益,相互信任的合作成员将遭受重大损失。每一轮结束后参与者都会收到一份报告,这份报告会显示他们过去的投资和收益记录以及上一轮的总投资量。报告并不显示每个人已经投资了多少,因此即使出现叛徒,其身份也不会暴露。团队成员在第十,第十五和第二十轮后可以在一起讨论这一两难情境。交流期间,一些团队采用面对面的方式,而其他一些则通过电子化的非匿名方式。

实验结果显示，两种类型的团队中的合作有着明显的差异。在第一次交流会后(第十轮)，面对面团队马上意识到他们需要合作，并很快形成了一个没有叛徒的稳定投资模式。起初，他们合作的策略未必能够实现团队收益的最大化，但是在研究结束时一些团队实现了收益最大化——他们都是通过合作实现的。

然而，电子化交流团队中显示出更多的个人主义行为，以及更少的合作行为。在交流期间，大多数团队试图就如何基于集体策略进行合作达成一致协议。在每次达成一致协议后，团队成员会在短时期内尝试合作，但是协议很快便被忽略了。每个团队中都有一些人选择机会主义，他们背叛协议进行大量的投资，这对那些遵守协议的成员是非常不利的。在第一次背叛后，所有成员又回到了个人主义的选择上。在交流时期，团队成员的言语中充满了强烈的责备、失望和不信任。电子化交流团队未能达成合作策略，这充分显示了在缺少接触的条件下建立信任有多么困难。

大多数团队既不是上述研究中那种完全虚拟的团队，也不是完全处于面对面环境中的团队。也许预先建立一些面对面的关系有助于之后仅进行电子交流的团队更容易在两难情境中合作。为了验证这个假设，罗科在同一种社会两难情境中添加了另一个条件，即电子交流的团队在实验前一天可以会面。他们实验前见面的目的在于激发社会化和协作，这样在第二天他们可能就会拥有一些彼此信任的个人基础。在这个两难情境的实验中，每个团队要与其他团队竞争，在四十五分钟的时间内搭建一座最好的纸质宝塔。

尽管参加社会两难情境实验前见过面的团队在达成并遵守协议方面仍然存在一些困难，但这些团队的绩效远远好于那些只采用电子化交流但从未见面的团队。在第十轮交流时段后，合作呈现出先增加后逐渐减少的趋势。根据对信息的分析，显然团队成员希望合作，但却不清楚他们已就哪一体系达成了协议。虚拟环境抑制了理解，但是某些信任已经在实验前的会面中建立，因而他们在下一个交流时段可以解决这些问题。

第七章 虚拟团队和计算机支持的协同工作

到第二十八轮结束时,这些团队的绩效和面对面团队的绩效一样好。

视频会议能取代现实接触吗?

为什么信任在面对面交流时如此快速地出现,但在虚拟团队使用电子交流时却又是如此脆弱,如此难以建立? 如果信任真的需要现实接触,而且团队需要信任才能实现有效运转,那么企业就必须对广泛地设立虚拟团队重新考虑。企业可能需要增加差旅费的预算,以确保团队成员在项目开始前至少有一次相互见面的机会。

然而,当前技术所支持的交流方式的媒介丰富性和社会呈现度都要高于缺乏合作和存在叛变成员的团队所使用的基于文本的交流方式。也许面对面交流的一些优势能够通过增加带宽得以实现。在对埃莱娜·罗科的一项跟踪研究中,密歇根大学电子工作合作研究实验室的纳坦·博斯和同事们试图确定视频或音频会议能否有助于虚拟团队中信任的构建。[126]他们组织了 45 支团队,每个团队由三人组成,他们将这些团队分派到面对面交流、视频会议、音频会议和文本聊天这四种交流媒介中。所有团队都参与"当日买卖投机者"的游戏,这是另一个社会两难情境,玩家在每一轮游戏的开始会得到 30 个代币,并且必须决定是进行个人投资还是跟随团队共同投资。鉴于经济波动,个人投资的收益保障是投资额的两倍——还算不错。团队投资方式是将资金聚集一处,数目为个人投资的**三倍**。投资收益随后由三名团队成员均分。同所有社会两难情境一样,这种两难情境也存在出现背叛的风险。集体行动,则团队能够将其收益最大化。如果有叛徒欺骗团队成员而独自行动便可以获得更高的收益,但是却会损害其他成员的利益。在该研究中,团队在每轮结束后的收益以及 30 轮结束后的所有收益被视为量化团队成员合作的指标。每隔五轮,团队会通过之前安排好的交流媒介参与讨论并制定策略。

不出所料,面对面团队在游戏初期便达到了高水平的合作,使用文本聊天的团队在全部 30 轮中合作水平最低。使用视频会议的团队也可达到高水平的合作,但是与面对面团队相比,达到高水平的合作需要更长的时间。尽管如此,这个发现预示着,对于虚拟团队而言,这种高带宽媒介能够成为面对面交流的一种替代媒介。"见面时间"似乎是接触的重要成分之一,这是可以通过网络实现的。

与文本聊天的团队相比,音频会议团队也能够实现较高水平的合作,但是他们的合作模式非常不稳定。每次音频会议过后,团队合作水平起初都会提升并且团队成员也会坚守达成的协议。但是,随后背叛行为便开始出现。每次交流过后,这一周期不断自我循环。仅仅采用音频交流难以提供足够的媒介丰富性,因此音频交流不足以传递构建信任所需要的种种线索。

每隔五轮,研究者会为在前五轮收入最多的团队成员提供一份90代币的额外奖励,多数成员会在游戏的尾声表现出合作的下降,这看上去就像是"叛徒最后的冲刺"。成员想赢得个人的额外奖励,因此他们决定放弃合作与良好意愿——特别是因为没人会在最后一轮结束后进行报复。这个现象在所有未曾谋面的团队中更为显著,这表明无论发展了怎样的信任都更像是我先前讨论过的,在学生全球虚拟团队中出现的那种以任务为导向的、脆弱的"快速"信任。面对面讨论中形成的关系链更为牢靠、更禁得住在游戏结束时背叛的诱惑。因此,对虚拟团队而言,视频会议中的会面时间似乎是构建信任和促进合作的最佳方式,但是在会面时间里团队成员之间仍然是缺乏接触的。

问题解决与决策的团队动力学

团队的一项重要功能就是考察问题、提出想法以及解决问题的备选方案,分析、斟酌备选方案,并制定出最佳的行动决策。许多人认为,在这个流程中团队会比个人表现得更好、更公平也更全面。我们信赖十二人的陪审团,相信他们在审讯中对证据的评价以及对被告命运的判决。在工作场所我们更喜欢安排一个委员会来处理复杂的问题、给

第七章 虚拟团队和计算机支持的协同工作

出一套备选的方案。负责做出决策的委员会几乎存在于所有企业,因为大多数人认为委员会的解决方案质量更高。这些团队在员工们中更具说服力。

然而,团队在问题解决和决策方面也存在一些缺陷。由于团队动力学的影响,团队所做出的决策不可能总是最佳的。众所周知,身份地位最高的人,即便不是知识最渊博的人,通常仍是最具影响力的人。团队讨论也会导致态度和意见的**两极分化**。如果某位成员对一个主题持有特定的观点,而他和其他持有相同观点的成员进行讨论时,团队讨论的结果往往会倾向于支持那些先前已经存在的观点。在讨论中,成员会避免提出更为平衡的观点。他们常常不去权衡各种观点的利弊,而是通过支持他人最初的观点来强化彼此的观点。

对**风险转移**(risky shift)现象的早期研究显示了两极分化是如何体现在团队中的。大多数人希望团队能够比个人更保守,大概是由于团队内成员会持有不同的观点,从而最终决策会更为折中。然而研究显示,在许多情况下团队比个人更乐于冒险,甚至比成员的普遍观点更冒险。这一过程在一项有关建议的研究中最先体现出来,在研究中,团队和个人要为一个虚构的人物——"海伦"提出建议。海伦是一位作家,她正在考虑是否应该从目前收入丰厚但落入俗套的西部小说家转型为撰写严肃文学小说的作家。在做出风险权衡时,与个人相比,团队提出的建议更为冒进。团队更愿意说:"去做吧!"[127]

团队思考(groupthink)现象也会阻碍团队解决问题和制定决策,它表现出的是一种极度的两极分化。如果一支凝聚力很强的团队变得渴望寻求一致与共识,个人是极不愿意提出反对意见的。团队再也不能纵观全局地考虑各种备选方案,其成员也不能做到冷静而不带感情色彩地对决策或备选行动方案的利弊做出评价。

当虚拟团队试图提出备选方案并就其做出决策时,他们会同样易受影响吗?在某些情况下,虚拟的团队合作确实促进了团队解决问题和制定决策。而在另一些情况下,媒介丰富性的降低和社会呈现度的下降甚至会更加阻碍团队。让我们先看一下头脑风暴。

团队头脑风暴

1950年代，亚历克斯·奥斯本出版了一本有关激发创造力的书，并冠以一个诱人的书名《应用型想象力》（Applied Imagination）。书中的一个建议是通过采用一套系统的方法来增强团队头脑风暴的效果。团队成员聚在同一房间内，并被安排就某一特定的主题想出尽可能多的观点，但是不能批评或评价别人的观点。人们能够改进或组合这些观点，但是不能推翻它们，其目的是创建一个支持性的团队，在团队中即便是最诡异的观点也能够得到自由表达。这样一来便降低了人们在团队环境中提出革新性观点时对受到他人评价的担心。

虽然上述方法激发出很多热情，然而随后的研究显示，它的效果并不太好。尽管头脑风暴团队要比个人迸发出更多的想法，但是它的有效性不如讨论同一主题的"名义"团队，也就是说，六个人在彼此独立的环境中所提出的想法的总数远比待在同一房间内的六个人所能提出的想法多得多。出于一些原因，面对面的环境实质上妨碍了原创想法的有效产生，其中之一被称为**产出阻滞**（production blocking）。首先，一次只能有一个人讲话，其他人则需要聆听，这意味着房间内的每一个人只有很少的时间去独自思考自己的想法。听别人讲话时的等待时间还引发了包括遗忘在内的一些其他问题，脑子里有了想法的听众也许会在听别人讲话时忘掉自己的想法。面对面头脑风暴不太有效的另一个原因在于**滥竽充数**（social loafing）现象的存在。当几个人共同完成一项任务时，每个人都不太会尽职尽责。某些人会游手好闲袖手旁观，因为即使他们认真参与了也不会得到赞扬。

如果团队使用群组软件，那么妨碍面对面头脑风暴的那些问题将大大减少。这种软件让成员既独立又同步地工作，成员在键盘上输入想法的同时也能在词条滚过时看到所有人正在输入的内容。这种方法能够减少面对面头脑风暴中常见的产出阻滞。英国哥伦比亚大学的伊扎克·邦巴萨和新加坡国立大学的约翰·林对电子化头脑风暴团队和面对面头脑风暴团队的产出进行了比较,发现事实确实如此。[128]总的来说,针对讨论的主题,采用群组软件的团队比在面对面环境下的团队产出了更多的想法。

上述研究结果对虚拟团队和支持虚拟团队的头脑风暴软件来说似乎是个好消息,不过最近更多的研究表明,如果不考虑数量,至少在所产生的想法的质量方面,名义团队能做得很好,甚至比使用头脑风暴软件的团队更好。蒙特利尔高等商学院的亨利·巴尔基和麦吉尔大学的阿兰·平松内奥尔特开展了一项针对几种不同情况下团队头脑风暴的复杂研究。[129]一些团队成员进行言语的头脑风暴(以面对面的方式),而其他名义团队的成员却彼此不能见面或交流。有两组团队使用电子头脑风暴软件:一组是匿名的,另一组是非匿名的。各团队被要求就多个敏感话题提出尽可能多的原创想法,话题各式各样,包括"如何能够减少艾滋病(AIDS)的传播?"以及"如何改善蒙特利尔的旅游业?"

如果根据想法的质量而非数量来衡量头脑风暴会议的效果,名义团队比两组电子团队效果更好,而且比面对面团队效果要好得多。采用软件的匿名团队稍好于采用软件的非匿名团队。尽管研究者尝试着为使用软件的团队引入可能促进头脑风暴会议的因素,例如主题的敏感度,但是这些因素对团队没有产生任何影响。显然,电子化的头脑风暴团队优于面对面的头脑风暴团队,但是不一定优于名义团队,在名义团队中各成员都在独立思考同一问题,没有受到任何干扰、打断或是因其他人的喋喋不休而分心。

目前还不清楚为什么名义团队能够比电子化团队产出更高质量的想法。也许名义团队的成员有更多的时间进行思考并拓展自己的想法,丰富细节并权衡利弊。他们不必盯着公用的屏幕去看每个人都在写着什么,也不必设法改变自己的想法跟着人家的创造性想法走。此外,名义团队的成员不太可能出现滥竽充数,因为出于责任他们必须提出自己的想法。

175 　　尽管研究早已证明,针对相同的需要创造性的任务,面对面团队的绩效不如名义团队,但是很多企业仍在继续使用面对面形式的团队头脑风暴。伦敦大学学院的艾德里安·弗恩汉姆提出,一个关键的原因在于对于复杂的企业难题,团队头脑风暴有助于创造出有说服力的、易被接受的解决方案。[130]虽然头脑风暴软件确实扫除了一些通往成功的障碍,然而如果唯一的目标只是创造许多高质量的想法,软件本身可能就不那么重要了。说服力和可接受性对于虚拟团队来说更为重要,尤其是对于激发信任,因此企业可能更看重那些团队的电子头脑风暴。很显然无论是什么情况,将技术解决方案应用到团队工作中都不是件简单的事情。对于计算机支持协同工作内部纷繁复杂的事物,我们还有很多需要学习的地方。

团队参与和影响中的不均等性

　　参与的不均等性是团队社会动力学所引发的更为负面的结果之一。当一个团队的成员们试图解决某一问题并做出某一决策时,有些人会比其他人更具影响力。在一个面对面环境中,他们不均等的影响力可能源自于外表、性别、体重、种族、年龄或其他特征,这些特征会在很大程度上影响他们留给别人的印象。从社会认知的角度来说,人们在初次见面时通常根据外表线索非常迅速地形成印象。个子高、长得好看的人甚至在他们开口说话之前就会受到青睐。对他人的这种第一印象会影响人们如何接受每个人的建议,也会影响每个人影响力的大小。

　　从信任的角度来说,团队成员都在场似乎是一种优势,但是它在团队工作其他一些方面的效果却不太一致。例如,计算机介导交流的早期研究表明,仅采用电子交流的团队中,成员地位可能会表现得更为均等。比起面对面的环境,社会地位较低的人通过电子方式可能会发表更多的言

176 论,对讨论做出更大的贡献。萨拉·基斯勒和她的同事就这一问题开展了一些探索性研究。[131]他们发现,由三人组成的团队想要做出某些决策,通常会由一个人主导讨论。然而,当他们在线交流的时候,成员参与的几率会更加均等。

第七章 虚拟团队和计算机支持的协同工作

虽然虚拟团队能够从这种地位均等现象中获益,但是他们仍然难免受到影响。例如,如果团队使用有助于建立互信的视频会议,尽管方式迥然不同,但是团队其他成员的外表还是会对团队动力学产生影响。试想一下小会议室里远程团队的成员们展现在电视屏幕上的外表。你能够看到自己虚拟团队中的队友们,由于只有一台摄像机,所以你一下就能看到所有人,他们都围坐在会议桌前。每个人(特别是离摄像机最远的人)都显得非常小。图像实在太小了,因而你很难看清谁正在讲话,而且他们留给你的印象会与他们和你同在一个房间时留下的印象大相径庭。视频接触也许有助于促进信任的发展,但是你对那些远程同事形成的印象却会有所不同。

电脑视频会议中你能看到交流同伴更大些的头像,这也会引发印象形成中一些有趣的细微差别。例如,摄像机的角度会影响人们留给别人的印象,产生偏见并干扰团队讨论。在密歇根大学从事电子工作合作研究的黄伟、朱迪思·S. 奥尔森和加里·M. 奥尔森对摄像机的角度进行了实验研究,角度变换会使摄像机前的人们在传送接收端显得特矮或特高。[132]研究者随机安排两名被试中的一人位于"高个子"的视角下,摄像机的位置远远低于该被试眼睛的水平线。同时,运用摄像机从上向下拍摄让另一个人在屏幕上看起来是"矮个子"。在视频会议开始前,每个研究被试都完成了一项北极生存任务,在该任务中,被试设想飞机紧急迫降到一个极为寒冷且与世隔绝的地方,要求被试对保留各种不同物品的重要性进行排序。之后每对被试通过电脑视频会议链接讨论这个问题,并就此达成一个两人共同的结论。在实验中,测量影响力的指标就是两人的共同排序结果和每人的初始排序之间的相似程度。被试还要回答,自己在该任务中影响力是较大还是较小。"高个子"被试**认为**自己比"矮个子"被试更有影响力,而且前者比后者**确实更有影响力**。与"矮个子"被试的初始排序结果相比,共同的排序结果更接近"高个子"被试的初始排序结果。显然,摄像机的角度同时影响了"高个子"和"矮个子"被试的行为。"高个子"被试变得更自信更有影响力,而"矮个子"更容易被说服,也许更

197

容易感到胆怯。(甚至在面对面的团队中,较矮的人选择较高的椅子也许是明智之举。)

带有偏见的讨论

在团队动力学中的另一项共识是,偏见有碍工作绩效。偏见指的是成员倾向于有选择性地挑选个人已知信息,并将这些信息与团队共享。当然每个人都拥有大量的信息,这些信息多多少少都与问题解决或决策制定有点关联,因此他们必须顺着主线做出多种选择。然而,大多数团队都在努力寻求共识,因此当团队的观点开始倾向某一特定方向时,个人就不太可能对此提出"异议"——即使这些"异议"是特别有意义的。团队思维是一个极端的例子,但是它在许多团队环境中都会发生。

罗斯·海托华和卢法斯·赛义德发现,在线使用群组软件时带有偏见的讨论甚至会变得更为严重。[133]他们组建了几支三人团队来评估一组候选人的资格,并最终集体决定谁最适合某一职位。每名团队成员都收到了一个信息包,信息包里包含从每位候选人简历中抽取的一些信息,但是他们各自收到的部分不尽相同。这意味着团队需要相当有效地分享信息进而确定最佳候选人。一些团队面对面的讨论,而剩下的团队则通过在线聊天交流并使用群组软件的投票功能。

不管采用哪种交流方式,由于偏见的影响,没有一个团队能够选出最佳候选人。虽然提交关于每位候选人的正面和负面信息有助于确保团队掌握所需的所有信息,从而消除讨论的偏见,但是随着讨论的进行,团队成员更不可能针对似乎有望成功的候选人提交负面信息,团队成员也不太可能提交"失败者"的正面信息。当团队向着达成共识推进时,每名成员都对所要提交的信息做出了非随机化的选择,因此最后的共识是根据非常片面的信息所达成的。然而,在线团队的讨论中偏见尤为严重,超过了面对面团队的两倍,原因之一可能是在线团队必须做更多的工作——以打字的形式参与讨论,因此他们在考虑与他人分享什么信息时更为细心谨慎。

实际虚拟团队的绩效

尽管研究发现要使虚拟团队取得良好绩效需要克服诸多困难，但是虚拟团队仍不断涌现。人们是具有适应性的，或许能够绕过那些因团队成员在地理上彼此分离所带来的问题，并利用合适的特征使虚拟团队的动力学和生产率优于面对面的团队。虚拟团队的试金石应当是它能否在工作场所中发挥作用，而不是能否在实验室中发挥作用。在工作场所中人们有更大的动力去做好工作，而且他们可能会找出很多方法来弥补媒介丰富性和社会呈现度的不足。不过，针对真实工作中虚拟团队的实地研究也证实了我所描述过的各种障碍会导致团队绩效降低。尽管结果不太一致，但是很显然令虚拟团队获得成功比许多人预想的更加困难。

软件开发的虚拟团队

例如，一个由贝尔实验室、朗讯科技和密歇根大学信息学院参与的合作研究项目对在四个场所工作的真实软件开发团队进行了调查研究。[134] 地理分散式的软件开发在技术公司内部已经变得越来越普遍，员工们被安排在位于英国、德国和印度的办公场所。研究者利用软件开发中的一个关键特征来分析比较团队成员不同的安排方式对项目结果的影响，一种方式是所有成员都在同一地点工作，另一种方式则是成员被安排在不同的地点。这就是原来的"变更管理系统"，其作用是用来跟踪复杂的软件系统需要做出改动时所发生的事件。变更管理系统自动跟踪初始要求以及在工作过程中提交过软件修改编码的所有人员的注册登记。使用这个系统，可以计算每次修改所需的总时间、编码复杂程度，以及在每一个地点参与每一个项目的员工人数。

最引人注目的发现是，由不同地点的员工所参与的项目所需的时间要略多于全部在同一地点的员工所需的时间。从工作开始到完成,同一地点的项目平均修改请求大约需要五天时间,而对于多个地点的项目,这一数字增至12.7天。与异地同事合作的员工对于这种延迟做出了各种解释。他们找不到合适的人解答某一问题,他们不能马上从在远方工作的同事那里得到答复,当然时区的差异也使他们相互之间联系变得更加困难。

此外,处于不同地点的软件开发者要建立信任也遇到了麻烦。例如,一项调查询问了软件开发者对以下这些表述的赞同程度,这些表述既针对和他们处在同一地点的团队成员,又针对那些远在异地的成员:

"我协助我的同事们完成了很大的工作量,超出了他们对我的要求。"
"我的同事们协助我完成了很大的工作量,超出了我对他们的要求。"

所有员工普遍同意第一个陈述,都确信不管同事的工作地点在哪里,**他们**都会同等程度地协助同事。每个人都认为他们协助了所有的同事完成了繁重的工作,超出了他们对自己的要求。然而,根据对第二种表述的回答,软件开发者对于同事们协助他们的意愿却有着不同的看法。他们认为,相隔很远的同事帮助自己的可能性要远远**低于**在同一地点工作的同事。很显然,感知在这里脱节了,这种脱节反映了虚拟团队在构建信任方面所面临的困难。

根本性归因错误与虚拟团队

乔治·梅森大学管理学院的凯瑟琳·德内尔·克兰顿发现,在虚拟团队中,成员更容易出现**根本性归因错误**(fundamental attribution error)。这或许可以解释为什么上述软件开发者认为他们对远方的同事很有帮助,但却不认为远方同事对他们有所帮助。[135] 归因涉及人们对行为产生原因的推断过程,以及更加看重人的基本特质与性格还是更加看重特定的情境因素。例如,假设你收到了一封来自公司CEO的电子邮件,里面说将取消纽约新年聚会。你将如何对CEO的行为进行归因?哪些因素会影响你的归因?你可以强调CEO的性格,认定他是个毫不关注工作

第七章 虚拟团队和计算机支持的协同工作

场所士气的糟糕领导,你也可能把他的行为原因归结为吝啬的本性。然而,在对 CEO 的行为情境有了更多了解之后,例如得知 CEO 的爱人刚刚去世,你会更倾向于把 CEO 取消新年聚会这一行为归结为是情境因素而非性格因素。

  人们在归因过程中所犯的一个典型的错误是,在归因他人的行为时高估性格因素而低估情境因素。关键的一个原因在于人们对他人的行为背景缺乏广泛的信息基础,因而他们甚至很可能不知道某一异常情境的存在。杰克挂断你的电话时,你会认为杰克(一个你知之甚少的人)是个脾气古怪的人,你将他的行为归结为性格因素。如果你也挂断别人的电话,你会将自己的行为归因为情境因素,是因为电话另一边的人讲话蛮横导致了你行为粗鲁。当然,你对自己的行为情境更加了解,因此更容易知道情境是如何对行为产生影响的。

  克兰顿和她的同事们发现,分散式团队成员更倾向于把远方同事的行为归因为性格因素而非情境因素。与处在同一地点的团队成员或者处在不同地点的团队成员共同工作一段时间后,每个人都被问到:"对于这一项目,当团队成员没能满足我的预期时,它通常可以归因于(1)团队成员自身的因素,或者(2)成员不可控制的某些环境。"处在不同地点的团队成员更倾向选择前者。

  在虚拟团队中,远方的同事更不可能对其他同事的行为情境有所了解,因而更容易出现根本性归因错误。处于印度的一支团队可能正在经历一场强烈的季风,季风破坏了网络,但是在英国的团队对此却全然不知。相反,他们会以为印度团队完全忽略了他们索要信息的电子邮件。[181] 由不同步的文本交流转换成同步的视频会议未必能够缓解这一问题。俄勒冈州的一支远方团队和加利福尼亚州一支公司总部团队的会议便是如此。虚拟会议随着加州开始播放的一段视频录影讲演而开始,并通过视频会议链接传送到俄勒冈州。然而,由于一点小小的技术问题,远在俄勒冈州的团队看到的只是空白的屏幕。遗憾的是,加州并不知道俄勒冈州没有看到影像。俄勒冈州团队成员确实不太想打断会议而报告白屏,特别是因为他们推测自己受到了加州团队的有意排斥。俄勒冈州团队成员感到自己是不受欢迎的，因此全都起身离去。当视频录影结束时，加州团队的屏幕再次连到了俄勒冈州，但是他们在加州看到的却仅仅是俄勒冈州团队空荡荡的沙发，因为所有人都走了。整个会议从始至终这空荡荡的沙发都留在加州的屏幕上，让加州团队的每一个成员都意识到俄勒冈州的团队成员是多么的无礼。

当然，许多虚拟团队也将工作处理得很好，有些好得异乎寻常，而也有许多在同一地点工作的团队惨淡收场。不管怎样，由于企业可能根本没有能力在同一地点创建相似的团队，因而在同一地点工作的团队或许不是评判虚拟团队绩效的一个完全公平的参照。通过创建虚拟团队，企业能够以一种前所未有的方式将专业知识聚集起来，因此现在许多团队都能够从这些难以发现的专业知识中受益。然而，虚拟团队仍然面临着许多挑战，这些挑战可能会降低团队的工作绩效。

什么能改善虚拟团队的绩效？

基于已知的损害虚拟团队绩效的因素，我们能够提出一些策略，使虚拟团队今后的工作更加顺畅。认真分析这些影响因素至关重要，特别是那些引导技术革新的因素，从而更好地支持虚拟团队，避免企业中出现无用且价格虚高的产品。实际上，多数影响因素与群组软件或网络中心技术没有什么联系，而更多地涉及两个方面，一是制定合理的决策，虚拟团队应该用于处理何种任务，二是虚拟团队有效领导的方式。让我们首先看一看哪些工作虚拟团队能够做好，哪些工作虚拟团队做不好。

耦合与非耦合工作

加里·M. 奥尔森和朱迪思·S. 奥尔森用**耦合**（coupling）概念来描述团队成员的协作水平所必须达到的密切程度，以及为达到合适的协作水平成员间所需的交流频繁程度。[136]紧密耦合的工作要求团队成员时常交流,不断地关注其他人工作进程的细节,并快捷地分享信息与工作成果。当问题没有被完全定义清楚时,高度复杂的工作任务是紧密耦合的,可选的方法和解决方案必须经由各类专业人士共同评估。例如,在软件设计和开发中,团队会有一群熟知功能需求的人、对相应的课题深入了解的人,以及在该领域具有专业知识的技术人员,如数据库设计、系统分析或应用软件开发。

由于能够与其他人通过书写白板、活动挂图和电脑大屏幕上的现场雏形展示实现不间断的交流,开展紧密耦合工作的团队成员在同一地点工作能够因此大获其益。在同一房间内,人们拥有大量墙壁、屏幕和桌子等形式的"不动产"用以共同分析他们的产品。由于知道其他团队成员何时有空能够答疑解惑,因此即便不在会议室,人们也能很快得到所需答案,继续完成自己的项目。一些最为成功的紧密耦合工作项目所采用的是我在前文提及的作战室方式。

在松散耦合的工作中,成员间的即时依赖程度较低,这种工作依靠更为结构化与模块化的成分。一名团队成员的成就不是很依赖于与其他成员间的复杂互动,而且在松散耦合的工作中,模棱两可的地方更少。大多数项目既包含高度耦合的部分又包含松散耦合的部分,但是项目会有一个整体上的倾向性。奥尔森等人指出,至少在当今的技术条件下,虚拟团队在完成紧密耦合的工作时存在装备方面的不足。由于团队成员无法如工作所要求的那样实现流畅自然的交流,因而将这些项目分配到一支虚拟团队,必然会导致项目失败。

共同点

随着成员间相互了解的加深以及共同点的增多,团队效率会得到提升。共同点这一涵盖广泛的术语包含了文化因素、当地环境因素、以往共同工作的经历以及许多其他有助于人们高效顺畅交流的特征。当一组人员共同工作时,一旦成员间形成适当的共同点,交流的效率便会提高。例如，一名团队成员也许会说"深—六，那个。"在建立了共同基础的条件下，其余成员马上就会明白"那个"指什么，"深—六"又是什么意思。同时，说话的人也**知道**别人明白这句话的意思，而且基本上清楚用这样生硬、通俗的表达省略掉"那个"所指的内容（也许是有人喜欢的建议）是否会冒犯其他团队成员。团队中的共同点可以节约大量的时间，同时还有助于减少因误解和错误感知而造成的冲突。

懂得同事所处的状态是共同点的另一个成分。知道身边的同事会随时发问，并不介意被打断可以大大地增强交流效率。了解同事的心情同样有所帮助。如果你得知同事的办公桌刚刚被顶棚爆裂的水管淋湿了，那么当他或她看起来有点暴躁的时候，你会调整对其行为的归因。

奥尔森等人还指出，拥有共同点的虚拟团队即使相距遥远也能够做得很好，因为他们已经建立了信任，取得了较高的交流效率。然而，如果团队成员来自不同的文化背景，过去从未在一起工作过，地理上相距过于遥远，成员间几乎没有共同点，那么这样的虚拟团队要想获得成功将会遭遇极大的障碍。或许增进共同点的最快方式是把人们安排在一起工作。对于虚拟团队，至少项目之初的见面无疑会有所帮助。

虚拟团队的有效领导方式

虚拟团队的有效领导者具有哪些特质？一个领导者必须意识到构建虚拟团队所存在的种种潜在问题，包括信任构建过程中的诸多问题，以及成员交流中存在的含混不清问题。领导者必须尽可能地消减这些潜在问题可能产生的负面影响，同时帮助团队成员认识到这些问题的存在。对虚拟团队领导方式的大量研究表明，与在同一地点工作的团队相比，虚拟团队的领导应采取不同的方式。通常情况下，在虚拟团队中，结构化的思考严密的领导方式会取得更好的效果，这是由于信息在通过丰富性较低的媒介传送时会更为清楚。虚拟团队的成员在自我组织方面会遇到问题，因此对项目目标、完成期限和任务分工的明确表述通常是必需的。但是领导者还必须注意我们在早前一章中讨论过的"思虑"（consideration）

第七章 虚拟团队和计算机支持的协同工作

因素,必须寻找构建关系纽带、信任和共同点的方法,从而实现最佳的团队工作效果。

亚利桑那州大学的苏珊娜·韦斯班德开展了一项关于虚拟团队领导方式的研究,在该项研究中,地理上相距甚远的两所大学商学院的学生要共同完成一个为期四周的项目,并撰写一份达成一致共识的政策文件。[137] 各支团队均由两到四人组成,每支团队有一名或多名来自不同学校的成员。团队成员通过基于网络的电脑会议系统和电子邮件完成项目。此外,研究者安排了其中的一名学生出任团队领导者。文件由几位老师评阅并形成共同意见,团队绩效是根据文件的成绩来评定的。研究者还对成员间所交换的信息内容进行了深入分析,来自团队领导者的信息被单独分析处理。学生们在上交文件后还要填写一份调查问卷。

这项研究的结果证明了虚拟环境中成功领导方式的几个方面。首先,与低绩效团队的领导者相比,高绩效团队的领导者更倾向于通过信息来布置工作任务,尤其是在项目的早期。高绩效团队的领导者发出的信息明确了工作目标并确定了完成期限和成员分工。其次,较为成功的团队的领导者会运用各种方式来增进成员的团队归属感和成员间的关系链。他们的信息有许多都是用来了解团队成员正在做什么,是否遇到麻烦,或者是否需要帮助。他们还尽量有计划有步骤地将每一个人都纳入到团队之中。下面这封电子邮件体现了这一点:

"好的,我会等里克和马特周六发来邮件和构思,以及乔希周日发来内容。如果你有任何问题或者预感到会有什么问题,最好现在就让我知道,我会通过各种方式提供别人提供不了的帮助(如果我事先知道的话)。拜!"

上述方法与那些能够建立"快速信任"的领导者所使用的方法是一样的。领导者表现出了对团队成员及其工作任务的关注,并且采用大量而周密的安排减少了困扰虚拟工作团队的含混不清的表达。在面对面的团队中,这也许看上去有点强硬、过分显示了权威,不过,在虚拟团队中,这似乎是最有效果的领导方式。

贝罗大学的蒂莫西·R. 海沃斯和法国 INSEAD 的多萝西·E. 雷德纳针对全球虚拟团队的研究也指出了领导者在团队绩效中的重要性。[138]研究者组建了一些五到七人的学生团队,这些团队成员分别来自欧洲、墨西哥和美国。团队提交了各自的项目成果后,所有的非领导者都填写了一份评价领导者效力的调查。这些问题探究了参与者对领导者行为多方面的评价,其中包括领导者在做出分工安排时的明确程度,对团队的影响程度,创新程度,作为领导者显示出来的移情能力(empathy)以及对每名团队成员的关心程度。对每个团队成就的衡量是通过对项目打分来完成的。

在评价领导者的效力时,团队成员尤为注重领导者的领导能力和移情能力。他们认为明确责任分工和进行有效的交流是成为一名有效领导者的关键因素。在上述两个方面得分低的领导者被其团队认为效力较低,而认为其领导者效力低下的团队在项目上表现得不好。

参与者对他们认为效力特别低下的领导者们做出了一些能够反映问题本质的评论。其中一些评论证明了关心成员和周密组织在虚拟团队中的重要性:

"[领导者]根本不想知道与我们有关的任何事。"

"这个问题在他看来挺简单的,但是对我们来说却是非常复杂难以理解的。"

"我感觉不到做好工作的激励,我必须承认我没有尽力,因为我感觉不到领导的鼓励和推动。"

"很遗憾,在引导团队方面他没有一个好的行之有效的方法……他应该给予我们更为具体的指导。"

这个研究项目还对领导者的观点进行了调查。领导者们认为担任虚拟团队的领导者是非常具有挑战性的,他们的主要问题集中表现为:不了解团队成员的动机和行为、缺乏约束机制以及面临技术障碍。领导者要与那些消极的团队成员艰难地打交道,而且不能确定成员的消极表现是因为缺乏兴趣、怠惰还是技术障碍。除两人外其余领导者都

第七章　虚拟团队和计算机支持的协同工作

对其团队项目的质量感到失望，但是，正如归因理论预测到的，对团队项目的质量感到失望的领导者都没有责备自己。事实上，他们都归咎于情境。在这些领导者看来，团队项目质量较低的主要原因是团队成员缺乏动力和责任感以及团队所使用的技术缺乏可预测性。海沃斯和雷纳德总结了领导者的观点："这些领导者认为自己是无助无力的，但自己是无可挑剔的。"

很显然，虚拟团队能够从为其特定需要而量体裁衣的领导方式中受益。领导者必须认识到关心成员和周密组织在虚拟环境中也是积极的领导行为，就像它们能够在面对面环境中促进领导方式的有效性一样。不过，它们在网络在线环境下却有所不同，似乎要求更为主动的交流，集中的精力和更加明确的责任分工。在面对面的环境中细微的差别可以很容易地得到体现，而领导者低估了这些细微差别的作用，他们无法灵活有效地使用虚拟环境中的工具。要通过键盘来实现虚拟团队所需的结构化的领导方式以及明确的责任分工，同时又不显露出专横傲慢的口吻需要很高的技巧，而且要在表露移情的同时又不至于显得虚伪或愚昧，则需要更高的技巧。例如，在结束每条消息时用上一个笑脸:）所传递的信息与结束面谈时的笑容所传递的信息是不一样的。

技术

领导者在技术方面确实遇到了各种各样的问题，正如我们在这一章中看到的，许多虚拟团队正在使用的技术的特性给他们带来了挑战。互联网与随之兴起的所有以网络为中心的革新技术都具有促进工作效率的巨大力量，但是，为人们参与真正有效的虚拟团队而提供支持的工具仍然相当有限。加利福尼亚大学欧文分校的马克·S. 阿克曼把这称为**社会—技术鸿沟**。[139]这条鸿沟把虚拟团队所需的支持与目前技术所能提供的支持分隔开来。这条鸿沟的形成既是因为互联网与其他技术基础设施的局限，又是由于我们对团队自身真正需要什么还缺乏了解。他写道，"简单地说，我们并不知道如何构建那些完全支持社交世界的系统……"[187]

工作场所中的互联网——新技术如何改变工作

一个面对面的环境包含了几乎无数的变量,这些变量可以影响一支团队的工作效率。认清哪些使虚拟团队运作良好的关键变量必须由技术支持是一个极富挑战的过程。

团队正在使用的各种技术,如电子邮件、基于网络的会议系统、互动电子白板、视频和音频会议群组软件、项目网站和即时消息,都能促进虚拟团队的交流效率,但上述技术也带来了一些问题。即便是在媒介丰富性方面被认为是最不贫乏的视频会议也不是没有问题,它不能完全取代在同一地点工作团队的物理存在。某些困难的出现只不过是因为技术本身不够稳健,容易出现许多配置和传送问题,而这些问题的解决是需要时间的。例如,建立一个电脑视频会议链接不可能像探头到同事格子间问问题那样简单。在虚拟团队中,不同工作站的敏感度和特性常常意味着仅仅为了调试通讯工具就要花掉大量的时间,即便这些通讯工具工作良好,成员们还是必须用一些时间来学习如何使用它们。

然而,没有人放弃它们。近期很多研究都将考察支持团队工作的创新技术工具与社会需求结合起来,随着这些研究的开展,我们对其有了进一步的认识。例如,有很多人都对开发增进团队成员同步**感知**(awareness)的技术手段很感兴趣。随时知道有谁在身边是交流环境中那些微妙的特征之一,在同一地点工作的人们不太关心这个问题,但是这可能是虚拟团队中正在消失的重要特征之一。知道你的同事什么时候可以交谈(即使是通过即时消息)是一种心安的感觉,而且可以节省时间。如果有一个小问题,那么问他们就是了,你不必安排一个正式的会议或者发一封可能几天都收不到回复的电子邮件。即时消息软件是通过好友名单支持感知的低带宽形式。当一个"好友"登录系统,就会打开某个文件发出开门声,好友的名字同时出现在在线好友列表中。好友下线时,又会打开另一个文件发出关门声。其他方法也被用于支持团队成员的同步感知。例如,在游戏世界里,玩家的化身能够在屏幕上走动,在游戏同一部分的其他玩家都能看到这些"出现的"化身并与之互动。

第七章 虚拟团队和计算机支持的协同工作

来自企业界和学术界的研究者联合开发了一款为虚拟工作场所提供技术支持的试用软件。[140]这款被称为"后视镜"(Rear view mirror)的软件以文本界面的形式支持即时消息和同步群聊,但是与即时消息相比它还以更加丰富的方式支持"在线感知"(presence awareness)。在团队成员的电脑屏幕上有一个显示团队成员照片的"在线视窗"(presence viewer)。照片的边框显示这个人现在的状态和预期的在线时间。例如,绿色表示这个人目前在线,黄色表示暂时不在线,红色表示这个人可能要离开一两个小时。在照片上滑动鼠标就会跳出一个团队成员自定义的简要信息,比如"我大概要离开一个小时。"一个心情愉悦的团队成员会将他的跳出信息设置为如果一个小时没有在线活动就自动变为显示"失踪了,估计是干活呢。"

向虚拟团队引入起支持作用的革新技术不是那么容易的,大多数人在几个月后就不再使用"后视镜"了。对隐私的担忧是一些使用者不愿使用这款软件的一个原因。在线视窗似乎是一种很容易被用来对员工进行监视的工具,德国的团队成员认为在他们的国家使用在线视窗也许是违法的。不管怎样,使用它必须通过工会的批准。

要使革新技术得到采纳,面临着另一个障碍,这个障碍是所有需要足够数量的用户才能发挥作用的技术都要面对的。群组软件就属于这一类技术。如果你所在团队的成员没有充分使用群组软件,那么对于整个团队来说群组软件的用处就会减弱。然而,新技术特别是像"后视镜"这样的试用软件通常有很多漏洞,所以只有最有耐性、最有宽容心的员工才愿意在工作场所环境中一直尝试使用它,毕竟员工们还有自己的工作要完成。但是为了给团队设计出有效的技术,设计者必须要有用户的反馈。这成了第二十二条军规(译者注:该条军规的内容是"如果你能证明自己发疯,那就说明你没疯。"),因为在开展团队项目的时候,很难找到足够数量的虚拟团队成员来了解这些新工具对他们是否确有价值。

软件卖家都在大肆宣传推销支持虚拟团队的创新性软件,却没有几个软件卖家提到试用失败的例子。在企业中维护项目的管理者自然愿意谈及成功而非失败,因此那些彻底失败或半途而废的项目经历并未广泛流传。然而,这些技术很难投放市场,我们有必要了解那些在起初遭遇失败的尝试。

未来的虚拟团队

在今天的互联网和技术基础设施条件下,虚拟团队的协作的确面临着诸多挑战。杰西卡·利普纳克和杰弗里·斯坦普斯在其撰写的《虚拟团队》(Virtual Teams)一书中指出,"相对于传统的在同一地点工作的团队,虚拟团队必须更加睿智——才能得以生存。[141]"能够支持虚拟团队的技术仍处于发展初期,既不能传递交流的所有细微差别,也不能抵消在同一地点面对面交流的优势。例如,我们无法做出一个与真人大小相同的团队成员的三维全息图像,通过互联网传送这些图像,并实现所有成员在一个虚拟的合作空间内的互动。此外,我们仍在考察在同一地点的团队的哪些特征是导致其成功的最关键因素,并尝试将这些特征嵌入到虚拟团队技术中。

毫无疑问,技术将会进步,我们现在使用的技术在不久的将来便会显得极其落伍。然而,一些研究者认为,无论我们将来为虚拟团队提供多少技术支持,虚拟团队也不会实现在同一地点的团队那样的运作方式。虚拟团队总会面临一些障碍,包括难以构建信任、难以形成共同点,以及难以消除沟通中的含混不清。人类向前发展,并学会了在同一空间内共同工作,面对面的环境包含了太多的要素和相互联系的特征,身处世界各洲的人们在利用电子中介工具进行交流时根本无法对这些要素和特征进行复制。或许伍迪·艾伦调侃的话没有错,只有百分之八十的成功表现出来。

尽管障碍重重,但是,在工作场所中虚拟团队现在已经成为而且将继续成为一个明显的发展趋势。在很多情况下,虚拟团队为人们提供了他们想要的、极有价值的功能。例如,虚拟团队合作最好和最具产出的实际应用之一便是空间物理学家使用的虚拟合作系统。这个科学团队的成员分布在全球各地,借助传感器和望远镜,每位科学家在自己所在地点所收集的测量结果和图像都是其他同事极为感兴趣的。合作包括了对如下内容的远程访问:仪器所收集的实时数据、地图、虚拟"房间"和"俱乐部"。在虚拟"房间"和"俱乐部",科学家可以选择自己想看的内容,并聚集到一起共同观察,讨论数据。

人们应该继续从虚拟团队的成败中获取经验教训,明确问题所在,进而探索能够更好地支持虚拟团队的方法。随着技术的进步,一些障碍将会消失——至少会减少。如今,一些有益的改进可以从了解分散团队出现的社会和心理问题入手。通过改善虚拟团队的分配任务类型、工作导向和领导方式,许多社会和心理问题都可以得到解决。

注 释

121. Allen, T. J. (1977). *Managing the flow of technology: Technology transfer and the dissemination of technological information within the R&D organization*. Cambridge, MA: MIT Press.
122. Kemske, F. (1998). HR 2008. *Workforce*, January, 47—60.
123. Handy, C. (1995). Trust and the virtual organization. *Harvard Business Review*, 73(3), 40—48. Retrieved March 3, 2003, from Business Source Premier Database.
124. Jarvenpaa, S. L., & Leidner, D. E. (1999). Communications and trust in global virtual teams. *Organization Science*, 10(6), 797—851.
125. Rocco, E. (1998). Trust breaks down in electronic contexts but can be repaired by some initial face-to-face contact. Conference proceedings on human factors in computing systems, 1998, 496—502. Retrieved May 7, 2003, from ACM Digital Library.
126. Bos, N., Gergle, D., Olson, J. S., & Olson, G. M. (2001). Being there versus seeing there: Trust via video. Proceedings of CHI 2001: Short Papers. New York: ACM Press. Retrieved September 1, 2002, from ACM Digital Library.
127. Stoner, J. A. F. (1962). A comparison of individual and group decisions invol-

ving risk. Unpublished master's thesis, Massachusetts Institute of Technology, 1961. Cited by D. G. Marquls in Individual responsibility and group decisions involving risk. *Industrial Management Review*, 3, 8—23.
128. Benbasat, I. J. (2000). Information technology support for debiasing group judgments: An empirical evaluation. *Organizational Behavior and Human Decision Processes*, 83(1), 167—183.
129. Barki, H., & Pinsonneault, A. (2001). Small group brainstorming and idea quality. *Small Group Research*, 32(2), 158—206.
130. Furnham, A. (2000). The brainstorming myth [Electronic version]. *Business Strategy Review*, 11(4), 21—28.
131. Kiesler, S., Siegel, J., & McGuire, T. W. (1984). Social psychological aspects of computer-mediated communication. *American Psychologist*, 39, 1123—1134.
132. Huang, W., Olson, J. S., & Olson, G. M. (2002). Camera angle affects dominated in video-mediated communication. In Proceedings of CHI 2002, Short Papers. New York: ACM Press. Retrieved February 1, 2003, from ACM Digital Library.
133. Hightower, R., & Sayeed, L. (1995). The impact of computer-mediated communication systems on biased group discussion. *Computers in Human Behavior*, 11, 33—44.
134. Herbsleb, J. D., Mockus, A., Finholt, T. A., & Grinter, R. E. (2000). Distance, dependencies, and delay in global collaboration. In *Computer Supported Cooperative Work*, 2000. Philadelphia, PA: ACM Press. Retrieved February 3, 2003, from ACM Digital Library.
135. Cramton, C. D. (2002). Attribution in distributed work groups. In P. Hinds & S. Kiesier (Eds), *Distributed work*. Cambridge, MA: MIT Press.
136. Oldson, G. M., & Olson, J. S. (2000). Distance matters. *Human-Computer Interaction*, 15, 130—178.
137. Weisband, S. (2002). Maintaining awareness in distributed team collaboration: Implications for leadership and performance. In P. J. Hinds & S. Kiesler (Eds.), *Distributed work*. Cambridge, MA: MIT Press.
138. Kayworth, T. R., Leidner, D. E. (2002). Leadership effectiveness in global virtual teams. *Journal of management information systems*, 18(3), 7—40.
139. Ackerman, M. S. (2000). The intellectual challenge of CSCW: The gap between social requirements and technical feasibility. *Human-Computer Interaction*, 15, 179—203.
140. Hersleb, J. D., Atkins, D. G., Handel, M., & Finholt, T. (2002). introducing instant messaging and chat in the workplace. In Proceedings of CHI 2002.

New York: ACM Press. Retrieved January 15, 2003, from ACM Digital Library.
141. Lipnack, J., & Stamps, J. (1997). *Virtual teams: Reaching across space, time, and organizations with technology.* New York: John Wiley & Sons.

第八章

电子学习

通过单位和家里的电脑连接上网,人们就能与世界各地的同学们一起学习,并且任由他们选择上课的时间。在落实新标准和新规程时,企业不必再为所有的员工安排教室进行培训。新员工报到后不必等待下一轮的岗位培训来熟悉新工作。就像互联网使团队合作突破了时间和地域的界限一样,它也为课堂带来了相同的机遇。

一个以知识为基础的工作场所的成功在很大程度上依赖于技术的不断升级,以及企业在员工培训方面巨大的人力与财力投入。奇怪的是,尽管基于互联网开展教育和培训大有前景与潜力,却很少有企业将其用于公司的经常性内部培训。虽然一些分析人士预言电子学习市场在未来十年将会爆炸性地增长,但是教师引导的教室课程仍是多数地方的标准模式。例如,加特纳团队预计2005年电子学习市场将会增长到超过330亿美元。不过,也有其他人认为马克·吐温所言的教育环境突破地理距离限制的报道过于夸张了;比特和字节永远也不会取代现场的教师。

虽然员工们还没有太多的机会以电子学习的方式参加公司的内部培训,但是他们可以选择的大学水平远程课程的数目却大得惊人,而且这一数目还在迅速增加。许多企业为愿意追求学位的员工提供学费支持,尤其是那些与工作相关的。过去,员工需要到当地的一所学院或大学注册,成为一名通常在晚上上课的在职大学生。下班后,抓起一块三明治便驱车直奔学校去听晚间的课程,每个星期通常有一到两个晚上会是这样的。经过一天漫长的工作,为了保持清醒员工只好大口大口地喝咖啡提神,坐在教室里听教授讲课、记笔记，偶尔还要提问题或是参与讨论，一直到晚上十点左右才能下课。课程还可能被安排在周末的白天，因而还将占用员工周六的业余时间。这些所谓非传统的在职大学生很少有时间参加教室以外的大学生活，如学生会、运动、协会或是俱乐部。然而，他们的数量非常庞大，比多数人预想的要多得多。美国教育部的一份报告估计，有几近73％的本科生可以划归为"非传统"学生，根据年龄、在职状况、有无经济依靠，或其他标准便能够把他们与高中毕业后就进入大学的全职学生区分开来。[142,143]

作为一个非传统的在职学生，他要有持之以恒、百折不挠的精神才能获取成功。为了获得学位，几年时间里他们每周都要有两三个晚上去听课，下班下课后所有的业余时间都用来学习，他们专心致志的精神值得称赞。一位正在努力以这种方式完成学业的单亲家长一直在与雇用保姆和极度疲惫相抗争。一位父亲日复一日地错过孩子的入睡时间和周六的球赛。如果大学校园距离员工的家和单位很远，那么仅仅开车花在路上的额外时间就多得惊人。因此，在1990年代在线学位课程刚出现的时候，非传统学生对这种课程趋之若鹜是不足为奇的。如今大学远程教育的可选择范围十分广泛，学生们甚至不必走进大学校园就能完成获得学位（如工商管理硕士）所要求的所有课程。

电子学习：一次虚拟的旅行

电子学习是什么样子的？没有参加过远程教育的人很难想象它会是什么样子。长期以来，我们的教育方式都固守于现实的教室和校园里学生与老师的搭配组合，以至于很难设想教育如何以其他的方式进行。为了更好地了解电子学习，让我们进入一段在线研究生班的虚拟旅行，从学生的角度开始这段体验。

工作场所中的互联网——新技术如何改变工作

电子学习:学生的角度

凯蒂·T.是一个六岁男孩的单身母亲,已经在公司的人力资源办公室工作近一年了。她所在的亚特兰大公司有一项学费补偿计划,于是凯蒂向上司提出想攻读一个人力资源管理的硕士学位课程。在渴望职业发展的同时,凯蒂也很清楚攻读这个学位会花掉多少时间,因为儿子的原因,晚上和周末去上课对她来说有多困难。与多数人一样,她对远程教育持有怀疑的态度,不想把大量的时间花在一个不被老板认可或重视的"二等"学位上。然而以她这种情况,在线课程的便利极具吸引力。实际上,凯蒂认为出于工作和家庭的责任,当地大学的在职课程对她来说根本是不可能的。

凯蒂决定申请一所中西部的大学,注册其在线硕士学位课程。他们有多个专业可供选择,其中包括人力资源管理。这是一所具有办学资质的大学,因而她对这个课程更加放心。她在网上填写了申请并完成了单位的学费补偿申请表格。在一周内她收到了录取确认以及学术导师的电子邮件和电话号码。凯蒂给那位学术导师打电话,详细了解了有关人力资源管理课程的情况,该选哪些课以及在线课程是如何运作的。她回到网上注册了第一门课程——"组织沟通学",输入信用卡账号支付了学费。下载了课程教学大纲之后,她点击了"现在购买课本"的超级链接进入到大学的在线书店,在书店里她选好书并再次输入信用卡账号将其买下。很快她便收到了自动回复的电子邮件,确认她已经注册和购买课本,并向她提供了课程的登录名和密码。

秋季学期(九月至一月)的课程在两周后开始了。课程大纲给出了课程要求、阅读材料、作业、小组项目介绍和学期论文要求。已经离开大学六年的凯蒂感到有点紧张。她不知道如何才能把所有的阅读材料读完,不知道如何与老师、同学以及所在小组的其他成员交流。她通过单位办公桌上的电脑登录,跟着在线指南学习如何使用这个教学系统阅读课程材料、发送作业、参与非同步讨论、在聊天室聊天和查找在线图书馆资料。

第八章 电子学习

这个正在使用的系统尝试运用多种象征表达营造出一个校园的环境,她看到了招生办公室、咨询台、学生餐厅、教员休息室、教室、图书馆、教员办公时间和媒体室这样的表述。她感觉自己仿佛进入了一个崭新的空间,这个空间是她所熟悉的大学环境的数字再现。通过在线指南,她试用了基于文本形式的聊天室并遇到了同在学习使用该教学系统的另一个人。弘·K.是在位于东京的一家咨询公司工作的日本裔美国人,他也是这个在线课程的新学生。当二人认识到尽管他们分处地球两边却在同一个"班级"时,他们都感到十分震惊。

他们尝试着点击"组织沟通学"这门课程的班级链接,但是还不能登陆,网页上提示说"九月六日开班"。不过,在开班的时候,她径直点击了上端的链接——"欢迎来到本班,詹金斯教授。"教授的一封热情洋溢的蓝色似手写体书信介绍了课程的主要内容并布置了第一次作业——"在讨论版上介绍你自己。"詹金斯想要确保人人都知道如何使用这个系统,并且通过让每位学员阅读并理解班级规范为今后的互动奠定基础。

凯蒂不知道该写些什么好,因此她一直等到其他一些同学贴出了他们的自我介绍。同学们绝大多数都像她一样是非传统的学生,他们介绍了自己的工作、家庭以及对在线课程的兴趣。讨论版上很快堆满了文字,到周末的时候已经有二十五个学生贴出了自我介绍。现在凯蒂对自己的同学有了更多的了解,包括班上有多少人,因而她感到更舒畅了。起初由于看不到其他同学会有些不知所措,但是她感觉同学们写的自我介绍或许比他们在现场课堂中的外表能够提供更多的信息。詹金斯教授偶尔会在介绍讨论中参与评论,并总是使用她的"签名"字体,因此每个人都会将这种字体和她的在线形象联系起来。

课程循序渐进,作业似乎从未间断。随着课程的进展,凯蒂学习了每个单元的资料,包括詹金斯在网上的小型讲座、音频文件或幻灯片演示以及海量的教学读物。她在第一份作业中分析了一些商业备忘录并将其上传到作业投放箱中。光是阅读讨论版上的帖子,每周就要花掉几个小时的时间,尤其是当争论变得热烈的时候。十月的讨论话题与工作场所中 195

电子邮件监视的道德规范有关,同学们慷慨激昂,讲述着自己公司里一些可怕的故事。其间,有一位学生写道:"詹金斯教授,你确信在这门课上发表言论是安全的吗?我可不想让我的上司读到我刚刚发的帖子。"

凯蒂、弘和一位45岁身在加利福尼亚州的退役海军拉里被安排到了一组。他们希望在线碰面聊聊,协调组织一下,但是由于存在时区的差异,确定上线时间对他们来说是个挑战。最终他们选择了东海岸时间上午十点,这至少对他们三个人而言都不算是深夜。他们的项目是撰写一份有关危机管理与沟通方案的提案,三人各自承担了具体的内容。三人选用了班级"资料室"中可以选择下载并为学生小组项目电脑视频会议提供技术支持的软件。当他们最终看到对方的时候所有人都笑了,因为他们根据文字互动而形成的相互印象与实际看到的相貌不尽相同。

这门课程没有期末考试,但是二十页的学期论文也并非易事。在詹金斯教授公布的一次办公时间里,凯蒂扎进了聊天室,更加详细地询问了一些有关论文的事情。在撰写论文的过程中,凯蒂在在线图书馆查找资料方面花了很多时间,并从《哈佛商业评论》(*Harvard Business Review*)、《斯隆管理》(*Sloan Management*)、《人力资源管理期刊》(*Journal of Human Resource Management*)和《管理学会评论》(*Academy of Management Review*)等期刊中查找优秀文章。尽管她可以使用亚特兰大一所大学的图书馆查阅图书或者查找那些在线难求的文章,但是开车路途遥远,而且又无处停车,因此她不愿在这方面多花时间。

在课程的最后一天,詹金斯教授延长了她在聊天室的常规办公时间以庆祝同学们完成了这门课程。她点评了所有的小组项目,并就其间发生的一些趣事和学生们开起了玩笑。其间,有学生问她长什么样,她鼓励大家去猜。凯蒂和其他同学早就通过电子邮件谈论过自己的教授们,哪个教授最好,哪个教授应该敬而远之。尽管没有一个学生曾经到过校园或者步入过教室,但是他们已经向他们的硕士学位迈出了第一步,并渴望着继续向前迈进。

凯蒂的电子学习经历是积极的,很少遇到问题,但是在线课程并非总

218

是如此顺畅。有时系统刚好就在作业提交的最后期限发生故障,为了准时递交文章,学生们只得疯狂地寻求传真发送。有时候老师除了给作业打分外很少与班上的同学互动,因此培养不出什么师生情谊。讨论版上偶尔爆发的激烈论战演化成了愤怒和怨恨。正如你在虚拟团队合作那章所看到的那样,在激烈论战之后一些学生似乎完全"消失"了,从不参与团队项目或课堂学习。同班其他同学不清楚这个"消失的"学生是否还在本班中,或许连教授也不知道。远程课程可能出现的最主要问题之一是需要阅读的资料太多,包括课本、印制的练习册、在线课程资料和小型讲座、讨论论坛、电子邮件、聊天记录和其他资源。如此大的信息量令许多学生感到不堪重负,因为学生们会将这种形式与面对面课堂学习相比较,面对面课堂学习所涉及的阅读材料远没有在线学习那样广泛。最终,这项技术常常使人产生焦躁情绪和挫折感。例如,包括电脑视频会议在内的增加媒介丰富性的软件均有可能出现速度奇慢和难以正确设置的现象。

电子学习:教师的角度

作为远程课程的教师,詹金斯教授的工作与面对面课堂教学时截然不同。例如,她在课程开始很早以前就必须制作出所有的小型讲座和幻灯片演示,并全部转为网络格式,将其粘贴到服务器相应的区域内。她的大纲、课表、作业、班级规章和课程资料都必须在课程开始当天准备齐全。尽管她可以在上课期间添补资料,但是在线粘贴当前内容的版权限制却比较繁琐。例如,一位面对面教学的老师可以复印昨天报纸上的文章,并在课堂上分发给学生。针对在线课程中类似情况的著作权法在不断变化,这令老师十分困惑。[144]不管怎样所有这些资料都必须用于在线传送,粘贴到在线课程,因此教师必须对网页开发技术有一定程度的掌握。

一旦课程开始,詹金斯必须就成为引导者和调节者,想方设法吸引学生,使他们能够一直参与到课程学习中并阅读相关的资料。她一般不用讲课,因此她生动的讲演风格起不到什么作用。她看不到学生的面孔,因此她看不到那些能够表明学生们没有跟上最后要点的非言语线索。

对于面对面课堂的老师来说,课程的核心元素包括了课堂授课、课本和其他读物、图书馆读物、小组合作、视频录影带、课堂互动讨论、考试和学期论文。这些元素与课堂中的老师相融合,共同营造了动态的学习体验。讲演是核心的元素,从第一次在巴黎大学出现至今已经有700多年的历史了。尽管后来又提出了许多教学和学习的方法,但是课堂授课几乎在所有的教育环境中仍然占据着绝对的主导地位。

虽然一些电子学习课程利用教授的"说话头像"视频,或者互动视频会议,让学生们能够在屏幕上看到现场的教授,但是大多数电子学习课程还做不到这一点。没有教室的授课,老师将扮演什么样的角色?"讲坛上的圣人变成了身边的指导者",而且这个指导者有着不同于以往的责任。在学习小组或整个班级中,老师始终在与学生进行一对一的互动,而不是准备授课的内容。老师发起并主持讨论、回复电子邮件、加入聊天群、解答问题、推荐额外的学习资源,并且常常花大量的时间在电脑屏幕前阅读打字。

许多人认为老师可以在远程课程开始后休息一会儿,因为他们不需要准备授课的内容。然而,当课程开始之后,在线课程的工作量通常比传统课程还要大,尤其是当老师第一次指导这一课程的时候。主要原因有两个。其一,传送课程内容所采用的方法本身很耗时间。用言语和黑板给一组学生解释一个概念远比开发一个网页去解释相同的内容要容易得多。在传统的课堂上,老师可以画出图表,就学生的问题对图表做出调整,然后再擦掉,与学生们互动以确定他们是否理解了相关内容。

工作量较大的第二个原因是,课程本身是全天二十四小时、一周七天对外开放的。在传统的面对面课堂上,教授可能会讲一个小时,然后在下课前留五到十分钟用来答疑。在线课程的学生们在白天黑夜的任何时间都可以给老师写电子邮件,而且学生的问题可以想写多长就写多长。尽管教授可以通过聊天室或者视频会议系统安排同步的办公时间,但是电子邮件总是开放的。一些教授已经沮丧地放弃了,因为他们意识到了一门在线课程有多少必读和回复的内容。似乎在电子学习中,那些曾经被抑制的与老师进行互动的大量需求得到了释放。在传统课堂中,害羞的学生坐在教室后排,可能从未向老师请教过任何问题,但在电子学习中,他们借助电子邮件就会更加放松自如地向老师提问。这一改善是积极的,但是缺点在于加重了老师的工作量。

定义术语

　　像电子学习、远程教育、远程学习、远程通讯学习、分散式学习、基于电脑的培训这些术语,虽然只有少数人赞同它们的定义,但是人们却在越来越多地使用它们。例如,在1990年代,贝尔大西洋公司(Bell Atlantic)(如今的弗莱森公司(Verizon))在马里兰州装配了一个服务全州范围的"远程学习网络",它的推广者和支持者把这一简单的网络看作是远程教育的全部。实际上,"远程学习网络"只是一个由大约50处装配有视频会议功能的站点组成的集合体,每一处站点都设在一间大约有20个座椅的房间内,设备包括电视屏幕和摄像机。在这个网络中,每次可以有少量的几处站点相互连接,并能看见对方小教室里的人。这项技术并非基于互联网,而且受到了规章制度和技术因素的严重限制。例如,这个网络在弗吉尼亚或特拉华都没有站点,更不用说印度或日本了。像这样的尝试让许多人认为"远程学习"就是一种同步的学习,通过同步的视频会议系统,在一个地方跟着一个老师和一帮学生,外加其他几组"远方的"同学一起学习。这类混淆不断地增多,因为人们把实现某一类特定远程教育的技术与整个可能存在的领域搞混了。

　　远程教育、**分散式学习**和**远程学习**这些术语都是宽泛地指一些教育项目,在这些项目中,老师和学生不在同一地理位置。这些项目能够以多种方式开展,而且涉及各种用于介导教学过程的技术。其中一类有赖于视频会议网络,如贝尔大西洋公司建立的那种,它使巴尔的摩银行总部的培训师能够让哈格斯敦分行的员工加入到她的培训课程之中。远方的学生能够看到老师的带有音频解说的视频影像,同时老师也能看到他们。与之截然不同的另一类远程教育允许员工在任意时间登录网络服务器,学习一些互动多媒体形式的指导资料,然后进行一个小测验。测验结果将被记录到公司的数据库,培训师可以查看这些结果,并引导员工学习额外的资源。

另一类远程教育项目可能会利用一些虚拟团队所使用的技术,其目的是创建在线"教室"。来自世界各地的学生能够同时进入这间"教室",老师或许是以谈话头像的形式出现在屏幕的一角。当学生有问题时就点击"我有一个问题"键,这时在老师的屏幕上学生注册名的旁边就会显示出一个举手的图标。在下次课间,老师会让学生把问题输入到一个聊天窗口,与此同时虚拟教室中的其他人也都能看到这个学生的问题。学生们下线后,可以通过电子邮件或电话沟通来继续完成他们的小组项目。远程教育项目涵盖了非常广泛的教育形式,从19世纪开始出现的函授课程到现在的由高科技支持的虚拟教室。虚拟教室的关键之处在于老师和学生不在同一物理地点。(我的一位同事认为,他给一所重点大学一年级学生上的经济学就属于"远程教育",因为在500个座位的礼堂中坐在后排的学生几乎无法看到他,很难说那些后排的学生是和他"同在一处"。)

表8.1列举了一些电子学习技术,这些技术支持不同的时间和地点组合。例如,视频会议是一项"同一时间,不同地点"的技术,而电子邮件则能够支持"不同时间,不同地点"。诸如群组软件的一些技术能够有效地支持大多数甚至全部时间和地点组合。在人手一台电脑的实验室,引导者可以利用群组软件先组织头脑风暴讨论或选举,然后再开展现实中的面对面的讨论。处于世界上不同地理位置的小组成员可以通过自己的电脑非同步地使用同一协作软件。

表8.1所显示的是技术而非远程教育项目,因为远程教育项目本身通常会利用几种时间与地点的组合。学生们可能先是在一间教室中与老师面对面地上课,但是随后便转为在线继续他们的互动和课程任务。在多数环境中电子邮件被频繁地使用,甚至在同学之间、师生之间能够经常

见面的时候也是如此。

表 8.1 电子学习技术矩阵

不同地点	同步互动 小组互动视频 桌面互动视频 畅聊会 网络摄像头音频会议 协作群组软件 电子白板	不同步互动 在线讨论论坛 电子邮件 音频邮件 视频邮件 随选视讯 网播 协作文件编辑
相同地点	基于教室的教学 黑板 阶梯教室 课内试验室和群组软件 讲演工具	公共使用 试验室任务 核心设备中的自学课程
	相同时间	不同时间

"电子学习"这一术语在商业界开始流行起来,它通常是指那些内容以数字形式分布于互联网或其他网络的课程项目。如果师生间、同学间的互动是电子学习课程的一部分,那么这种互动也是依赖于互联网的。因此,电子学习是远程教育或分散式学习领域的一个由高科技和互联网促动的子集。许多企业正在采纳"电子学习"这一术语,在一定程度上就是为了摆脱"远程教育"这一术语给人造成的刻板印象以及因为该术语而引发的错误观念。

电子学习项目的优势

加特纳数据探索公司(Gartner Dataquest)对终端用户新近的一项调查结果显示,电子学习的方式,无论有没有老师,都是所有培训模式中使用最少的,尽管多数受调查者也表示他们打算更多地运用电子学习方式。[145] 与传统面对面的由教师引导的课程相比,电子学习有许多优势。员工不需要等候课程安排，也不必跑到某一具体的地点去上课。课程的步调和资料呈现的速度可以根据个人情况来制定，完成课堂练习较快的学员不必去等团队的其他人。资料本身也可以因人而异，因此对于某一特定主题有困难的学生可以接受额外的培训和练习，这也不会耽搁其他同学的进度。有了联网的电脑，员工随时都可以加入培训课程，而且可以在任何需要的时候复习与学过的主题相关的材料。如果有老师的话，他可以被安排在任何地方，并且可以通过各种媒介方式与当前注册的学生交流。

电子学习具有互动交流方面的优势，摆脱了时间和地理位置的限制。电子学习对资料进行组织、更新和发布的方式使得它具有早期基于电脑的学习项目所不具备的优势。早期的基于电脑的学习项目一般是为单机电脑设计的，学习课程被制作到软盘和光盘上。如果程序要想收集学生培训课程的进度数据，那么这些数据只能被存到本地的电脑上。随着时间的推移，将学习项目转化为基于网络的软件能够带来的优势日益明显。软件可以安装在整个局域网或广域网当中，员工可以通过服务器访问而无需本地安装。网络软件还允许增添更多的实用的课程管理系统，因此培训管理者和老师可以在一个数据库中记录所有员工的进度。

当互联网出现并在工作场所和家庭中得到广泛应用的时候，基于电脑的课件的许多局限性也开始突显出来。不发布新的光盘，刻录在光盘上的课件就不易升级，因此资料很容易过时。由于发布成本的原因，制造新版的费用十分昂贵。有了基于网络的学习资料，信息可以在服务器上更新，企业的所有人不管在何处都能得到更新后的信息。

既然电子学习拥有上述诸多优势，为什么工作场所中的电子学习仍然发展缓慢呢？最明显的一个原因就是用以支持电子学习环境的软件成本很高，这些软件包括进程追踪、内容管理系统、课程管理工具以及互动支持软件。另外一个障碍是将传统的课堂讲授的直接形式转换为电子学习的形式需要较高的成本，而且非常困难。尽管把练习册放到网上以及为单个课程安排一些小测验并不困难,但是一个典型的公司讲师引导的培训项目要更加丰富和复杂。它可能包括印制的练习册和课本、录像带、课堂练习、评估方法、客座讲师,小组任务和一位辅导小组学习材料并评估学习进展的老师。这位老师可以根据小组的需要调整课程,随时添加最新的资料,请人讲演以激发兴趣,并直接通过问题考查学生。实现从基于传统课堂的学习形式到电子学习形式的跨越远比许多人预想的要困难得多。

电子学习的效果如何?

对远程教育课程的主要争论在于它的效果,而衡量效果时通常是以面对面课堂教学形式的经验作为黄金标准。就此开展的研究已经数以百计,这些研究采用各种不同的因变量,比较了各种类型的远程教学与课堂教学的效果。北卡罗来纳州大学的托马斯·L. 拉塞尔总结了其中的一些研究,并在他的书中和一个名为"无显著差异现象"(The No Significant Difference Phenomenon)的网站上提供这些研究的摘要。一个名为"显著差异现象"(The Significant Difference Phenomenon)的网站列出了那些发现了差异的研究。[146]尽管多数研究还没有发现远程学习与课堂学习的效果存在很大的差别,但是许多研究已经发现了一些细微的差异。然而,研究的学习项目类型、使用的控制以及测量工具各不相同,因而仍有很大的讨论空间。

例如,让我们考虑一下伊利诺伊大学厄巴纳香槟分校的斯科特·D. 约翰逊与其同事们所开展的研究。该项研究对一个研究生班采取两种教学方式,一种采用传统的面对面的教学方式,另一种则采用在线的教学方式。[147]采用不同方式的两组学生在学习成绩方面,包括最后项目的评分,均没有显著的差异,而评委们在评估时也不知道所评估学生接受的是哪种教学方式。然而,两组学生的态度却有所不同。与在线课程的学生相比,面对面班级的学生对课程质量以及老师做出了更为积极的评价。这表明,参与在线学习的学生与参与教室学习的学生表现得一样好,但是前者对学习过程的喜欢程度要低于后者。

另有一项研究提出,在一定程度上,学生是被随机安排还是自我选择学习方式会导致研究者得出不同的结论。雅典技术学院的斯特凡妮·B.瓦斯卡尔对选择在线学习或者课堂学习一门心理学课程的学生进行了研究。在第一项研究中,她让学生们自己选择学习形式。[148]她亲自教授这两种形式的课程,并发现在线学习的学生考试不及格的可能性要明显大于课堂学习的学生。然而,在接下来的研究中,她把学生随机安排到两种教学形式之中,结果发现学生的考试成绩没有显著的差异。

在一些情况下,电子学习的学生的成绩要优于课堂学习的学生;在另一些情况下,电子学习的学生的成绩又不如课堂学习的学生;在多数情况下,二者没有差异。然而,得克萨斯州技术大学的威廉·梅基和鲁斯·梅基发现,他们的基于网络学习的学生的考试成绩始终优于面对面课堂学习的学生。不过,基于网络学习的学生对课程的喜欢程度更低,这与其他研究者的发现是一致的。在最近的一项研究中,他们明确了其中的一个变量,这个变量或许可以解释一些有关学生成绩的矛盾之处。由于电子学习的多数资料都是以文本、图表和视频文件的形式呈现的,因而他们做出假设:能够较好地理解这些材料形式的学生从基于网络学习中获益最大。

在梅基等人的研究中,参加心理学导论课程的学生有课堂教学和网络教学两种选择。[149]在课程开始前,学生们参加了一些评价他们的多媒体理解能力的测试。除了文本理解的问题外,这一系列测试还包括了带有内容提问的视频阅读材料。通过向受试者演示一组没有文字的幻灯片,询问与内容相关的问题来评价受试者对图表的理解能力。

总的来说,基于网络教学的学生成绩要稍好于面对面课堂教学的学生,与以往一样,基于网络教学的学生不太喜欢自己的课程。然而,基于网络教学的学生的成绩优势主要归功于一些成绩非常高的学生,他们在多媒体理解的系列问题中也取得了高分,而那些在多媒体理解的系列问题中得分较低的学生根本没表现出任何成绩上的优势。

超越苹果(现场课堂)和橘子(电子学习)

威廉·梅基和鲁斯·梅基的研究表明了进一步了解电子学习课程细节的重要性,包括选择电子学习课程学生的能力、学习风格以及资料呈现的形式。对于远程教育能否像课堂教学和讲座方式那样有效地探讨尚未得出什么结论,特别是大多数研究还没有设计出一个能将苹果与橘子相互比较,并得出关于为什么学生成绩会有所不同的结论,即使学生成绩确有差异。例如,在线课程可能会有不同的作业,不同的上交期限和不同的老师,而且通常学生也不是随机安排的。然而,许多研究都有助于弄清远程课程的特征,尤其是受到欢迎的能够营造有效学习环境的远程课程的特征。

有关的讨论还会带有一些政治色彩,这使得客观地评价电子学习方法的效果更加困难。例如,美国教师联盟(American Federation of Teachers)在《高等教育纪事》(Chronicle of Higher Education)和其他报纸上刊登广告,讽刺远程教育并质疑它的效果。广告以《星期六晚间直播》(Saturday Night Live)中吉多·萨尔都奇老爹"5分钟大学"的著名笑话为特色,暗指借助令人质疑的在线学位项目"5分钟大学"即将变成现实。广告说,"仅仅因为远程学习提供大学教育在技术层面上具有可行性,并不能使其在教育意义上也具有合理性。"根据美国教师联盟和国家教育协会(National Education Association)的要求,高等教育政策研究所对远程课程的研究进行了一次评估。[150]调查报告指出,大量声称"没有显著差异"的研究存在着很大的缺陷,因为它们缺少控制组和其他典型的实验控制手段。美国教师联盟散发了这份报告,但是远程教育的支持者却指出,由于发起人的政治动机,报告可能会带有偏见。远程教育的支持者还指出,传统的课堂教学确实也有许多缺点,而且教学质量更是参差不齐。也不是所有的学生都能在课堂环境中学得很好。

正如我们在前面几章所讨论的，互联网在去居间化中扮演着举足轻重的角色，教育作为最有争议的领域之一也正在经历着去居间化的过程。打算通过互联网购买酒类的消费者对于想要阻止网购形式以保护自我商业模式的酒商们没有什么同情。然而，跨越现场课堂中的教师，以及置身于大学校园所带来的潜在优势就另当别论了。学习是一件"能被投递的商品"，和酒类商品比起来，对"学习"这种商品做出量化和评估更加困难。弱化或消除现实中的教师及大学校园的作用，进而改变学习的递送渠道，可能会对教育的整体效果产生重大影响。围绕着远程教育的许多争论，以及针对远程教育与传统教学方式的对比研究都在关注如何定义教育质量这个难以捕捉的东西，同时人们也在思考在互联网时代教与学究竟意味着什么。

电子学习课程下一步应该超越课堂形式与电子学习形式之间的讨论，明确远程学习的哪些方面效果很好，这些方面对哪些人效果很好，以及为什么对他们效果很好。在技术条件允许的情况下，对电子学习的成功十分重要的哪些特征是我们应该尽可能接近地从面对面环境中复制的？哪些特征是无论如何也无法复制的？哪些课程是最适合采用电子学习方式的？最后，通过基于互联网的电子学习我们能够完成哪些在课堂情境下无法做到的事情？此外，我们如何利用和改善网络技术的教育功能？在某种意义上，这就像在问最好去参加"amazon.edu"的哪门课程。要参加的课程应该是那种除了在特定的细节方面之外并非照搬课堂（或书店）的环境，能够利用互联网的其他特征为教育平台带来新功能的课程。最明显的一个特点，也是一直能够吸引众多全职工作并负担家庭责任的业余学生的特点是，在线课程省去了晚间上课的舟车劳顿和雇用保姆的费用。不仅对于这些非传统的在职学生，而且对于那些需要在办公桌前即时学习和那些没有时间参加公司更多正式培训课程的员工而言，随时随地上课的便利都是一项极其重要的特色。

电子学习优于由现场教师引导的传统学习的另一潜在优势在于能够大规模地设置个性化的课程。在前几章我们看到，许多电子商务的卖家正在使用这种方法,他们根据消费者提供的信息,或者根据收集到的消费者网站浏览习惯的信息为每位客户提供个性化的产品和服务。学术改革中心(Center for Academic Transformation)的执行官,卡罗尔·特威格坚定地指出:"……只要我们不断地在线复制传统的方法(并继续以同样的方式对待所有的学生)——我们会再次发现学习效果'没有显著差异'的现象。[151]"

根据每名学生的需要定制个性化的教育在过去确有尝试,人们偏好不同的学习方式、不同的媒体与学习环境,需要不同的互动、交流或是反馈,这些都不足为奇。提供个性化的教学是教育的基本原则,但是遗憾的是,出于成本的原因,这一原则还没有广泛或十分有效地得到运用。1∶40 的师生比例无法实现大量的个体评估、资料定制或一对一的指导。我们缺少对学习风格与课程内容、形式如何互动的了解,这也束缚了个性化的教学。然而,大规模的个性化应该变得更加经济、更加简单易行,就像遍及全球的电子商务一样。随着对如何实现学习环境和学生的最佳匹配的进一步了解,我们可以充分利用互联网具备的所有功能,诸如个体成绩评估、对学生活动的详细记录、多媒体互动课件以及高带宽通信,从而设计出更好的课程材料。

电子学习面临的挑战

林林总总的电子学习将在工作场所扮演极其重要的角色。更多的企业将会研发用于公司培训的电子学习方法,正如美国军队已经开发出超过 400 项从基本技术到管理培训的课程。同时,利用学费补偿计划和工作场所办公室的快速互联网连接,很多员工将注册由高等教育院系提供的远程课程。从便利性与可及性更高、可重复利用的学习模块到节约差旅费用,电子学习尽显其不容忽视的强大优势。然而,电子学习面临的挑战同样不可小觑。

工作场所中的互联网——新技术如何改变工作

内容为王

分布在互联网的数字化内容的质量是开创电子学习项目至关重要的因素,但是能在线获得的高质量资料却很少。当前,大量的商业和学术资源仍主要源自纸张和书本形式。在线内容的提供者各自为营,与繁杂的方法与商业模式相抗争。这些供应商也没有像图书馆对有 ISBN 码的书籍进行编目那样,对开发的多数资料进行任何正式的编目。这里也鲜有对数字化内容成熟的评价流程,成熟的评价流程可以使培训管理者、教师或学生了解某项在线课程的质量。例如,一位培训经理发现公司所有分支机构内的部分员工需要对会计知识有更深入了解,但他很难甄别所有的备选课程,更不用说评估它们的质量。

谁在开发电子学习的数字化内容?在高等教育领域,多数老师在打算涉足远程学习时都是先自己尝试。他们建立网站提供课程大纲和小型讲座、幻灯片演示、图像、音频文件、甚至视频短片。在拓展课程内容的项目中,老师们可能与教育设计师和软件开发工程师合作,使用大学提供的课程管理系统,令在线课程更加生动,更具实用性,看起来更专业。在1990 年代后期,许多商业机构加入了竞争,开发和销售"成品"(off-the-self)通用课程,这些课程可以通过网络来学习,适用于诸如信息技术和财政服务等领域。有些情况下,公司会调整基于电脑的课程软件以适应在线环境,在其余情况下,他们会制作全新的课程。很多课程是自定进度的,其他则是以教师引导一组学生按照大纲进度授课的形式进行。为了顺应大公司的需求,让电子学习与其公司的政策、流程和任务紧密结合,开发适应客户需要的个性化课程也变得更加流行起来。

数字图书馆是一直增长的数字内容的主体,尽管增长的速度很慢。虽然对许多学科而言,诸如基础 HTML 技术这样的课程的质量可能并不需要一家综合性图书馆的支持,但是电子学习中的高端内容(特别是学术性很强的内容)则必须拥有图书馆的支持。在农村银行分行上班,享受银行学费优惠政策,注册了税务会计课的学生,如何完成课程布置的学期论文或案例分析研究？她可能会去一所大学的图书馆，但是她会更喜欢在线获取资料。期刊资源如《会计学》或《ABA 银行杂志》(ABA Banking Journal)正在被逐渐搬到网上，学生可以进行查找并阅读所需文章的在线版。然而，获得图书的在线版本却困难得多，尽管发行商正努力开发出越来越多的方式来出版电子图书，尤其是针对那些已经有了电子版本的最新书目。例如，Netlibarary.com，提供大量出版商的全文图书，其中包括剑桥大学出版社——即本书的出版商。

人们如何才能获得这种数字化的内容？答案显然是使用他们台式电脑的互联网浏览器，但是这个问题却引发了我们在前几章讨论过的许多问题，尤其是那些涉及改变发布信息产品商业模式的问题。数字内容的市场仍然处于不断变化之中，目前有许多访问策略和商业模式以混合的形式出现。

一种模式是个人注册一门课程，在一段时期内可以进入学习课程的内容。例如，登录 DigitalThinK.com，花 99 块钱购买一门有关人力资源管理法律问题的在线课程。另一种模式是个人订阅一家出版商的汇总资料。订购者使用信用卡支付月订费就可以享有出版商网站的一组注册名和密码，并以此调阅出版商提供的所有资料。认识到许多人不会仅仅对一家公司的出版物感兴趣，因而收购人这一职业应运而生。他们与众多出版商签订授权协议，并随之销售所订阅的全部内容。

另外还有一种是许多大学所使用的组织网模式。团体组织成为自己的"收购人"，它们订阅大量适合自己学生的数字内容。学生们会收到确认他们是大学社区成员的注册名和密码，随后便可以获取领域非常广泛的各种资料了。例如，在约翰·霍普金斯大学我能通过自己的电脑获得种类多得令人惊愕的数字资料，那是多数互联网用户在开放的互联网上得不到的，其中包括学术期刊上的论文、会议记录、报纸和普通杂志上的文章、电子图书、统计资料和商业情报。你在本书的参考文献中可以看到许多资料都源自电子检索。

内容拥有者保护其内容的方法以及内容消费者花钱购买的方法是不

完整的、令人迷惑的,而且时刻都处于变化之中。对于卖家和想要寻求其版权保护方式的出版商来说,被称为 DRM 的数字版权管理(Digital rights management)是一个动态的领域,大量的实验研究正在追踪诸如软件、音乐、教育资料等信息产品的使用情况。例如,在教育领域,网络图书馆使用了一种数字版权管理的方法,这种方法采用了实体图书的象征形式。团体组织购买一定数量的"副本",管理软件禁止团体成员"结算"超过一定数量的副本。当然,读者们可以同时访问数字读本,图书的象征形式也营造了一种人们所熟悉的数字版权管理氛围。

然而,一些 DRM 方法,例如,软件巨头 Intuit 公司推出的保护其报税软件的繁琐激活设置,已经引发了高声的抗议。购买者在安装软件后必须连接到 Intuit 公司的网站或者在电话键区输入所有的密码才能够激活软件,而且只能激活一次。消费者的硬盘损毁或是更换了新电脑,要想重新安装并激活就必须通过层层验证,公司消费者服务台的询问有时还会带有敌意和怀疑。Intuit 公司为实现其版权控制所使用的软件也遭到了指责,因为用户在系统崩溃之后无法卸载该软件。[152]消费者、学生和教育组织想要的不是那些繁琐的设置,这会妨碍与限制他们的使用,降低产品的效用,或侵犯他们的隐私。理清所有的版权问题,将人性化和公正平等引入数字产品领域是电子学习项目将要面临的重大挑战。

版权、所有权和"剪切粘贴"现象

从所有权的观点来看,版权问题再次成为电子学习项目的一大挑战。试想有一款用于教导学生如何计算均数、众数和中位数的课程软件模块。当地一所社区大学的商业统计老师已经把这部分教学内容纳入了他的课堂内容,现在他想把它放在网站上提供给新的远程班同学。他制作了一个网页,并在一些学生的帮助下编写了一个他所设想的互动应用小程序。这个应用程序向学生展示一组员工和他们的年收入数据,并允许学生修改首席执行官的薪水。薪水的均数、众数和中位数都会自动计算出来,因此学生们可以马上看到在企业里通过选择不同的集中趋势计算"平均"工资给人们留下不同的印象有多么容易。这位老师的同事看到这个网站，便给他发了一封电子邮件，并附带了一段她所写的与"用统计骗人"有关的逸事。这位老师从电子邮件上把那则逸事剪切下来，然后直接粘贴到了网站上。网站的老师和学生程序员都是通过各自家中和大学里的电脑来构建这个网站。

上述粘贴内容的所有权属于谁？

如果没有人想购买或者使用这个网站，那么这个问题可能就不太重要了（适用于大多数网上内容）。但是，假设有一家出版商建议老师购买为企业设计的现成的课程内容，结果又会如何？解决"剪切粘贴"世界里数字内容的所有权问题着实令人头疼，而且引发了不少官司。在很大程度上，对于现场老师引导的课程来说，版权和所有权的问题早就已经解决了，但是当我们打算把那些解决问题的模式应用到数字环境时却会遇到麻烦。例如，一位老师的讲座可以被录成视频并存放到网上用作今后的远程课程。那位老师有资格获得版税吗？假设一位新老师想要更新这个统计网站，讲授课程的另一部分内容，这位老师有权利修改原始的数字内容吗？对于这些问题合理的解决办法就是通过合同或协议事先决定下来，谁拥有哪些内容以及使用这些作品谁有资格获得报酬？所有权问题的法律纠纷已经搞得各个大学焦头烂额，如今他们尝试通过事先商定所有权的细节和签订书面协议来防范这些问题。

电子学习的另一项版权问题涉及教师所使用的课程资料。如果商业统计教师有一段从图书馆借来的高薪 CEO 的视频剪辑片断，教师是否可以将其数字化并添加到教学网站上？得益于 1976 年的著作权法和该法中被称为"教师免责"的条款，他可以在现场课堂中播放这段视频。然而那个免责条款规定，在教学环境中使用受版权保护的资料必须是在非营利的机构中，而且只能在学生和老师都在场的面对面的教室里。但是，老师可以让注册了电子学习课程的学生们观看这段视频剪辑吗？著作权法所界定的教学环境已经不再适用于电子学习领域，尽管正在出台新的法律,但是那些法律仍然是在保护知识产权。技术、教育和版权融合法(TEACH Act)试图扩展电子资料在电子学习环境中的使用范围,并阐明教育者应该如何在电子教学环境中使用受版权保护的资料。例如,该法不再规定教室必须是某种物理场所。[153]

211   最后,电子内容可以轻松获取的特性,以及任何人可以剪切粘贴内容到新作品的随意性,也给教育环境带来了相应的挑战——剽窃。一直以来这都是一个问题,并非始于电子学习,但是互联网确实使得剽窃更加容易。任何人都可以复制网上找到的数字作品中的段落,并粘贴到学期论文里。此外,还有大量网站开价出售完整的学期论文,这些网站通常使用不太惹眼的名字,比如"研究助理"。然而,互联网也提供了一种对付剽窃的相应策略。只要稍微花一点费用,老师就可以向一家在线服务机构提交一篇论文,该机构会将这篇论文与可能受到剽窃的上百万种在线资源进行比对,包括学期论文代理作坊。返回的报告将用颜色标示那些与现有作品近似雷同的段落,并提供可能剽窃源头的 URL 地址。

技术的挑战

从技术上讲,电子学习已经在发展过程中经历了许多挫折。电子学习可以论证的雏形可以追溯到 1960 年代被称为 PLATO 的计算机辅助多用户教学系统。这个新颖的软件平台由伊利诺伊大学厄巴纳香槟分校的计算机辅助教育研究实验室(CERL)开发。这一系统迅速发展,形成了自己的编辑语言,以及供学生使用的带有专门按键的专用终端机,并且还拥有一个不断发展的课程软件模块与数字内容图书馆。后来多数的系统都是由教师和学生开发出来的,他们编写模块用以处理数学、哲学、外语以及其他学科的问题。PLATO 包含了用于协同工作和讨论的群组软件的早期形式,而且随着 PLATO 的发展,出现了一个由忠实的拥护者搭建的在线社区。在 1980 年代,现在已经不复存在的控制数据公司(Control Data Corporation)接管了 PLATO 项目,并开发了看起来和感觉上更为现代的 CYBIS 系统。在那时 PLATO 系统已经拥有了数以千计的课程软件模块，但是许多已经过时了。

PLATO及其众多派生产品都逐渐消失了，随之一起消失的还有很多过时的课程软件、专用终端和复杂的版税支付方案。部分问题出在PLATO系统的技术架构上——它要求一台昂贵的主机和众多专用终端机。编辑工具和使用界面都是专用而晦涩难懂的。创建课程、安装设备、排除网络连接故障、设定课堂管理选项，以及训练人们使用PLATO系统这些过程需要大量的脑力、承诺和财力。群组软件经常发生故障，网络连接会出现中断，这使得学生们很苦恼，他们更感兴趣的是学习课程，而不是对某种全新的课程递送形式进行最后的测试。当PLATO在控制数据公司旗下变得商业化时，冗长的磋商以及许可权与使用权激烈的法律纠纷进一步令潜在用户对PLATO失去了兴趣。

PLATO遇到了种种麻烦。尽管它的复苏仍须等待互联网的广泛使用，仍须等待更好的编辑工具和更加友好的网络出现，但是人们对网络和电脑辅助的分散式学习的兴趣没有退去。现在的电子学习技术领域有了很多选择，甚至有点过多了。最初，课程开发者们热衷于那些能够帮助他们格式化网页、编辑资料和插入多媒体元素的功能强大的编辑工具。课程软件管理系统的出现使得老师和学生有了更多的能力来管理和运用在线课程。除了编辑工具，这些系统还增添了进程追踪、考试递送、在线讨论版、作业投放箱、聊天室、日历系统、虚拟教室和其他一些特色功能，使得创建课程、与学生互动、管理课程进度和评估学生学习状况变得更加容易。

下一代电子学习组件包括了能让教师更有效地管理学习环境的软件产品，这些软件尤其针对那些已经为员工提供或打算给员工提供众多电子学习机会的大型公司。例如，一些下一代的电子学习组件可以提供内容管理功能，因此作者们可以轻松地处理同一课程模块的众多版本，并在编写课程材料方面进行合作。

电子学习所要面对的一项重大技术挑战是为开发课件以及在线课程管理系统制定策略和标准，尤其是要让有价值的电子材料更易于编目、共享和重复利用。尽管制定并实施标准会改变某一特定平台,甚至会造成某一特定平台的消亡,但是更多的标准化将有助于确保平台的长期生存。如果开发课件时像PLATO那样采用专门的格式或形式,那么课程软件的存在就完全依赖于相应的基础构架。一些基于网络的课程模块也陷入了这样的困境,因此为某一课程管理系统建立的模块不太容易移入另一模块。我们看到许多课程软件的退役是因为它们无法实现从Windows98向Windows2000的过渡。浏览器也在改进和变化,针对为某一版本编写并测试完成的课程软件也许在下一版本内或者另一款竞争对手的浏览器上无法再运行。课程管理系统本身自成一家,因此用户的个人资料、使用统计和其他类型的追踪技术在系统间互不兼容。

人们正在努力制定开发标准以减少上述混乱的局面,这样一来,开发出来的课程软件和系统就不再那么严格地受制于特定的平台,能够被灵活地反复使用。这些努力将促进模块的获得,搜索特定主题模块的教师可以更加轻松地定位各种备选内容并找到他们想要的内容。模块的生命力和便捷性将得到改进,从而使某一学习管理系统下的模块可以被移动到另一个系统当中。例如,由国防部启动的高级分散式学习先导计划已经制定出一套被称为SCORM(可分享内容对象参考模型)的标准,用以提高课程内容模块的兼容性。SCORM部分基于非营利组织Educause的项目——始于1997年的教学管理系统(IMS)项目,Educause这一组织的宗旨就是促进技术在高等教育领域中的合理应用。XML(可扩展标示语言)在这些标准制定中扮演了关键的角色,它将促进为互联网递送所开发的系统间的互用与互动。正如IT专业人士幽默地指出,标准的好处就在于有如此多的选择。正如绝大多数旨在确保互联网中软件互用性的标准,电子学习的标准也在发展和不断变化。不过,打算购买电子学习组件和数字资料的精明的消费者应当促使商家实现产品在互联网中的互用。

少即是多吗？

  参与电子学习项目的学生们对于什么有效、什么无效有很多话要说。一次在线办公时间的聊天中，有一个学生说："如果我们全都使用视频会议看到彼此，那么所有事情都会变得更好。"另一个同学则迅速做出回应，一边滚动着聊天屏幕一边评论道，"你一定是在开玩笑——我穿着睡衣呢，我可不想让别人看见！"

  随着学习系统和电子学习组件的特色变得更加突出，为学生们增添多种技术功能并让他们获得越来越多的资料已经成为一种趋势。学生们可以查阅各种各样的讨论版，加入群聊，在多媒体教室观看一些视频剪辑，进入协作文档编辑区参与他们的小组项目，填写课程调查，就某一话题进行投票，以及查看无穷无尽的"额外资源"链接，每一种链接都会把他们带到另一个充满了自有内容的网站。印第安纳大学的原正义子（Noriko Hara）和罗布·克林对参与一门网络远程课程的学生进行了一项民族志研究，发现数量惊人的学生由于交流问题、技术问题和课程负担过重等原因感到了受挫和压抑。[154]一些人对界面、学习曲线和大量的功能选择感到不知所措。很多人对教师期望阅读的信息和材料的数量感到力不从心。

  上述评论和发现表明我们有必要保持谨慎。当简约成为准则时，老师和学生可以专注于内容而非界面或令人惊叹的技术功能，他们还可以避免淹没在众多无关资料和分心的事物中，在这种情形下，电子学习的效果更好。随着软件、标准和互联网本身的成熟，技术功能可能变得更加天衣无缝，学生们不必再费劲地花上一个小时来搞清如何下载插件来观看某老师的视频影像，或是花那么久的时间对浏览器进行适当配置。如果员工们能够专注于他们的主要目标——学习，电子学习项目将为工作场所及其员工带来最大的价值。

注 释

142. Evelyn, S. (2002). Nontraditional students dominate undergraduate enrollments, study finds. *Chronicle of Higher Education*, June 14, 2002, A34. Retrieved April 4, 2003, from *Chronicle of Higher Education* Web Site: http://chronicle. com
143. Wirt, J., Choy, S., Gerald, D., Provasnik, S., Rooney, P., Watanabe, S., & Tobin, R. (2002). The Condition of Education, 2002. U. S. Department of Education Report, NCES 2002025. Retrieved April 4, 2003, from National Center for Education Statistics Web site: http://nces. ed. gov/pubsearch/pubsinfo. asp? pound=2002025
144. Carenevale, D. (2003). Slow start for long-awaited easing of copyright restrictions. *Chronicle of Higher Education*, 49(29), A29.
145. Igou, B. (2002). How enterprises select e-learning training providers. Gartner Dataquest Perspectives Note Number ITSV-WW-DP-0255.
146. Russell, T. L. (n. d.). The no significant difference phenomenon. Retrieved January 14, 2003, from http://teleeducation. nb. ca/nosignificantdifference/
147. Johnson, S. D., Aragon, S. R., & Shaik, N. (2000). Comparative analysis of learner satisfaction and learning outcomes in online and face-to-face learning environments. *Journal of interactive Learning Research*, 11(1), 29—49.
148. Waschull, S. B. (2001). The online delivery of psychology course: Attrition, performance, and evaluation. *Computers in Teaching*, 28(2), 143—147.
149. Maki, W. S., & Maki, R. H. (2002). Multimedia comprehension skill predicts differential outcomes of web-based and lecture courses. *Journal of Experimental Psychology: Applied*, 8(2), 85—98.
150. Phipps, R., & Merisotis, J. (1999). What's the difference? A review of contemporary research on the effectiveness of distance learning in higher education. Institute for Higher Education Policy. Retrieved February 12, 2003, from http://www. ihep. org/Pubs/PDF/Difference. pdf
151. Twigg, C. A. (2001). Innovations in online learning: Moving beyond no significant difference. The Pew Learning and Technology Program. Retrieved May 6, 2003, from: http://www. center. rpi. edu/PewSym/Mono4. html
152. Machrone, B. (2003). Turbotax and DRM: Why it matter matters. *PCMagazine*, 22(6), 55.
153. Gasaway, L. N. (2001). Balancing copyright concerns: The TEACH Act of 2001. *Educause Review*, November/December, 82—83. Retrieved online August 15, 2002, from http://www. educause. edu/ir/library/pdf/erm01610. pdf
154. Hara, N., & Kling, R. (2000). Students' distress with a web-based distance

education course: An ethnographic study of participants' experiences. CSI Working Papers, Center for Social Informatics, Indiana University. Retrieved July 10, 2002, from Indiana University Web site: http://www.slis.indiana.edu/CSI/Wp/wp0001B.html

第九章
工作场所的监视与隐私

"你没有隐私,接受这一点吧。"

——斯科特·麦克尼利(Scott McNealy),
太阳微系统公司(Sun Microsystems)首席执行官

互联网和以网络为中心的技术为工作场所中的员工开启了一扇通向外界的窗口,但是这个窗口却不只是开向一方。正如员工可以通过电子手段联系上全球范围内使用网络的任何人或获得任何与网络相连的信息资源一样,雇主(和其他拥有合适工具的人)也能够通过这一扇窗口观察并记录员工的活动。我们只是刚刚开始意识到这一网络核心特色的影响,以及它对于隐私、生产率与绩效、安全、企业关系、管理、压力水平、工作场所暴力和工作满意度意味着什么。随着能够与网络相连的电子设备日趋尖端(不管这种连接是有线的还是无线的),工作场所中的监控项目成倍增长,而且变得愈加深入而有力。麦克尼利的话语是对监控项目威力巨大令人恐惧的提醒。

美国管理联合会(AMA)每年都会调查公司工作场所内监视监控的实施情况,报告实行主动监控的公司数量正在稳步上升。1997年,有大约35%的公司主动采用了一些监视员工的手段,这可能包括对电话交谈内容进行录音、保存和检查语音邮件信息、检查电脑文档和电子邮件信息,以及对员工活动进行录像。2000年这个数字已经超出了1997年的两倍,几乎有四分之三的美国公司主动选用了某种电子监视工具来监控他们的员工。还有一半以上的公司通过记录员工所访问的网站或采取其他追踪手段监控员工使用互联网的情况。[155]

员工是如何被监控的？

根据美国管理联合会的调查，对互联网链接的监控是最常用的监控手段。有超过半数的被调查公司报告，他们对员工访问了哪些网站、在网站停留了多长时间进行了监控。2000年，排名第二的常用监控手段与电话监控有关。44%的公司报告他们记录了员工打电话的时间和次数，但是很少(11.5%)真正记录电话交谈本身的内容。然而，在2001年，公司对电子邮件信息的监控超过了对电话的监控。2001年有几乎半数的公司报告他们存储并检查员工的电子邮件信息。

其他相对常见的监控手段包括保存和检查电脑文档，以及出于安保目的而进行的视频监控。用于视频监控的摄像机可能被安置在走廊或门口以便拍到带走设备的小偷。视频监控还会被一些公司用于评价工作表现而非安保目的，但是这样的公司很少(11.7%)。最不常用的监控手段之一是保存和检查语音邮件信息，尽管这种监控手段的使用也在增长。

通过验证进行监控

当员工试图使用资源的时候，例如一座大楼或是一个计算机系统，他们在常规的验证过程中就被监控了，尽管"监控"和"监视"这两个词通常不是用在这样的背景下。为了确保员工就是他们所声称的本人，雇主可以使用一种或多种策略来验证他们的身份。这些验证策略依靠三种测试来评价这个人知道什么、他有什么，或者他是什么。

许多验证策略都会使用第一种测试，即评价某个人知道什么，让员工输入用户名、密码、和个人验证码(PIN)。只要别人不知道这些信息，那么密码一旦被使用，雇主就可以验证员工并监控员工的活动。雇主还可以采用第二种测试来验证员工，即评价某个人有什么，例如通过验证员工的驾驶证、护照、带签名的社会保障卡、磁条、照片、微芯片或无线标签。最后，雇主可以通过评价某个人**是**什么，即检查员工的一些可记录且独一无二的特征来验证某个人的身份。指纹、视网膜扫描、面孔扫描或 DNA 都行，就像一些公司信任的并且认识你的检查人员点头让你通过一样。

　　上述三种验证策略分别评价某个人知道什么、某个人有什么以及某个人是什么，这三种策略的安全性是不一样的。众所周知采用密码是非常不安全的，因为它们极易被获取或猜出。数量极多的人使用自己的名字或是爱人、孩子或宠物的名字作为他们的密码。有技术偏好的人会将自己喜爱的科幻小说或电影添入自己的密码列表中，如星际旅行进取号的呼号（NC1701）。此外，由于每人都要提交那么多密码，因而他们通常重复使用同一密码作为他们进入所有电脑系统的密码，或者反复地使用为数不多的几个密码。经典之作《实用密码技术》（*Applied Cryptography*）的作者布鲁斯·施奈尔（Bruce Schneier）提出了一个侵入上千家企业网络的非常简单的方法，那就是创办一个免费的色情网站，只要访问者创建一个用户名和密码就可以进入。很有可能的是，访问者注册时所输入的密码与他们所使用的公司网络密码相同，而且他们可能会从下载更省时的工作场所登录。太棒了！现在色情网站的网管就这样得到了有效的用户名、密码和公司的网络地址。[156]

　　验证对于安保工作以及在企业数据库中跟踪某人做了什么至关重要。当正在操作财务系统的一名会计把一笔费用增添到客户账户时，系统将自动把这名职员的用户名和日期时间在数据库记录中进行标记，从而建立完整的审计追踪记录。用户名取自登录名，因此会计不必在每条记录上都输入他名字的首字母。过去，会计只在进行交易时登录系统，完时退出系统。登录名只用于记录会计在财务系统内做了什么。然而，现在由于网络和以网络为中心的服务几乎支持我们在工作中所做的一切，因而会计一开始上班工作就马上登录整个网络直到下班才会退出。登录名不仅在标记财务交易记录时可以使用，它在系统里可以全天使用。它能够跟踪和"标记"个人在电脑上所做的任何事情，无论是否与工作相

第九章 工作场所的监视与隐私

关,无论这个标记是否是财务审计人员需要的。如果你使用互联网查看周末的天气,系统就会获取你的行踪以及正在做什么的信息。如果你使用互联网查找有关艾滋病的医学信息,系统也能跟踪。在网络时代以前,如果我们在工作时想了解天气预报就得打开收音机或是翻看报纸。如果我们需要有关艾滋病的信息就得去图书馆或是看医生。如今,我们登录网络、接受验证并留下痕迹。

基于电脑的桌面监控

网络中心技术的日益精妙,使得监控更易实现、雇主成本更低、监控更广泛、更适时。这对于那些大半天都在使用电脑联网的人来说尤为如此。例如,**台式机监控**(desktop surveillance)是卖给公司的一款廉价软件产品,它提供多种监控选择,管理人员可以根据企业政策选择具体的监控方式。该软件可以监控每名员工互联网的使用情况,拦截不同类型的网站,记录登录退出时间,并且当有人发出的电子邮件中带有管理人员确认的启动关键词时,软件就会向网管发出提示。这款软件还可以设定对一天中不同时间内每台电脑显示器上的内容进行"快照",这样就可以看到没有登录的在线聊天情况。尽管收集来的数据量极大,管理者还是可以设定这款软件用以记录每名员工的每一次敲击键盘的情况。

另一款被称为**随处监控**(Surveillance Anywhere)的软件来自Omniquad公司,该软件承诺可以跟踪任何被标记电脑的活动,无论员工在哪里使用它。当员工连接到互联网时,日志文件和屏幕截图就会被传送到雇主的安全服务器上,管理者随时都可以对它们进行检查。这意味着,一名使用公司提供的笔记本电脑的员工在家或在路上也会处于监视之下,即使他们没有使用公司的网络。基于电脑的监视和针对互联网连接的监控正变得非常流行,面对需求,一个被称为**员工互联网管理**(employee Internet management)或 EIM 的新型软件产业已经应运而生。国际数据公司互联网安全部的分析师认为,2004年这个市场的交易额有望增长到 5.62 亿美元。[157]

通过查看活动的日志文件和实时监控按键敲击或屏幕截图,这些监控软件几乎可以让雇主检查一名员工在电脑上所做的一切。软件或硬件在某些情况下可以被直接或远程安装在员工的电脑上。例如,一些监控软件使用"特洛伊木马"的方式安装。使用者想要安装一个从服务器上下载的与监控无关的软件,或是打开一封电子邮件的附件时,监控软件也会随之被安装上,使用者也许知道发生了什么,也许对此毫不知情。一旦安装完毕,无论使用者在什么时候连接网络,监控软件都可以记录事件、进行快照并将信息传给服务器(通常是系统网管)。很显然,这一技术可以广泛地应用于在整个企业内秘密安装监控软件。管理人员可以选择和决定是否告知员工。

新兴的视频技术

较新的视频技术性价比更高,它们为工作场所的监视增添了重要的功能。例如,视频摄像机已经应用了一段时间,但是纽扣大小的网络摄像头价格低廉,得到了广泛使用,这已经改变了工作场所视频监视的动力学。主要出于安保目的而安装的大摄像机比较显眼,而微小的网络摄像头可以很容易地被安置在不太显眼的地方。这类摄像机拍摄的图像可以通过有线或无线方式传输到中心服务器,实时观看,或存储下来供日后复查。

面部识别软件日益增强的功能使得视频监视更加有效,特别是将这种软件用于通过面部扫描来识别和验证个人身份的时候。2001年在佛罗里达州的坦帕举行的超级杯(Super Bowl)比赛期间,官方采用的面部识别软件吸引了人们对这项愈加尖端的视频监控策略的极大关注,这一事件也激发了热烈的讨论。[158]执法官员能够将已知的恐怖分子、在逃犯和性侵犯者的面部进行扫描并存储到一个数据库中,并实时将人群中的面部扫描图像与存储的文件加以对照。扫描的工作有点像采集指纹,几何学上的面部识别点被编码、存储并用于对比,这很像数学上编码拇指指纹的螺旋曲线、点和分叉。在佛罗里达州的依波城,Viisage公司的产品"人脸发现者"(FaceFinder)也被用作识别犯罪嫌疑人的手段。在这条技术路线上的新产品将能够存储上百万个面部扫描图像,以用于检索和现场图像对照。

面部识别技术代表着身份验证领域的一项重大的变革,这主要由于面部识别技术不具有侵扰性。与指纹不同,面部识别技术是通过创建一个数据库记录并在随后对个人身份进行实时识别,无论被识别人对此是否有所了解。它还可以用于远程验证坐在电脑终端前的考试者的身份,例如远程教育项目的考试。在工作场所中,这项技术可以用来验证进入大楼的人员的身份或试图使用资源的人员的身份,或者用于雇用前的人员筛查。

位置感知技术

能够跟踪和传送个人所在位置的技术也正在兴起。例如,一些方法可以确定手机的位置,从这个意义上来说,手机具有位置感知的特性(一家知道你手机号码的餐馆可能在晚饭时段给正在开车的你打电话,告诉你今晚的特色菜)。全球定位系统技术(GPS)的性价比正变得越来越高,并且正在被嵌入各种设备之中,GPS通过卫星三角信号可以精准定位处于地球上任何位置的某一物体。汽车导航系统完美地应用了GPS技术,可以用作点对点的导航,只要驾驶员输入目标地址,系统就能计算出线路、行驶距离和大概的到达时间。地图会在小型显示屏上出现,显示起始地点。一旦汽车开动,导航系统就会根据汽车当前的位置发出友好的声音指示,在恰当的时间提醒驾驶员向左或向右转弯。GPS功能还正在被添加进个人数字助理(PDAs)之中,这样线路计划与行车方向就可以与实际安排相连接录入到日期簿之中。

智能对象和自动识别技术

我在前面几章所讨论过的超网(supranet)扩展了网络的定义,使网络远远超越了现有的通过有线或无线方式与互联网和其他网络相连的设备。一些技术的出现缩小了基于电脑的智能设备的尺寸和成本,这样一来就会产生许多搭载了芯片的新型边缘设备,这些边缘设备将远远超越电脑、手机、个人数字助理(PDAs)、网络摄像头或传呼机。这些边缘设备将使得对象(包括人类)能够与网络及其他边缘设备进行互动,从这个意义上讲,它们可以使目标对象变得具有更多的智能。这些智能对象将在网络中发挥它们的作用,包括作为监视工具。[159]

射频识别(RFID)是实现对象的智能化的技术之一,这种技术可以使对象独立地与网络进行沟通。电子标签就是射频识别技术的实例之一,使用电子标签,汽车通过高速公路收费站时不必停下就可以缴费。射频识别技术的另一项非军事应用是用于标记牲畜,此外更多的应用还在研发之中。

电子标签有点类似于条形码,某种意义上讲它们都可以被电子读取,都能用于识别某一特定条目。然而,电子标签装载了一块硅芯片,安装芯片意味着可以写入数据。同时,电子标签无须像传统的条形码那样进行光线读取。根据电子标签的大小和自带电源的情况,标签可以在更大的距离内读取——某些情况下可以达到100英尺。惰性标签只能被读取,但是活性标签既能被读取又能被写入,因而可以不断向对象的活性标签添加新的信息。各公司正在竞相开发射频识别技术和电子标签的许多新用途,例如开发智能卡,它可以用于安保控制、舰队管理、航空售票和行李识别、包裹递送和危险废弃物跟踪。对于经常移动的工作环境来说,如火车运输或海运环境,电子标签非常有用。如果一个物件能够自己报告它所处的位置、身份、移动轨迹、它的主人和其他特征,这毫无疑问是电子标签技术的创新性应用。

在工作场所中,电子标记跟踪和确认的目标对象可以是物也可以是人。它们可能被用于增强工作场所的安保控制以及跟踪医院或精神病医院的病人。教师也许想把它们用于学生实地考察的活动中,领队们要确保众多孩子身上都配有标签。芯片可能还会被安放在孩子的书包或运动装备包上，以保持对他们的监控。

为什么要监控工作场所？

企业管理者总是以这样或那样的方式监控他们的员工，如果没有别的目的那就仅仅是为了监督员工的工作。然而，新技术扩大了管理者的监视能力和范围，企业之所以使用它们的原因很简单：这些技术已经被开发出来，而且使用起来很方便。不过，在工作场所中实行监控是一件复杂的事情，既有正负两方面的影响，又有很强的道德压力。一个全面的监视项目可以发现那些"工作网虫"（cyberslacker），即那些浪费公司时间和带宽进行网上购物和投资管理的人，但是采用这样的监视项目也可能会付出一些难以发现的代价，包括工作场所中士气与生产率的降低、更加频繁的人员调动以及更容易遭受来自员工的隐私侵犯诉讼。雇主是如何权衡利弊的？为什么目前在如此多的公司里采用全面的监视项目都是利大于弊？

美国管理协会的调查显示，雇主反映他们实施监视项目的原因主要有五个。根据公司对这五个原因的重要性的排序，它们依次是法律责任、安全考虑、法律合规、生产率的度量以及绩效评估。法律责任排名第一，生产率和绩效评估排名最后的结果可能令许多人感到诧异。监控已经成为常用的监督策略，并成为管理者评估工人绩效，确保高效生产和提供反馈的一个手段。然而，在1990年代情况有所变化，这主要是因为电子邮件和互联网开始在工作场所中扮演重要角色。

法律责任

启动工作场所电子监视项目的一大关键动机与法律责任有关。这里的责任不涉及那些声称隐私受到侵犯的员工所提出的诉讼，而是涉及那些由于雇主本该知道却实际对员工行为一无所知而引发的法律纠纷。律师罗伯特·米尼和他的同事们在《雇员关系法杂志》(Employee Relations Law Journal)中描述雇主的责任时坦言:"私人雇主们不仅有广泛的权力监控那些所谓与雇员工作相关的'隐私',而且在很多情况下,法律实际上要求他们这样做。[160]"他们参照的法律特别提到了雇主有责任防止员工的违法行为,包括从事骚扰活动或由于疏忽而雇佣了对他人造成伤害的员工。

在骚扰案件中雇主的法律责任一直含混不清,但是一些案件通常会认定,雇主确实对其员工的骚扰行为负有法律责任。当雇主意识到在工作场所中有骚扰的情况发生时,他有责任采取行动来纠正这种情况,否则就要承担法律责任。然而,在哪些情况下可以应用这些原则仍然十分模糊。很难完全清晰界定雇主是否知道,或者是否本来就应该知道某种骚扰情况。**埃勒特状告伯林顿工业公司案**(Ellerth vs. Burlington Industries)就是这样的一起案例,一名叫做埃勒特的女员工因无法忍受主管对其使用大量性骚扰的言论而辞职。主管曾威胁她如若不顺从其要求就要给她制造麻烦,尽管主管没有像他所威胁的那样去采取行动,埃勒特也从来没有在工作单位向别人抱怨过,但是她在辞职之后还是以骚扰的罪名起诉了伯林顿公司。地方法院最初认定公司胜诉。埃勒特上诉,上诉法院撤销了地方法院的裁决。最高法院随后确认了上诉法院的裁决,认定即使埃勒特没有起诉,公司也应该对骚扰事件负责。

另一起发生在1998年的重要案件同样经历了一段曲折的法院改判过程。一名在佛罗里达州波卡雷顿市从事救生员工作的妇女遭到两名主管的性骚扰。在这起案件中,联邦地方法院裁决这名妇女胜诉,但是上诉法院撤销了地方法院的裁决。最高法院又撤销了上诉法院的裁决,认定该城市对其员工的骚扰行为确实负有法律责任。

两起案件都有一个共同的重要问题,即"交换型"(quid pro quo)骚扰与更为常见的"敌意的工作环境"(hostile work environment)两者之间的区别。在通常情况下,法院裁定雇主对"交换型"骚扰负有法律责任,但是"敌意的工作环境"比较难以证明,因为雇员没有遭受任何工作上的损失或者由于骚扰而减少薪水。上述两名妇女都不是"交换型"骚扰的受害者,因为没有任何工作歧视或降职的证据。令这两起案例不同寻常的另一个问题在于,没有一名妇女在被骚扰期间向公司或同事抱怨过,因此雇主毫不知情。最高法院认定,即使员工没有抱怨也没有产生负面的影响,员工仍然可以要求公司承担法律责任。这两起案例对雇主们来说是一个警示,他们不仅要制定出针对骚扰的政策,还必须确保这些政策得到贯彻。许多公司将这理解为,即使在没有人抱怨的时候,自己同样负有更大、更广泛的责任对工作场所中的骚扰迹象进行监控。国家女工协会(National Association for Working Women)的埃伦·布罗瓦指出,公司已经开始采取"非礼勿视、非礼勿听"(hear-no-evil, see-no-evil)的态度,这在工作场所中成了一大问题。最高法院已经不再鼓励雇主"把头埋在沙子里"了。[161]

第三起案例显示了法院现在如何看待工作场所以外的网络空间的骚扰行为。大陆航空公司的第一位 A300 飞机女机长因其公司员工在一个被称为"机组人员论坛"的电子公告栏上发布带有性别骚扰和侮辱的言论,而控告大陆航空公司敌意的工作环境。这个电子公告栏由 CompuServ 公司而非大陆航空主办,机组人员都是自己支付费用订阅这一服务。不过,大陆航空选择了 CompuServ 公司为机组人员提供其他服务,因而机组人员通过 CompuServ 公司做其他的事情也十分方便。新泽西法院驳回了原告的请求,随后上诉法院也认定大陆航空不应替在公告板上发表骚扰言论的机组人员承担法律责任,因为公司并没有要求它的员工进入这个电子公告栏。然而,新泽西最高法院不同意这一观点并撤销了之前的裁决。他们的结论是:

"尽管雇主没有责任监控其员工的私人交流,但是当雇主知道或者理应知道这是发生在工作场所及与之相关的环境下的一种骚扰形式的一部分时,雇主有责任采取有效的措施阻止员工的骚扰。"[162]

上面的结论意味着,尽管是在工作场所以外的网络空间,电子公告栏仍然是"与工作场所有关"的环境。[163]同时,如果没有实际监控员工们的交流,要想发现员工的骚扰绝非易事。

尽管这些法律裁决可能在某些方面有着积极的影响,但是在那个时候很少会有人预料到,这些法律裁决预示着监控项目将很快在工作场所中得到大量应用。雇主们因害怕遭到诉讼而大幅增加监控项目,并且随着实施电子监控的便捷方法的出现,雇主们开始采用这些方法。乔治·华盛顿大学法学院的杰弗里·罗森提出,过分强调雇主在防止工作场所"敌意环境"中的作用已经适得其反。罗森写道:"……如今它无意间的负面效应使得个人空间与公共空间的界限变得模糊起来。在一个自由的社会里,一些性表达(无意听到的玩笑、私人的电子邮件和同事间两厢情愿的关系)并没有对雇佣关系产生什么切实的不良影响,因此雇主对上述性表达进行监视、法律对它们加以惩罚是错误的。[164]"

安全考虑和公司泄密

雇主们把安全考虑看作是监控工作场所的第二项重要原因。这里包含的问题十分广泛,这些问题与法律责任也有些重叠,但是其中的一些问题主要涉及保护公司的信息安全,尤其是防止内部泄密。例如,丹佛野马队就采用了网络嗅探器(eSniff)这款广泛使用的监控软件。监控的目的是确保球队战术机密不会通过电子邮件传出或泄漏到队外。网络管理员将词语"前15"录入期望系统跟踪的短语数据库,以确保只要使用这个短语就启动警报。"前15"是被安排参加下场比赛的前十五名球员的简写。

公司机密的泄漏在电视产业也是一个问题,得到剧本的员工可能在电视公演前就将它们与影迷分享了。例如,在电视剧《X档案》公演之前,至少是在摄影场开始监控电子邮件通信之前,它的剧本就已经在eBay上被拍卖了。

9·11事件后,工作场所的安保工作受到了极大的关注,监控力度也随之提高。在2001年恐怖事件之后,雇主更加担心员工潜在的违法行为,因为雇主可能要为此承担法律责任。随后美国通过的《爱国者法》(The Patriot Act)赋予了法律执行机构更大的权力,他们可以在没有法院指令甚至事先没有告知雇主的情况下对办公室或工作场所进行电子监控。执法官员通过监控工作场所的电脑系统来寻找恐怖分子活动的证据时，也可能发现其他违法活动的证据，例如下载受版权保护的音乐或儿童色情作品。雇主们因此更有动力确保他们的系统干干净净，避免信息外泄。

对生产率的关注

虽然法律责任和安全问题是雇主们采用电子监控的首要原因，但是雇主们也非常关注生产率。互联网无穷无尽的娱乐和诱惑很容易让员工在生产工作中分心。在许多雇主看来，表现为抛开工作进行网上冲浪的"上网怠工"(Cyberslacking)是工作场所的一大问题。员工们可以在线搜寻下一份工作、与家人或朋友沟通、查看证券、竞拍、赌博、参与期货交易、购物或者仅仅是冲浪。一些人已经在 eBay 上开创了副业，并用大量的时间张贴竞拍货品名录和追加竞拍价格。在更为阴暗的层面，员工还会花时间下载色情作品或登录 XXX 等级的网站，或是进行受版权保护的音乐或软件的非法交易。当施乐公司认识到有人在滥用网络之便时，他们发现有些员工一天八个小时都在上网怠工，工作上的事几乎什么都没做。

上网怠工：有多少正在进行中？

在工作场所中上网怠工的程度很难估计。监控软件的商家自然会将其估计得很高。一家公司认为上网怠工是一种危险而隐匿的吞噬利润的病毒，它每年给全美企业造成超过 10 亿美元的电脑资源浪费，而且这一数字还不包括由于降低工作效率而造成的数十亿美元的损失。软件制造商 Websense 公司估计因工作效率降低而造成的损失达 630 亿美元，但是考虑到这一数据的来源，对其也只能是姑且听之。

一些对员工的匿名调查表明，绝大多数员工承认在自己工作时间里至少会有一些网上冲浪行为。Vault.com 的非正式调查表明，90％的受调查者在办公时间会有一些消遣娱乐的网上冲浪，而且绝大多数员工偶尔还会使用公司的电子邮件发送私人邮件。

我们对上网怠工的程度和造成的损失的了解多数来自相对不太可靠的调查，而且还有一些是来自传闻逸事。例如，一名亚利桑那州工厂的经理确信，一名员工使用其电脑处理了太多的私事，尽管公司政策早就规定互联网只能用于工作目的。[165]员工断然否认了指控，但是那位经理对公司的互联网使用进行监控后，所得到的统计数据却展现了大不相同的情形，他能够列举出那位员工上网的准确日期、所浏览的网站以及在不当网站所花的时间。

受雇于康柏公司(Compaq)19 年的格伦·伊斯门因为另一类滥用互联网的行为而被解职。他的经理们在其电子邮件账户中发现他正在从事飞机修理的副业。员工们上网怠工寻找其他工作让雇主尤为苦恼。好莱坞片场一位不愿透露姓名的员工告诉记者："我把绝大多数的上网时间都用在了寻找其他工作上。"[166]

雇主的两难境地

雇主们应该设立政策禁止所有的上网怠工行为以防止他们认为可能出现的生产率的急剧下降吗？员工在工作时间网上冲浪可能会降低生产率，但是它也能提高工作场所的士气并节约员工的时间。在一些情况下，上网**提升**了生产率，因为员工不用花很长的午休时间、早退或登记"病假"就可以在线完成私事。雇主们限制所有的基于个人目的的网上冲浪并实施全面的监视措施会有意无意地传递给员工一个信息，那就是企业不信任自己的员工。

阿肯色州中央大学经济与财政系的沃尔特·布洛克认为，上网怠工一点也不新鲜。员工们早在他们能够上网玩游戏以前就可以用有形的纸牌打扑克或者单人纸牌游戏了，而且他们还可以在工作时间用打字机写私信。布洛克说："是的，在过去人们在办公桌或工作台前还不能够购物。

但是一名员工可以仔细阅读前面所提到的报纸和杂志上的广告,把它们剪下来,计划一次疯狂的采购。[167]"

布洛克的观点是有道理的,但是网络中心技术使怠工的背景环境发生了明显改变。当监督怠工的是主管时,员工知道主管什么时候出现在身边,从背后盯着自己。当采用网络中心技术时,监控的范围要广泛得多。另一个背景的差别涉及"看上去很忙"在台式电脑时代意味着什么。显然,管理者监视评价员工们是否在工作中上网怠工所采用的视觉线索与传统的监视评价工作中游手好闲行为所采用的视觉线索截然不同。在过去两名员工在工作中摆开棋阵或手攥扑克牌,而在台式电脑时代一名员工在电脑屏幕上通过轻而易举便能实现最小化的小窗口与电脑对弈,显然摆开棋阵或手攥扑克牌的两名员工更容易被发觉。实际上,在一位路过的管理者看来,在工作时间内一名专注电脑屏幕并在键盘上快速敲击的员工看上去工作十分努力。如果管理者开始扫视屏幕,员工只要按某个键就能迅速将赌博纸牌游戏的窗口最小化。同一位管理者路过另一名正在桌前看书的员工可能会认为他是怠工的人,而不是那位网上冲浪的人。曾有一位保安在我看书的时候突然闯进我的办公室说:"我看到您现在不忙,所以想问你关于外面门锁的问题。"当我在电脑前工作的时候,同事们更有可能走上前来对我说:"对不起,打扰您一下,不过……"

布洛克提出,雇主应当采取利润最大化的策略来决定在多大程度上可以容忍上网怠工,并建议管理者通过尝试调整的方式。如果一项非常严格的政策造成了生产率的下降,那么雇主就应该将政策放宽。然而,企业的政策含糊不清或前后不一致会引起很大的困惑,此外企业对采用了哪些监控以及如何使用监控信息闪烁其词也会招致诸多不满。

许多企业在政策中规定,允许出现"某些"或"有限的"使用互联网来满足个人目的的行为,将超出这一模糊标准的决定权留给了监督人员。不过,这种做法正流行起来,因为它带有灵活性。这种做法把对一名员工生产率的判断留给了管理者,因为管理者对员工的整个贡献、成绩和时间需求更为了解。例如,如果一名员工在周末投入大量时间工作,那么在工作时间内上网完成假日购物就不应该受到处罚。不过,政策还是不会允许那些极为不当的互联网使用。

绩效的电子监控

根据美国管理协会(AMA)的调查,对企业采取监控项目的五个原因按重要性从高到低加以排列,对绩效的关注排名靠后。但是在历史上,监控员工的主要原因是因为管理者对评估和提高工作绩效很感兴趣。文职人员和其他工作相对简单重复的员工是最可能成为电子监控的对象,与客户进行电话交谈的客户服务人员也很可能受到电子监控,他们与客户的电话交谈内容可能被录音,留作日后检查。

在提高工作绩效的有效性方面,电子监控可谓喜忧参半。一些研究表明,电子监控固然可以提高工作绩效,但同时也增加了员工的压力。特别是当员工们认为自己的绩效将被单独评估并以某种方式确定等级的时候,他们常常报告电子监控使他们感到非常压抑。还有一些研究表明,受到电子监控的员工对工作和监督者都不太满意。[168]

监控、社会环境和压力

有关绩效监控的研究结果比较复杂,部分原因是监控发生在工作场所内,而工作场所是一个包含多种变量的社会环境,这些变量能与监控发生交互作用。监控可能存在于人们共同工作的团体中,也可能用于独自工作的个人。管理者可以选择将较大群体的雇员的监控结果加以汇总,并以此来评估群体的绩效和总体流程的改善,或者管理者也可能将这些结果用于个人评估。

例如,在一项实验室研究中罗格斯大学(Rutgers University)的约翰·R. 艾洛和凯瑟琳·J. 科尔布试图梳理出一些与监控员工行为和态度发生交互作用的社会变量。他们将被试安排到九个不同的小组中,要

第九章 工作场所的监视与隐私

求他们完成一项数据录入工作,并在实验开始前对被试的录入技能进行了评估。艾洛和科尔布随后操纵了工作的社会环境和监控的性质。被试被安排到三类不同社会环境中。在最"社会的"环境中,研究者把被试安排到团队中,要求他们参与一些能够提高团队凝聚力及团队认同感的活动。例如,团队共同完成一项头脑风暴的讨论以发现使用学生证的新方法。随后,对每位成员进行一项"伪投射"的单独测试,要求他们回答有关一片墨迹含意的问题。一段时间之后,研究者会给每支团队一个虚假的关于团队绩效的正面反馈,告诉每支团队他们的绩效处于"目前参与任务的团队中最好的团队之列。"同时该团队还会收到墨迹测试结果的虚假反馈:每一支队伍都被告知,他们在评估中得到了异常相似的分数,因此他们的"内部特质"必然非常匹配。这些欺骗性反馈旨在提升成员的团队认同感和团队凝聚力。

第二类社会环境是一个名义上的团队或集体,在这种条件下,团队成员完成相似的任务,成员全部在场但彼此不进行任何沟通,也不会收到虚假的反馈。这种条件控制下的社会环境完全不具备社会性——成员独自工作,没有其他人在场。

研究者还操纵了让被试相信将要出现的测试类型。部分被试被告知监督者将电子监控他们的个人绩效,其余则被告知只评估团队绩效的分数。控制组被试完全不被告知关于监控类型的任何信息。

从绩效上看,监控的效果也比较复杂,它取决于实验开始前被试的数据录入技能。数据录入技能较高的被试在监控条件下完成了更多的工作,在没有被监控时的表现则要差得多。数据录入技能最低的被试在没有被监控时完成了更多的工作。处于个人监控条件下的被试感到压力最大,而不被监控的被试感到压力最小。以团队形式被监控的被试所感到的压力处于中间水平。在有凝聚力的团队中工作的被试感到的压力也比较小。

这一研究表明,人们在完成他们认为相对容易的工作时,如果被监控就会有较好的绩效,但是如果工作更为复杂,则他们的绩效就会变差。监控,尤其是对那些缺乏社会性团队提供支持的个人监控,会增加工作压力。这种压力增加的影响部分取决于工作的复杂程度。当工作简单时,压力增加会提高人们的唤醒程度,从而改善工作绩效。然而,从事一项复杂的工作时,人们的最佳唤醒水平比较低,因此压力增加会降低工作绩效。

把注意力集中到质量还是数量上

在工业环境中,采用全面的监控项目的关键目的在于提高生产线的生产率。这些监控项目能监控生产线上生产率的下降或瓶颈,从而对生产线加以改进,消除存在的问题。当然,瓶颈随后会转向他处,上述流程就又从头开始。这种方法显著地提升了生产速度,但它也给工人们带来了相当大的压力,因为他们不断地被要求提升速度。它还引发了对监控项目所评估的绩效各方面的热切关注。当电子监控项目只评估员工绩效的几个要素时,它自然会使员工把精力转向受到监控评估的内容而忽视或不重视其他内容。例如,如果监控项目只衡量每个单位时间内部件的安装**数量**,那么生产线上的工人将忽视安装的质量。

杰弗里·M. 斯坦顿和阿曼达·L. 朱莉安进行了一项实验室研究,考察了重质量和重数量两种监控机制下,工人对电子监控项目的反应,实验要求工人们完成数据校正任务。[169]被试需要将一个包含邮寄地址的数据库中的每一条记录与纸质记录进行对照,发现不一致时则依照纸质记录对数据库中的记录加以修改。所有被试被告知准确性和速度都很重要,但是针对电子系统将监控哪个方面,不同组的被试收到了不同的指导语。不同的小组被告知的分别是系统将记录数量、质量、二者皆被记录或者二者皆不记录。记录的数量是指被试尝试修改的地址总量,而记录的质量则指他们尝试修正每一条记录时的准确性。

在很大程度上,被试基于他们感知到的系统监控的内容付出努力,而并不是基于"监督者"所告知的质量和数量都很重要的指导语完成任务。认为只有数量被监控的被试完成的数量最多,但是他们的质量却最低。

第九章　工作场所的监视与隐私

当被试认为监控系统同时监视数量和质量的时候，他们还是略重数量。当被试被询问对工作的满意程度时，认为系统监控质量的被试报告的满意度最高。那些认为系统只衡量数量的被试对工作最不满意，然而，报告显示这些被试执行和完成任务的动机最高。

为什么要对绩效进行电子监控？

在工作场所中，和我一直描述的那些发现一样，研究发现雇主们遇到了一个两难境地，因为监控绩效的电子系统对员工们有正反两方面的影响。它们能够使员工在较为简单的工作中更加卖力，并能促进和记录积极的行为。例如，一台对着银行出纳和客户的视频摄像机，除了有助于确保高水平的客户服务之外还能防范银行失窃。不过，这个系统往往会降低员工对工作的满意度，而且还可能使员工不再关注那些未被电子监控的重要内容。与能够评价一名员工绩效众多方面的现场监督员不同，电子监控器只能评价某些确定的方面——尤其是那些最容易被定量测量的方面。

一些员工过去可能因带有偏见的绩效评估而遭受损失，他们表示自己赞同对绩效进行电子监控，因为他们相信这样的绩效评价比监督员的评价更加公平客观。有些员工还用电子系统来监控自己的工作产出，并根据反馈信息调整自己的工作模式。他们认为绩效的电子监控与其他定量的绩效评估指标（例如销售总量或回头客的数量）没什么不同。尽管如此，许多员工仍然认为电子监控令人恼怒和厌烦，并在工作场所中抵制它的使用。

互联网和脱抑制

互联网和网络中心技术为工作场所的监控提供了多得令人头昏目眩的功能。具有讽刺意味的是，同样的这些技术却使得员工表现出一些令雇主极为担忧的行为。正如我曾在《互联网心理学》中更为详尽地讨论的那样,[170]互联网是一个社会环境,在其中人们有时会以惊人的方式活动并相互影响。一种环境及其特点能够强烈地影响一个人所选择的行为方式。总的来说我们低估了互联网的特点本身对我们的影响,这些影响涉及我们的行为、在线交流的方式以及对别人形成印象的方式。

对计算机介导通信的早期研究显示,当人们通过某一电子媒介交流时(无论是网络聊天还是电子邮件)可能会出现脱抑制(disinhibited)。人们可能会输入那些在一个面对面环境中不可能发表的言论,因为缺少起约束作用或促使礼貌举止的社会暗示。坐在电脑终端前,人们的自我意识水平较低,他们从同事那里收到的反馈既不具有即时性也缺乏媒介丰富性。例如,我用电子邮件发一个笑话给你,假设你认为它具有冒犯性,但我却不能看到你在皱眉,因此我无法马上对你解释说我没有冒犯的本意,并向你道歉。互联网环境不支持细微差别的反馈,我们经常基于这些反馈来评估我们给别人留下的印象或者我们的行为对别人造成的影响。如果你没有回复我发过去的笑话,我可能会以为你发现它很有意思或只是一看而过了,但实际上你却感到被深深地冒犯了。

在一些情况下,脱抑制可能会在工作场所中导致令人非常不安的行为。例如,陶氏化学公司(Dow Chemical)的一名员工投诉说在同事的显示器上看到了一封冒犯性的电子邮件,公司为此查看了超过7000名员工的电子邮件。结果发现庞大数量的暴力色情作品,这震惊了管理层和联盟官员。五十多名员工因此被解雇;上百名员工因此被停职。员工们通过网络传送暴力色情图像,并且认为他们的电子邮件是私有的。企业的电子邮件不是私有的,但是更为根本的问题是,同样是这批员工,他们会不会使用邮局信件(这个是私有的)寄送 8×10 寸的色情照片。或者他们会在公司的休息室把一沓照片交给另一名同事吗?我对此持怀疑态度。在电子邮件的环境中,物理上的距离会误导人们认为电子邮件是私有的,会降低人们的自我意识。正是这些特点,人们会表现出在面对面环境中被视为异常的各种行为。电子邮件的环境本身导致了脱抑制。

第九章 工作场所的监视与隐私

美国管理者协会（AMA）对工作场所监控的调查发现，已经有数量惊人的公司采用了惩戒性措施，防止员工对电子邮件及互联网的不当使用。例如，超过46％的公司处罚过使用办公电子邮件发送性暗示或色情暴露素材的员工，并有超过三分之一的公司报告已采取措施防止员工下载或浏览色情内容。是不是在互联网出现以前所有这些人都在其办公桌里藏有色情杂志，但管理者没有意外发现？或者互联网环境的脱抑制效应和在线色情内容的易得性相结合，进而助长了工作场所的这种不当行为？

计算机介导通信的脱抑制效应还使得电子邮件成为调查员寻找刑事或民事案件证据的一个极为重要的目标。尽管不断收到企业电子邮件缺少隐私性的警告，而且在大量广为人知的案件中电子邮件成为了诉讼中至关重要的证据，但是员工们依然在继续发送可以证明有罪或者至少是欠缺考虑的电子邮件。例如，在反垄断的诉讼中存档的电子邮件成为了证明微软公司垄断的关键证据。员工们在电子邮件中频繁地讨论极具侵略性的策略，这些邮件后来在政府的反垄断诉讼中为检举人提供了不利于微软的关键证据。这一诉讼案涉及的主要问题是微软试图将互联网Explorer浏览器纳入到其操作系统以打击网景公司（Netscape）的浏览器软件。具有讽刺意味的是，尽管有了那段内部电子邮件泄漏所造成的痛苦经历，在几年以后微软仍出现了更多可以证明其有罪的电子邮件，并且还泄漏到了新闻界。一封在2002年5月外泄的邮件表明，微软打算使用与打击网景公司相类似的战术来对付流媒体产业，借助流媒体软件用户可以在线观看视频影片或播放音乐。[171]

电子邮件通信在政府调查中扮演了重要角色，对安然公司（Enron）、世界通信（WorldCom）和安达信（Arthur Andersen）的调查便是一些例子。2002年8月29日，《华盛顿邮报》公布了三封世界通信公司主管间交流的电子邮件片段，这些片段表明他们试图掩盖其财务欺诈。第一封是一个简单的日常电子邮件，一名公司职员以邮件形式将一份关于资本支出的副本发送给了财务经理们，他并没有意识到这封邮件含有可以证明有罪的信息。第二封来自比福德·耶茨，世界通信的会计师、总会计主管,他因为这封邮件被指控密谋隐瞒资金预算中的运营费用,使公司的盈利状况看上去比真实状况要好。耶茨回复了这份转发的报告,但收件人只有世界通信的审计官戴维·迈尔斯。耶茨在电子邮件中写道:"我的供词该在哪里签字呀?"迈尔斯赶紧联系另外两名财务主管,对他们说道:"你们为什么要散布这份报告?我觉得我们再也不要散布这份报告……不要再散布了。"[172]

显然,互联网具有非常强大的力量促进人们脱抑制。甚至在人们清楚他们的信息将会被存档的时候,互联网仍能够削弱人们对于审慎行为和机密性的正常戒备。这些内容甚至有可能被刊登在报纸上,或者出现在法庭的传票中。这些工作场所的监控案例应该更具说服力。

发展和实施监控项目

根据我之前讨论过的企业采用监控项目的众多原因,工作场所大规模的监视项目迅速出现,并保持着持续发展态势。许多企业由于急于采用最新的监控技术而犯下了严重的错误,疏远了员工,招来了隐私维护者的抨击,同时还面临着侵犯隐私的诉讼。

阐明政策

没有清楚阐明涉及电脑使用、上网和监控过程的政策成为企业的一大失误。尽管绝大多数企业都有针对信息技术使用的恰当政策,但是许多政策都被埋没在了员工手册之中,没有在企业内得到广泛的传播。有些政策读起来像法律文件,因此即使员工们一登录就能够看到,也会看也不看地直接点击"我同意"按键——这很像在安装新软件时,会跳出的内容长达10页,详细列出安装许可协议的窗口。Vault.com 论坛有关互联网冲浪的交流表明,员工常常对企业的合理使用政策和监视政策感到迷惑:

在工作时上网冲浪

作者:匿名

时间:2000年9月19日东部时间晚上9：13

有没有人在工作时上网冲浪遇到麻烦了？到目前为止我上网冲浪一直平安无事。

有人有不同的经历吗？

没错

作者:匿名

时间:2000年9月20日东部时间下午12：09

其他团队的营业部经理告诉我的项目经理和营业部经理,说我在上网冲浪。留神你的背后。

运用常识

作者:匿名

时间:2000年9月24日东部时间上午9：52

我听说生产监督员在月末查看了互联网的使用记录。有同事被解雇了,因为他们在工作时浏览了不该去的网站(比如色情网站)。

不过,如果你要是在互联网上查看股票或是收集其他信息,那就应该没事。试着减少使用,不用的时候就关掉网络窗口。使用量太大会增加风险。在工作时不登录求职网站可能是明智之举。

你要的信息(FYI):我已经在TBA工作5年了,我上网冲浪的理由是如果[公司名]希望我工作这么长时间,那么他们就需要让我在工作时处理一些私人事务。

来自另一途径的一条信息显示,即使完全没有员工占用企业资源的迹象,企业还是会监控员工对互联网的使用。在这样的案例中,雇主监控的是外部的求职网站:

工作场所中的互联网——新技术如何改变工作

> 老大哥
>
> 作者:匿名
>
> 日期:2000年9月27日东区时间傍晚6:55
>
> 不是那个老大哥,是另一个。
>
> 我听说[公司名]有个非常令人不安的趋势:监控[公司名]以外的世界。我的一个朋友被叫进联合工作办公室谈话了,"讨论"了一下为什么她的简历会出现在互联网上。她曾告诉过经理自己在工作中不开心或者觉得自己的岗位缺乏挑战性,并且认为把简历放在网上是她该做的事。她的经理十分恼怒,因为这让她很没面子,公司的人力资源部门想知道这份简历是什么时候贴上去的,她在找什么样的工作,以及她离职计划的时间表。他们声称需要进行后续的人事安排,因此想知道她离开公司的最后日期。不用说,她那周就辞职了。你曾经遇到过因为在[公司名]工作而对你不理不睬的招聘人员吗?这是个新趋势,[公司名]不仅给一些公司钱让这些公司不给你机会,而且他们还希望这些公司随后告诉[公司名]你是谁。
>
> 小心点——我们再也回不到堪萨斯州了,托托。

许多员工不清楚哪些行为是公司允许的,哪些是不允许的。企业采取了哪类监控,以及对所收集信息将采取什么措施。企业应该具有非常明确的政策并用极为清晰的语言与员工沟通。企业还应确保员工明白,政策是强制的,一旦证据确凿,违反政策的员工就会受到惩罚。如果企业告诉员工所有与业务无关的电脑和网络资源的使用都是被禁止的,但从来都不执行这样的政策,这会使员工感到迷惑并失去对企业的信任。那个因为三封涉及私人生意的电子邮件,在康柏公司工作了19年而被解雇的男人一定感到特别痛苦,因为办公室里其他人也在使用公司资源进行私人交易活动——卖安利(Amway)的产品。尽管"其他人都在这么做"的辩解在法庭中不会奏效,企业采取这种不一致的做法将大大损害员工的士气。

制定政策

决定制定什么政策以及如何监控员工的行为在某种程度上取决于公司的性质。这里没有"通用"的做法。一些企业可能出于安全和法律责任的考虑需要采取极其严格的限制措施,他们可能有很充分的理由实施非常全面的监视。其他企业可能更愿意用允许员工网上冲浪和利用互联网办私事作为额外福利来鼓励员工保持对工作的热情和对企业的忠诚。这些企业可能会选择完全不采取监控措施,他们依靠传统监督和人力资源部门的援助以确保抱怨敌意工作环境的员工能够表达他们的不满。

对组织行为与心理的研究已经清楚地表明,尤其是对于诸如工作场所监控这样的敏感且存在争议的做法,员工的参与是这些做法得到接纳与认同的一个关键因素。一旦员工能够在政策制定的过程中拥有一定的话语权,他们就更有可能认为政策是公正的,从而接受它。罗格斯大学的伊丽莎白·A. 杜希特和约翰·R. 艾洛在一项实验室研究中证实了这一点。[173] 参与实验的学生被安排到了高话语权或低话语权的环境中,并对如何设计、评估和监控他们负责完成的一项实验性电脑分析工作有着不同程度的发表意见的机会。"高话语权"的小组能够将自己的意见与监督者沟通交流,对于工作应该如何完成有多种选择,但是"低话语权"的小组却没有这样的机会。与那些没有选择权的被试相比,应邀参与计划制定的被试认为评估过程更为公平。在没有监控的条件下,两组被试都对任务相当的满意,但是在存在监控时,只有高话语权的被试对任务表示满意。实际上,在被监控时高话语权的被试对任务的满意度甚至比未被监控时更高。

给出解释和发出警告

如果企业没有解释他们**为什么**要实施一项监控项目,或者启用监控项目时却不告知员工，那么这也是企业的一种失策。一些企业管理者可能认为他们不应该对员工发出警告，因为他们想逮个正着，而且发出警告会使员工在监控开始前就清除证据。然而，丧失所有员工的信任的代价可能会超过抓到个别嫌犯所带来的收益。

威斯康星大学拉克洛斯管理学院的奥德拉·D. 霍沃尔卡-米德和她的同事们在一项游乐园现场研究中发现，事先告知和清楚解释非常重要，它可以使员工对监控项目做出积极的反应。[174]救生员被事先告知他们将被非员工侦探用视频摄像机进行监控。当侦探们通过步话机提醒同事开始录像时，所有的救生员也都能听到。与之相反，售票员、食品服务人员和礼品商店员工没有被事先告知有关监控的事情。在夏季结束后，经理根据录像带上的记录对违纪行为（例如让某些没票的人进场）进行处罚时，他们中的很多人才发现有监控。所有季节性员工都填写了问卷，用于评估他们对监控的看法，以及是否打算明年继续回到游乐园工作。

调查显示，那些被事先告知有监控的员工认为监控过程更为公平，在绩效评估和惩戒违纪行为方面监控的结果更为公正，他们还感到受到了企业更多的重视。员工对于监控流程是否公平的看法会直接影响到他们是否声称打算重返游乐园工作。研究者在第二年进行了跟踪调查，发现声称不回来工作的员工并非虚张声势，至少多数人不是。说过要重返的员工中有超过一半的人确实回来了，但是在说过由于监控不可能再回来的员工中，仅有不到四分之一的人在第二年回来了。

如果雇主对监控项目给予合理的解释，那么员工就会做出更加积极的反应。在跟踪调查中，霍沃尔卡-米德和她的同事们开展了一项实验研究，研究中设置了一些合理性各不相同的假想解释，这些假想解释是雇主对实施监控项目而给出的。研究者评估了季节性工人如何对这些假想做出判断。例如，一条高合理性的解释如下：

"监督员解释说这类监控是确保园内游人安全所必需的——游人可能会遇到危险，隐藏的监控对于查看员工（售票员或救生员）是否真正在履行他们应尽的职责很重要;因此监控能够节省企业几千美元的责任保险。"

这个解释是有说服力的。它使被试得出结论,在如何实施监控和如何评估绩效方面,这种监控是公平必要的。即便是较弱的理由也比没有理由强得多,比如监督员解释说:"管理者只是想确保员工都在遵守规则。"

从这项研究和其他一些研究得出的结论是,如果雇主在安装监控系统项目方面给予员工一定的话语权,实施监控项目前事先告知员工,并且对实时监控项目的目的做出解释,那么雇主将会更加成功。许多管理者以为,不管以什么方式实施监控,大多数员工都会加以反对,因此对于能够提升员工认同的因素,他们没有给予足够的关注。

员工对监控项目的反应

正如研究所示,员工对监控的反应大相径庭,而且一些反应取决于监控项目的引入方式、监控信息的使用方式以及雇主是否提供了令人信服的解释。当企业谨慎地引入监控项目时,许多员工会认为它是适当而必要的。杰佛里·M. 斯坦顿和 E. M. 韦斯在网上贴出了一个问题,并基于员工们对这一问题的匿名回答进行了一项探索性研究:

"下面,请谈一下你们公司追踪你工作的技术。一些公司会采用电脑监控、电子邮件监控、电话监控、摄像头监控和/或地理位置追踪(例如,员工驾驶的公司卡车)。有的公司还可能以其他技术方式追踪你的工作。这些技术对你来说有什么用或者有多大帮助?它们有多么烦人?多么不尊重人或者多么碍事?或许你甚至没有注意过这些投入使用的技术设备?[175]"

注意,上述问题在促使回答者思考公司监控项目的利与弊。研究者使用内容分析法来编码开放式的回答,并开发了一套编码设计用于对不同回答进行分类。大约有一半的回答者说他们根本没有被监控。那些表示被监控的员工的回答大多显示他们并未受到监控的烦扰。大多数人认为监控是正确的、合理的。然而,有些人则非常担忧,特别是当企业对监控项目的解释和政策十分模糊的情况下。一名员工评论道:

"我知道通过公司的服务器发送电子邮件是不能保密的,而且很可能被监控。我还知道,管理信息系统(MIS)的人知道自己访问的网站以及在上面花了多少时间。不过,我不知道他们监控的意图是什么,是为了追踪工作习惯还是出于其他目的。如果有人真的想做的话,私人电子邮件或是你在业余时间所做的网络搜索都可能被追踪,这令人有些不安。"

安东尼·M.汤森和詹姆斯·T.贝内特指出,员工强烈地反对那些公司受利润驱使而采用的遍及各处的监控。监控变成了"公司出于多疑而实现的对员工生活各方面的无所不知……[员工们]开始把自己看作是科技监狱里的囚民。[176]"显然,不去考虑道德影响、合理解释和员工反应便实施监控项目的企业将会遇到很多问题。

美国上诉法院参议员埃迪斯·H.琼斯就自动化与技术委员会对司法部实施的监控项目方式给委员会主席写了一封措辞严厉的信。她认可某些特定类型监控的需要,但是却极力反对这个项目中的许多内容——尤其是监控的引入方式。这里是信中关键内容的摘录,日期为2001年8月18日:

我们反对此项目的如下内容:

(5)项目由华盛顿安排并负责,没有事先通知或咨询过任何人,除了极少数几名法官。

(6)最后,互联网监控既没有在安装时告诉所有法官,也没有在安装后对监控的实施做出令人满意的充分解释……。

我建议委员根据这些建议退一步,深吸一口气,回想起来领导行为的首要原则之一就是在团队成员间培养信任和相互尊重。在联邦司法部这样的组织里,有我们这些受过高水平培训和良好教育的员工。毫无疑问,我们能够对自己和团队成员抱以更高的期望,而非这些愚昧的侵犯隐私的建议。

此致

敬礼

埃迪斯·H.琼斯

琼斯法官的意见反映了许多受过良好教育的员工的观点。雇主们让员工参与监控项目的设计和实施,并仔细考虑如何对实施监控项目做出合理解释,就能够更好地应对实施监控项目时所面临的两难境地。

工作场所的隐私:矛盾的修饰?

在工作场所中员工应该对保护自己的隐私抱以何种期望? 从历史的角度看,员工隐私权还是一个比较新的观念。在许多国家,雇主和雇员都还不太清楚隐私权的含义。例如,在加拿大,雇员使用雇主的计算机系统所发送或接收的电子邮件应该属于谁这一问题还没有答案。此外,涉及雇主在工作场所监控权力的相关法律也根本没有建立。加拿大立法可能还是会严格保护监视环境下的员工,其中包括要求雇主在实施任何监控项目之前必须获得员工的同意。[177]

在美国,隐私的概念源于《宪法修正第四条》,它保护"人人具有确保其人身、住所、文件或财产不受无理搜查扣押的权利,"但是这一原则还没有拓展到私企员工——仅仅是针对公务员。对公务员特殊关照的根本原因在于他们的雇主是政府,而宪法修正第四条保护他们免遭政府不合理的侵扰。

在美国,对于私企员工来说,州法律和判例法是主要的指导因素,而且这些法律正在日渐缩小员工在工作场所中所能预期的隐私空间。法院通常规定,工作场所不是员工隐私应当被保护的"城堡"——它是雇主的城堡。裁决的判定通常的依据是员工是否持一个合理的隐私预期,以及雇主的干涉是否被认为是过分的、不合理的。但是,在预期隐私的构成和干涉的合理性方面,法庭已经赋予了雇主相当大的回旋余地。例如,皮尔斯伯里公司(Pillsbury)的管理者就告知其员工,电子邮件是不会受到监控的。人们可能会认为,企业的这种政策可能会作为法院解释"一种隐私预期"的主要参考。然而,在**史密斯状告皮尔斯伯里公司案**(Smyth vs. Pillsbury Company)这一具有开拓性的案例中,尽管有电子邮件不会受到监控这种政策在先,但是法院还是裁定皮尔斯伯里公司解雇史密斯的理由是完全充分的,法院所依据的正是史密斯的管理者窥探史密斯的电子邮件账户时所发现的内容。根据裁决,一个通情达理的人不会认为公司拦截信息是一种实质性的、具有冒犯性的侵犯隐私的事件,即使公司曾说过它不会拦截。法院补充说,公司"拥有防止员工利用企业电子邮件系统而传播违背职业道德的不当内容以及做出非法行为"的权益,这种权益高于"员工对电子邮件内容所拥有的任何涉及个人隐私的权益。"[178] 此外,正如大家在先前所看到的,法院已经确定,一些情况所涉及的不应仅仅是公司的一种"权益",而是公司为防止员工的诸多不当行为方式而肩负的法律责任。

动态数据和静态数据

在概念上,监控传送中的数字信息与检查存储后的数字信息还是有所不同的。例如,法律禁止人们在未经允许的情况下录制正在进行的电话交谈,雇主在规定电话监控是公司政策的一部分时需要经过员工同意。基于上述法律,人们认为,未经同意,电子邮件是不应受到监控的——至少在邮件传送中是不可以的。当然,需要提醒的是,电子邮件会在服务器中保存一段时间,此外也可能被保存到其他地方,例如接收者的本地电脑。法院一些案例的判决都是围绕着这一差异,裁定拦截正在传送中的数据的雇主们有罪,但却认同他们查看处于静止状态的同一数据。

动态数据与静态数据的差别出自1968年的综合犯罪控制与街道安全法(Omnibus Crime Control and Safe Street Act)第三条,后来随着电子通信隐私法而修订。这些法令的目的在于保护传送中的通信内容不被泄漏或拦截,防止"搭线偷听"。然而技术在进步,针对目前技术的法律语言太具体、太局限了,在短期内必然会陷入困境。例如,无线设备应该算做什么?"内容"包括员工访问网站时通过监视系统记录的统一资源定位符(URLs)吗?语音邮件是动态的还是静态的?即时信息对话的屏幕截图或全球卫星定位系统提供的状态报告应该算做什么?

不过,工作场所中员工的隐私权并非必然趋向降低,一些州已经出台了本州相应法律抑制工作场所隐私日益降低的趋势。这些法律旨在为员工提供一些隐私保护,尽管他们趋向于创建一部综合的条例和规定。例如,加利福尼亚州在联邦法律中增加了一些限制条款,规定了雇主在工作场所中哪些行为是合法的。加利福尼亚州隐私法第三条规定,禁止实施通信记录,除非"所有当事人"都同意。加利福尼亚州还禁止雇主记录不涉及公司正常经营活动的通信,即雇主对于工作场所中实施的监控必须给出具有商业合理性的解释。[179]

尽管趋势倾向于维护雇主的权利,但是已经有了一些雇员成功证明雇主过分侵犯他们隐私的案例,特别是在雇主审查员工的私人通信内容,超出了审查公司资源私人使用的合理范围的情况下。此外,雇主和雇员有时候不会把纠纷拿到法院去解决,可能会通过劳工评审委员会或人力资源部门来解决。

与监控有关的道德规范的发展前景

工作场所的电子监控引发了人们对众多道德规范问题的担忧,尤其是对毫无约束地侵犯个人隐私的担忧。技术使得雇主能够监视并记录一名员工生活的众多方面,无论这些方面是否与工作有关。我在前面的一章已经讨论过工作与非工作之间的模糊界限,这一界限的模糊增添了确定一个员工工作生活和私人生活起始位置的难度。企业主管在试图决定工作场所的监视是否符合道德标准时需要权衡各种利弊,以及诸多未知的针对员工、客户和股东的潜在危害和利益。影响企业主管做出上述决定的各种因素也在发展和变化。

法律环境确实赋予了雇主更多的责任,要求他们清楚员工在做什么(即使员工的行为发生在与工作关系不大的背景下),并且确保员工不受敌意工作环境的侵扰。总的来说,在美国,发生在 2001 年底和 2002 年的事件对人们就工作场所监视和隐私方面的认识造成了非常重要的影响。恐怖分子的袭击使得《爱国者法》在美国轻松通过,这给了执法官员更为广泛的权利在工作场所内外监控通信及开展监视活动。2001 年末炭疽孢子进入邮政系统引发了另外一系列担忧,这次担忧涉及员工在打开信件时的安全。随后,安然公司和其他公司的会计丑闻,以及能够作为犯罪证据被广泛使用并具有破坏性的电子邮件,为有关监视项目的探讨增添了新的主题。

  这些力量各自以不同的方式促使人们在寻求两种愿望的平衡上做出某种改变:一种愿望是拥有安全,人身受到保护,另一种愿望是隐私受到保护。例如,宁可放走十名罪犯也不冤枉一个好人的观念已经被寻求安全的强烈愿望和免遭那十名恐怖嫌疑犯的任何一个伤害的强烈愿望所取代——即使嫌疑犯还没有做任何违法的事情。这一转变确实改变了公民对执法机关可能侵犯隐私的行为的反应。现在,大多数人都很欢迎能够发现机场或超级杯比赛中恐怖分子的高端视频监控系统,而在过去,可能有许多人会反对这种监控系统。在工作场所中,平衡也转变了。如果一家企业的监视系统发现了购买炸弹制造设备,与已知恐怖分子联络或者抬高年报告利润的不法人员,那么该企业将被视为英雄。当监控促进了安全,当监控能发现贪婪的企业主管并提供针对其不法行为的罪证时,员工们自然欢迎它。

  基于我们对提升安全性、保障和责任的关注,摆在面前的艰巨任务是,即使上述平衡发生倾斜时也要继续控制这种平衡。放走五名罪犯真的要比冤枉一个无辜者更好吗?我们能够找到更好的方法让无辜的员工在工作场所免受不公待遇吗?用不了多久,某种类型的监视系统就会在几乎所有的工作场所中得到应用,而且也可能在所有的公共场所得到应用。正如加特纳公司的理查德·亨特在《没有秘密的世界》(World Without Secrets)一书中就监视技术的应用所言:"一旦开始,你就想继续下去。"[180]

注　释

155. 2000 AMA Survey: Workplace Monitoring and Surveillance, and 2001 AMA Survey: Workplace Monitoring and Surveillance Policy and Practices. Retrieved

February 15, 2003, from American Management Association Web site, AMA Research: http://www.amanet.cog/research
156. Mann, C. C. (2002). Homeland insecurity. *Atlantic Monthly*, *290*(2), September, 81—102.
157. Katchalliya, R. (2001). Workplace surveillance: A $562 million dollar market by 2004. Retrieved April 12, 2003, from Privacy Foundation Web site: http://www.provacyfoundation.org/workplace/business
158. Keller, B. (2001). Face recognition software: Anti-terrorism tool and more. Gartner Research Services, Note Number COM-14-1814. Retrieved April 10, 2003, from Gartner Research Services.
159. Magrassi, P., & Berg, T. (2002). A world of smart objects: The role of auto-identification technologies. Gartner Strategic Analysis Report, Note Number R-17-2243. Retrieved April 10, 2003, from Gartner Research Services.
160. Mignin, R. J., Lazar, B. A., & Friedman, J. M. (2002). Privacy issues in the workplace: A post-September 11 perspective [Electronic version]. *Employee Relations Law Journal*, *28*(1), 7—23.
161. Grimsley, K. D. (1998). For employers, a blunt warning. *The Washington Post*, June 27, 1998, A10. Retrieved April 10, 2003, from http://www.washingtonpost.com
162. Tammy S. Blakey vs. Continental Airlines, Inc. (June 1, 2000). Supreme Court of New Jersey, 164 N.J. 38; 751 A.2d 538; 2000 N.J. LEXIS 650. Retrieved Apirl 10, 2003, from LexisNexis Academic Database.
163. Feldman, C. (2000). Minimizing employer liability for employee Internet use. *Los Angeles Business Journal*, July 31. Retrieved April 10, 2003, from FindArticles.Com database.
164. Rosen, J. (2000). Fall of private man. *New republic*, June 12, 22—29.
165. Vanscoy, K. (2001). What your workers are really up to [Electronic version]. *Smartbusinessmag.com*, *14*(9), 50—54.
166. Naughton, K., Raymond, J., Shulman, K., & Struzzi, D. (1999). Cyberslacking. *Newsweek*, *134*(22), 62—66. Retrieved February 15, 2003, from Academic Search Elite Database.
167. Block, W. (2001). Cyberslacking, business ethics and managerial economics [Electronic version]. *Journal of Business Ethics*, *33*(3), 225—232.
168. Aiello, J. R., & Shao, Y. (1993). Electronic performance monitoring and stress: The role of feedback and goal setting. In M. J. Smith & G. Salvendy (Eds.), *Human-computer interaction: Applications and case studies*. Amsterdam: Elsevier Science.
169. Stanton, J. M., & Julian, A. L. (2002). The impact of electronic monitoring on

quality and quantity of performance. *Computers in Human Behavior*, *18*, 85—101.
170. Wallace, P. (1999). *The psychology of the Internet*. New York: Cambridge University Press.
171. Wilson, D. (2002). More embarrassing Microsoft email. May 3, 2002. Retrieved February 10,2003, from CNN Web site: http://www.cnn.com
172. Krim, J. (2002). Fast and loose at WorldCom. *The Washington Post*, August 29, 2002, A1, A12—A13.
173. Douthitt, E. A., & Aiello, J. R. (2001). The role of participation and control in the effects of computer monitoring on fairness perceptions, task satisfaction, and performance. *Journal of Applied Psychology*, *86*(5), 867—874.
174. Hovorka-Mead, A. D., Ross, W. H., Jr., Whipple, T., & Renchin, M. B. (2002). Watching the detectives: Seasonal student employee reactions to electronic monitoring with and without advance notification. *Personnel Psychology*, *55*, 329—362.
175. Stanton. J. M., & Weiss, E. M. (2000). Electronic monitoring in their own words: An exploratory study of employees' experiences with new types of surveillance. *Computers in Human Behavior*, *16*, 423—440.
176. Townsend, A. M., & Bennett, J. T. (2003). Privacy, technology, and conflict: Emerging issues and action in workplace privacy [Electronic version]. *Journal of Labor Research*, *24*(2), 195—205.
177. Corry, D. J., & Nutz, K. E. (2003). Employee email and internet use: Canadian legal issues. *Journal of Labor Research*, *24*(3), 233—256.
178. McEvoy, S. A. (2002). Email and Internet monitoring and the workplace. Do employees have a right to privacy? *Communications and the Laws*, June. 2002, 69—80.
179. Caragozian, J. S., & Warner, D. E. (2001). Privacy rights of employees using workplace computers in California. Retrieved August 15, 2002 from Privacy Rights Clearinghouse Web site: http://www.privacyrights.org/ar/employees-rights.htm
180. Hunter, R. (2002). World without secrets: *Business, crime, and privacy in the age of ubiquitous computing*. New York: John Wiley & Sons, p. 262.

第十章

变化中的就业环境

爱德华·L和他的几个朋友都意识到他们就职的公司很快就要裁员了,甚至可能会申请破产。他们的公司是一家应用软件服务供应商,或称为 ASP(Application Service Provider),为众多客户管理各种应用软件。1999年,这一产业是互联网时代的新秀,客户们迫切地希望这些应用软件服务供应商能够为他们提供管理公司的技术基础设施。由于有了互联网和以网络为中心的技术,公司不再需要在自己的办公地点维护所有的 IT 设备和职员,许多公司都选择将这项令人头疼的工作外包给一家应用软件服务供应商。毕竟,用户不在乎消费者数据库是否位于大楼地下室的服务器,是否由公司自己的员工管护。他们关心的主要是可靠性、响应速度和随时随地可访问的能力。

然而,在 2002 年许多应用软件服务供应商都宣布破产了,其余也都被并购或裁员。爱德华管理的是技术支持服务台(Help Desk),他和他的团队为客户解决应用软件在运行中遇到的技术问题。客户通过电话、电子邮件、即时消息或者传呼与服务台取得联系,爱德华一般都是通过远程查看客户的显示器来解决他们的问题。从日渐稀少的电话铃声中,他猜到自己很快就要失业了。他通过互联网寻找工作,却很少看到有与他技能相匹配的招聘岗位,于是他把简历提交给了邻近一座城市的一家大型人事代理机构的网站。他的简历被审核和润色后被添加进了该机构的数据库,代理机构在几周内安排他参加了两次面试。在一个月内,他与这家人事代理机构签订了合同,并且开始为一家金融服务公司工作。他为那家公司的客户服务中心工作,解决客户在使用一款全新网上银行应用软件时遇到的问题。每天往返上班路程太远,所以他在岗前培训期间住进了一家汽车旅馆。培训结束后正式上岗,多数时间他都是待在家中办公,每周只去公司一趟。

互联网对爱德华工作生活和职业前景的影响在几个方面显现出来。没有以网络为中心的技术就不会有应用软件服务供应商出现,爱德华在应用软件服务供应商中的角色和他的职位也不会存在。在没有互联网的情况下他就没有技术支持服务台所需的工具来完成工作,例如远程登录一台台式电脑。当公司陷入低谷的时候,他用网络寻找新的工作,许多工作本身就是由互联网的电子商务功能所创造。最终,借助远程通信技术,网络为具备他那样技能的人扩展了工作地点的选择。

网络对爱德华的生活也许还有更多微妙的影响。他先是被技术所吸引,最终会被电子商务所吸引,因为电子商务领域的工资更高,工作机会更多。尽管他已经拥有了历史学学士学位,但是他还是开始在当地的一所社区大学学习与电子商务有关的课程。当他接受应用软件服务供应商提供的职位时,招聘方许诺了不少额外的福利,包括职工优先认股权以及使用公司的游泳池和健身房。与多数同事一样,爱德华对公司恪尽职守,并且感到自己在那支有活力、水平高的团队中是受到重视的一员。如今,他为一家公司"工作",但是实际上却受雇于另一家公司,这种含糊加之他的妻子怀上了第二个孩子,确实让爱德华感到有些心烦,但是他对未来依旧乐观。

就业趋势与技术

很少有话题能像技术革新与就业趋势的关系这样被如此激烈地讨论。从滚滚车轮取代人类的臂膀被载入历史开始,技术革新造成的失业和岗位替换就从未停止过。如今,信息和通信技术的革新不断产生那种创造性的破坏浪潮,使得许多人丢掉了工作,并使其他一些人转向了新的职业。

发展最快的职业

大多数发展最快的工作类别都与计算机直接相关,这证明在最新的创造性破坏浪潮中技术起到了重要的作用。表10.1所列的是美国劳工统计局最新预测的十大"最热门"工作,即那些被预测为增长速度最快的工作。[181]

表10.1 增长速度最快的工作

排名	职业	2000—2010年增长率	学历和培训要求	收入排名*
1	电脑软件工程师,应用软件	100%	学士学位	1
2	电脑支持专家	97%	副学士学位	2
3	电脑软件工程师,系统软件	90%	学士学位	1
4	网络和电脑系统管理员	82%	学士学位	1
5	网络系统和数据通信分析师	77%	学士学位	1
6	电脑桌面出版商	67%	专科职业培训	2
7	数据库管理员	66%	学士学位	1
8	个人和家庭健康护理师	62%	短期在职培训	4
9	电脑系统分析师	60%	学士学位	1
10	医学助理	57%	中期在职培训	3

*源自美国劳工统计局。收入排名中,1=非常高(39,700美元及以上),2=高(25,760到39,660美元),3=低(18,500到25,760美元),4=非常低(最高18,490美元)。排名根据四分位法用全部职业收入的四分之一确定各个四分位。收入是有工资和薪水的员工收入。

这个表格有力地表明了影响就业机会的力量。技术主导着全局,而且我们特别需要更多的人来支持基础设施,开发应用软件,以及通过提供相应的技术支持服务确保用户满意并从中获益。与技术相关的职业收入排名都比较或非常靠前,绝大多数职位都要求一定的受教育水平——通常是学士学位。在这个列表中与技术无关的快速发展的职业是护理师和医学助理,而且他们的收入处于或接近这一收入排名的底层。随着人口老龄化和病人的增多,我们需要许多低工资的护工。这些职位无须太高的教育水平,工资也不会特别高。

进一步清楚地了解那些从事快速发展且与技术相关职业的从业者将做些什么是具有启发性的。他们多半不会去制造或修理个人电脑。取而代之的是，他们会去开发、支持和协助人们使用网络中心技术和相应的应用软件。那些系统管理员将会推出新的服务器，为网络服务器软件进行更新以填补安全漏洞，并增添新的功能。网络管理员将诊断带宽的瓶颈，不断地调整配置以提高运行效率和性能。系统分析师将直接与商业用户合作，把用户模型转化为非常便利的、个性化的、安全可行的电子商务网站。大多数"电脑桌面出版商"（Desktop Publishers）都会去设计网站，而非杂志版面。互联网的巨大影响清楚地展现在这张快速发展的职业列表当中。

尽管大多数发展最快的职业都要求相当高的教育水平，但是教育水平较低的人仍然可以找到工作。实际上，大多数新的空缺职位只需要员工在岗接受培训就够了，因为这些职位本来就很多。即使增长速度较慢，这些职业也会有许多新的空缺岗位。不过，有预测显示，未来的职业要求劳动力具有更高的教育水平。例如，在 2000 年，全部职位中有 29％ 要求职业专科或大学学历。然而，在下一个十年中，至少要求职业专科或大学学历的职位将占到全部工作的 42％。

技术就业的兴衰沉浮

虽然从长远来看技术相关的职业是光明的，但是电子商务世界的兴衰沉浮使得就业局面变幻莫测。例如，爱德华就是创造性破坏浪潮中成百上千的，在 2001 年丢掉工作的技术员工之一，尽管他的技能在一年前还十分抢手。在短短的一年间，技术岗位的数量缩水了 5％，他们这些失去工作的人主要从事的都是技术支持。在加利福尼亚商业网站热潮的中心，对 IT 员工的需求下降得尤为迅猛——减少了 71％。不过，2002 年产业部门预测这一局面将出现转机，公司的执行官们则再一次预期届时将难以招到足够的员工来填满空缺。[182]

尽管就业局面波动无常，美国或其他多数发达国家还是认为 IT 员工供不应求。在低年级阶段，学校没有在数学和自然科学方面提供足够的教育，因此很少有人会进入这些领域。在1998年，IT员工非常短缺，企业对此极为不满和怨愤。高技术产业游说国会取消对IT员工的移民入境限制，让更多的来自印度、菲律宾、韩国和其他国家的人能够获得H-1B的签证到美国的IT行业工作。尽管遭到一些团体的强烈反对，美国国会还是在1998年放宽了每年对高技术员工的签证数量限制，从65,000人提升到了115,000人。例如，美国移民改革联盟坚持认为行业协会用于证明员工短缺的统计数据是有问题的，其真实的动机是引入低工资的员工。移民措施的反对者还认为，美国产业应该在人力资源政策方面为美国公民身份的IT员工做更多的事情，而不是从海外引入新人。

IT员工真的短缺吗？1990年代末，产业的高级主管们都在抱怨惨烈的IT人才招募战，因此，他们当然认为IT员工是短缺的。劳动经济学家们试图以各种方法解决这一问题。方法之一是观察技术技能人才就业**比例**的变化趋势，尤其是大学应届毕业生。从1989年到1995年，数学/计算机科学专业的大学毕业生就业比例逐年提升，1995年后增长得更快。不过，在同一时期，工程师们看到的却是就业比例的下滑。这意味着特别是在1995年以后，企业对数学或计算机科学背景的大学毕业生的需求大幅增加，但是对那些技术背景不同的毕业生（工程学）的需求却出现了下降。然而《2000/2001美国工作状况》的作者劳伦斯·米歇尔、贾里德·伯恩斯坦和约翰·施米特指出，日益增长的需求针对的不仅仅是那些数学和计算机科学的毕业生。在1990年代末，大多数专业人员和白领员工也发现企业对他们的需求出现了增加。

另一项统计指标即工资收入水平也许能够反映IT员工是否更加短缺。1984年，IT从业人员的收入比类似产业中同等教育和经验水平的人高16.6%。这一工资收入水平在整个1990年代都没有什么改变，因此经济学家没有看出IT员工短缺快速加剧的明显迹象。如果IT员工那么难求、那么抢手，他们的工资水平在近几年应该已经表现出更高的水平。米歇尔和他的同事对经济统计数据所显示的IT员工短缺总结道：

"总而言之……虽然在过去的几年里有许多人都预言将会出现巨大的改变,但是目前似乎还没有出现什么巨大改变的迹象。[183]"

一些 I.T. 比其他 I.T. 好

经济分析粗略收集了不同特质团队的大量数据。他们认为 IT 员工不只是掌握令网络计算机及其所有应用软件平稳运行所需魔法的"电脑权威",他们还有着迥然不同的技能。

例如,在 Y2K(千年虫)发作之前,急切地需要那些包括 COBOL 程序员在内的"IT 员工"校正老化的遗留系统。COBOL 代表的是"通用商业语言"(Common Business Oriented Language),是 1960 年在国防部的资助下开发的一种程序语言。它被广泛地应用于编制主机应用软件来支持工资单、人事、会计、交易和其他商务业务。由于磁盘空间有限,那些在 1960 和 1970 年代开发的应用软件使用的是两位而非四位纪年,因此如 1979 年就被存储为 79。只要应用软件能够假定两位纪年前有个"19",这种做法没有什么问题。很少有人料到那些应用软件能够维持如此长久的时间,因此,在那时它似乎是一种合理的节约磁盘空间的方式。但是应用软件不断沿用,过了十年又十年。很多公司修补、扩展和改进他们基于 COBOL 的应用软件,而不是取代软件所依赖的那些系统。随着 2000 年的逼近,一些公司竞相淘汰老旧的系统,而其他公司则选择招募熟悉 CO-BOL 并且能够发掘出上百万条代码的员工来修补他们的老旧系统。

最后的需求高峰过后,对 COBOL 程序员的需求大幅减少。即使 COBOL 程序员还保有一份工作,他们也不太可能拥有太高的工资收入。相比较而言,企业将继续大量需求那些掌握用于电子商务的"热门"技术的人才。统计数据显示,与数学/计算机科学专业的毕业生相比,对工程师的需求下降了,但是这些统计数据很难细分对各类 IT 技能的需求。

求职者的技能类型和技术类别已经成为 IT 招聘人员关键的筛选因素。当一家公司想要通过一家人事代理机构雇用一名新的 IT 员工时,该公司会明确提出这个人必须掌握的实际技术。代理机构用关键词来搜索电子简历文档,标记在申请中提到公司所需技术的求职者。技术和关键词检索极为具体,通常包括实际产品的品牌名称。如果这家公司需要一名数据库管理员,并且他们使用的是 Oracle 的数据库,那么查询将会把"Oracle"作为关键词,而不是"数据库",当然也不会是"计算机"。例如,如果求职者掌握的是 Oracle 竞争对手的数据库工作平台技术(SQL 服务器),那么就不会出现在最终的招聘名单中。求职者很快学会了在简历中罗列很多技术,即使他们对每项技术只是泛泛了解。

变化中的雇员—雇主关系

另一显著的就业趋势是雇员和雇主间的关系正在发生改变。1980 年代,我在日本工作的时候,对于受过大学教育的男性来说,期望终生就职于一家公司是非常普遍的。一名索尼公司的工程师向我介绍他自己时说道:"你好,我叫松本,我属于索尼。"显然松本先生有充分的理由相信他与雇主紧密地联系在一起。他不以他的职业和专业,而是以索尼公司的一位名叫松本的人来定义自己。松本先生工作非常努力,经常是晚上九点多了还待在办公室里。他主要与索尼公司的其他员工来往,他的家庭郊游也往往由公司资助。"属于索尼"不仅是对现在工作的描述,也是一种赋予松本炫耀资本的荣耀。毕竟,索尼是一家大型的国际公司,拥有精挑细选的大学应届毕业生。他非常期望在索尼公司度过整个工作生涯,并在退休后拿到一份可观的退休金。也许"属于索尼"的措词有些强烈,但是那句日语翻译成英语就是这样的。

那种雇员与雇主间的关系代表着一种强有力的结合,这种结合会使得雇员和雇主双方都产生义务和责任感。在美国,这种雇员和雇主的结合从来没有达到如此牢固的程度,而在日本和美国,我们印象里这种牢固结合的普遍性实际上被夸大了。例如,日本的女性员工和她们的雇主不会有那种牢固的雇佣关系,许多在小企业工作的员工也不会有那种牢固的雇佣关系,他们往往是作为巨头企业的转包合同工。不管怎样,在过去的三十年间,雇员与雇主间的结合已经大大减弱了,而且这一趋势也不太可能有所扭转。

工作的稳定性和安全感

在美国,工作稳定性的模式体现在长期的就业分析中。自1960年代以来,男性与同一雇主相处的平均年数在逐步降低。在1963年,年龄在45到55岁的男性员工为同一雇主工作的平均时间为12年。到1990年代中期,这个数字下降到约9年。妇女的情况有所不同,部分原因是她们的工作机会在二战后有了显著的变化。妇女工作的平均年限总比男性短,在美国,从1960年代开始,她们工作的平均年限不断增长。然而,从1980年代开始,年轻女性为同一雇主工作的平均年限出现了下降。与男性一样,她们工作变动也更加频繁。在劳动力大军中,已经为同一雇主工作了很长时间的员工的比例也下降了。1979年,几乎一半的男性已经在他们目前的公司工作了十年以上,而到了1990年代中期,这个比例降至40%。

员工变换工作有多种原因,许多是自愿的。也许他们认为在另一家公司工作有更好的前景,或者是想提高他们的工资,或者是想扩展他们的业务技能。不过,因为裁员或是其他原因失去工作的员工常常会蒙受很大的损失。当他们找到一份新的工作时,比起前一份工作来工资可能更低,福利可能更少。在高失业和经济衰退期,例如1990年代早期,会有许多人被动失业。然而,当经济衰退期结束时,被动失业率仍然没有降低,甚至当总的失业人数下降时,被动失业率仍在增加。

视情况而定的劳动力

当长期的就业机会减少时,人们更愿意去接受非标准工作,这包括合同工作、兼职工作、临时工作,或者随叫随到的工作。用人单位用不同的策略雇用人员从事这些非标准范畴的工作,包括爱德华从事的那种人事代理机构的工作。雇主可能"临时非正式"(temp casuals)地雇用一个季节，或者让雇员签署一份独立的承包协议，这份协议包括了具体的工作范围、时间和报酬。他们还可能提供许多兼职或随叫随到的工作。该协议通常不包含工作福利。1999年，大约有25%的劳动力被认为是"非标准的"，他们的工资通常要低于从事类似全职工作的正式员工。

从事非标准工作的员工想转而从事正式的全职工作吗？很多人都想这样做，但是确实不是所有人。从事非标准工作的员工的工作形式和个人兴趣差别很大。例如，有57%受雇于临时就业帮助机构的人表示，他们对目前的工作并不满意，他们渴望标准的工作。然而，其他类型的视情况而定的员工，尤其是那些工资比相应全职正式员工还要高的人，对工作形式都感到满意。例如，从事独立承包工作的员工当中仅有8.5%的人表示更愿意从事标准的工作，有超过90%的人对目前的非标准工作感到满意。

"调配人员"的增加

那些独立承包者代表了一群有趣的受过良好教育的人才，他们受到了进一步的分析。与较传统的雇主—雇员模式相比，许多独立承包者似乎更喜欢他们的工作形式，尽管这种工作形式包含了诸多不确定性。他们可以自如地游走于项目之间，为自己工作，承包人事代理机构的部分工作，或者也可能作为公司的短期雇员。加特纳团队的雷吉娜·卡索纳托和戴安娜·莫雷洛称这些人为**调配人员**（Deployees），以此将他们与普通员工相区别。[184]

调配人员在一个更加以员工为中心的环境下工作，在这个环境中他们有相当大的自由来选择自己的项目、工作的环境和同事。雇主不能像对待一名较传统的员工那样给调配人员安排任务，并指望他去执行。取而代之的是，调配人员有更大的自由，他们可以基于自己的考虑来挑选项目，包括优先选择那些可以学习一定新技能的项目，或者能与大学合作的项目。这些项目可能会增加个人的知识资本和社会资本的价值。

从企业的角度来看，招募高级调配人员来完成各种复杂的项目将是一笔巨大的收益。雇主们可能付给他们丰厚的报酬，但是不必遵循传统的雇佣关系，那样的关系会降低灵活性或增添法律负担。"调配"一词会使人们联想到军队向世界热点地区的战略移动。军队必须时刻准备行动，并且能够被调配到任何可能需要他们的地方。尽管雇主不能命令调配人员完成任务，但是调配人员具有上述军队的一些特点。

在互联网所带来的创造性破坏浪潮中，工作稳定性和安全感都出现了下降。不管如何夸大雇员与雇主间关系的牢固程度，它事实上已经大幅减弱了。人们不可能期望整个职业生涯都为同一雇主工作，即使他们曾经可以。他们的工作将变得更加不稳定，他们也将面临更多的工作变换。互联网所带来的创造性破坏浪潮还影响到了雇主和雇员彼此间的关系，雇员也不再总成为失败者。尽管许多人已经被动地变成了视情况而定的员工，其他人开始选择成为调配人员。对他们来说，互联网所带来的创造性破坏浪潮为员工开创了崭新而吸引人的工作学习新方式，当然，这种浪潮也给管理者带来了诸多新的挑战。

管理新型雇佣关系的挑战

琳达是爱德华目前工作的财务服务公司的经理，她有不少本不该她负责的人事管理方面的头疼事。她手下有14个人，所有人都直接向她汇报工作。至少组织管理图上是这么显示的。然而，爱德华和另外两个人是被人事代理机构安排进来的，工作六个月时间，工作期满后可以选择续签。另有四个人是去年她公司收购一家小银行时被安置到她公司的，收购条款上使用了很强的保护银行职员权利的法律术语。另有两个兼职人员，其中一个实际上是一家保险公司的员工，那家保险公司与琳达所在的公司在包括在线服务的一些领域有合作关系。剩下的就都是在公司工作了一到六年的全职正式员工了。除了最近招募进来的员工之外,所有的员工都是两年前进入公司的,比琳达进公司的时间还要早。

管理各类员工

在企业中,像琳达所管理的那种包含各种员工的团队并非独此一家,然而人力资源管理理论和原则却几乎完全忽略了这种形式。这种团队由令人感到迷惑的各类员工组成,他们有着不同的工作协议、不同的合同责任以及与所在公司之间不同的情感联系。这些员工之间的差异并非仅仅是体现在文化或种族方面。他们在迥然不同的雇主—雇员关系中工作,运用单一的策略来管理几乎是不可能的。

人力资源管理策略的研究者们在这个领域中通常使用的不是"软"方法就是"硬"方法。"软"方法考察人力资源政策及影响,以确定贯彻哪些人力资源政策在总体上能给许多公司带来最好的效果。"软"方法重点放在了培育员工的忠诚、建立团队精神、鼓励参与、公正平等待人,以及出资让员工接受培训和教育来培育公司的人才资本。这里的根本要义是,员工应被视为一种资产,像资金或工厂一样,公司应该好好照顾他们,并在他们的成长和发展上投资。许多调查都试图发现与衡量成功的各种指标相关的人力资源管理政策,但是一般情况下一家公司只回应一次。通常,调查会被发送到人力资源经理那里,由他替整个公司作答。对公司来说,很少有机会来解释为什么对待一些员工用某一种方式,对待其他一部分员工用另一种方式,对待其余的员工用第三种方式。

研究人力资源管理的另外一种方法是考察公司如何根据他们所处的具体行业、所面临竞争的激烈程度或他们开展业务所处背景的其他方面来运用不同的人力资源管理策略。这是"硬"方法或视情况而定的方法,而且它假定某种管理策略只能在一组特定的环境下才能产生最好的效果。例如,有些无情的人力资源政策也可能令公司获得成功,特别是在激烈的竞争中,必须按照互联网时间启动新的服务项目,从而使公司立于不败之地。一位在电信公司担任首席信息官的同事告诉我,他在IT员工方面的人力资源策略是雇用年轻人、支付高工资并提供几天的培训,然后在18个月内让他们像工作狂人那样工作。通常情况下,他们每天至少工作12个小时,而且几乎每个周末都得随时待命加班。在另一个有着不同特点的产业中,一种更为成功的人力资源策略则是注重员工培训、培育员工忠诚,使员工愿意长期为公司工作。

这两种方法都与琳达领导下的各类员工没有太大的关系。英国曼彻斯特管理学院的吉尔·鲁纳利和她的同事指出了目前的人力资源管理方法尚未充分考虑到的所有问题,这些管理方法被应用于公司内部的包含不同雇佣关系的团队,也频繁被应用于公司的某个单一的部门。[185] 例如,惩罚规章应该根据员工类型和雇佣关系种类的变化而变化。一个合同员工可能因违反某项规定被免职,但是对于另外一名雇佣条款不同的员工来说,违反同样的规定可能只会收到一封斥责信。补偿金也会依照员工类型而有所不同。一些员工享受的是公司资助的健康计划和退休年金这样的福利,其他类型的员工则不享受这样的福利。这个案例中的公认的管理者琳达对于一些员工来说并不是一个真正的监督者。例如,爱德华为人事代理机构工作,琳达的公司是他们代理机构的客户。在琳达的团队中,针对员工健康和安全的法律责任同样是模糊的。这些法律责任多数都是在传统的雇主—雇员关系下制定出来的,它们很难界定在发生工伤时谁应该承担法律责任。

外包人力资源

爱德华工作的人事代理机构是一类刚刚萌芽的行业,被称为职业员工组织(professional employee organization)或PEO。这些公司中最著名的是阿弟克公司(Adecco),一家瑞士的人力资源公司,它在全世界的众多公司分派了数以百万计技术的、专业的、文秘的和工业的人员。这些人员被称为"合伙人"(associates),阿弟克公司将他们视为信息时代的企业家。这家公司的网站称传统的雇主—雇员关系模式已经老旧过时,它

第十章　变化中的就业环境

的灵活性已不能满足需要,在人力资源管理方面企业需要更大程度的灵活性。阿弟克公司还在寻求解除对工作场所的管控,游说改变许多过时的法律,这些法律束缚了雇佣关系的灵活性。

从本质上讲,与人事代理机构合作的公司客户不仅是在外包人力资源职能(如薪水或福利发放),而且还在外包员工本身。皮特·F.德鲁克对这一增长态势感到不安,特别是职业员工组织(PEO)服务的迅速扩张。[186]他提出,许多公司选择职业员工组织是因为该组织为他们的人力资源调配增添了灵活性,但是其中也存在其他原因,这些原因不涉及公司自身的商业模式或者对雇佣的灵活性的需求。政府给传统的雇主—雇员关系添加了如此多的规定,要求公司进行如此多的报告以确保他们遵守相关规定,这促使公司转而求助于职业员工组织,以摆脱不堪重负的文书报告和数据收集工作。德鲁克引用了美国小型企业管理局的数据,数据显示1995年对于小型的公司,各种政府规定、必要文书报告和税收条例的成本是每名员工5000美元左右,这还不包括员工的工资或福利。

在那样的背景下,员工的角色受到了许多政府机构的制约,他们不再是公司的资本,而成了公司的负担。由职业员工组织来管理公司的雇主—雇员关系,可以使管理者专注于公司业务,让别人来操心文书报告和其他所有规定的雇主责任。

尽管职业员工组织提供的是一项重要的服务,但是德鲁克担心知识密集型公司可能会丢掉他们所拥有的最重要资源的忠诚和优势,即公司的智力资本。调配人员承担了什么任务?当然不是人事代理机构的任务。代理机构在所有这些调配人员中扮演了一个代理人的角色,而且代理人可以很快被取代。调配人员也不会忠于某一公司,他们只希望在那里待上一两年,然后可能再到其他公司从事新的工作。德鲁克警告说:"如果卸载员工关系,企业失去了他们培养人才的能力,那么企业就如同与魔鬼签约出卖自己的灵魂。"

258

285

工作场所中的互联网——新技术如何改变工作

变化中的组织形式

筹划一家企业和构建企业中人际关系的最好方法是什么？传统的官僚体系及其定义的人际关系已经受到了技术进步和互联网的极大挑战。在新的雇主—雇员关系的背景下，官僚的企业体制岌岌可危。过去遵循命令等级链的沟通模式，现在可以在组织结构上轻松地跨越，而且通常也都这样做了。

伯明翰大学的约翰·蔡尔德和哥伦比亚大学的丽塔·巩特尔·麦格拉斯试图捕捉能将传统的与新兴的组织形式加以区分的一些关键特征。[187]例如，传统的组织形式依靠的是等级制度，权利的集中和自上而下的目标制定，但是新兴的组织形式强调团队合作、权力的分散和去中心化的目标制定。许多采用新兴的组织形式的元素的企业正在尝试各种方法应对雇主—雇员关系的变化和不确定性以及公司内关系的其他各个方面。他们正在寻找各种方法来应对模棱两可、似是而非以及自相矛盾的关系。传统的官僚企业的组织形式试图通过建立牢固的基础、清晰的命令链和有序的关系来**缓解**企业内部的不确定性，而新兴的企业组织形式则**欢迎并接受**不确定性来实现更快的反应和更大的灵活性。例如，在传统的官僚企业里，员工手册会清晰地写明雇用的条件与细则，它精准的措辞可以用于处理各种法律纠纷。在一些新的实验性组织形式中，也许会有一本手册，但是它很可能沾满了灰尘而且极少更新。而且，它也不会被用到许多企业员工的身上。如果有人负责维护它，那个人不会意识到不同团队中雇主—雇员关系的所有变化。

新兴的组织形式在其他方面还考虑到了知识员工的期望，无论他们有着怎样的雇佣关系。他们期望更多地参与决策过程、期望置身于能力强大的团队、期望没有等级划分的工作氛围、期望具有一定的能力来设定自己的目标。一所大学的去中心化的组织形式是一个典型的例子，它包含了这些似是而非和自相矛盾的关系。校长办公室可能只掌管极少的实际预算,绝大部分预算都是由院系管控,他们从国家科学基金会这样的机构获得拨款,用于开展研究、雇用员工和培训学生。系主任几乎不存在对终身教员的控制,这些终身教员通常可以挑选他们研究的项目和教授的课程。然而客座讲师(adjunct instructors)与大学之间的雇佣关系却大不相同。根据合同可能他们每学期都会教授几门课程,但是大学不能以他们为依靠。大学的以及合作的项目频繁出现,但通常不是由于上级部门自上而下的指示。马里兰大学学院公园校区罗伯特·H. 史密斯商学院的院长霍华德·弗兰克强调了在这类环境中容忍(甚至鼓励)自相矛盾、似是而非和"杂乱无章"的重要性。他鼓励以新研究项目、合作、合伙、技术、系列讲座、实验室、经费申请书或课程形式安排的活动,并将这些称为"活儿"。在这种环境下,协调性可能有点差,组织的各部门间可能缺乏沟通以至于一个部门一直不知道另一个部门在做什么。不过,这种环境能够以一些官僚组织中不可能具有的方式激发知识员工的创新精神与工作热情。

没有边界的企业

新兴的组织形式对"组织"一词的定义形成了挑战。当公司彼此合作形成联盟,当他们外包许多原本由自己员工完成的工作,当他们将自己的知识员工队伍交由职业员工组织来管理时,公司的界限变得越来越相互渗透,越来越模糊。不断精妙的网络技术为支持虚拟团队合作和企业间的沟通提供了支持,导致公司的界限变得越来越相互渗透。这些有时被称为**虚拟企业**(virtual enterprises)的新兴组织形式很难被鉴别,定义起来就更加困难。

虚拟企业的一大特点是它强调灵活性以及对变化的快速反应。通过外包和其他合伙经营安排,虚拟企业可以卸掉许多职能,精简人员以保留核心职能,从而把精力集中在革新上。规模很大的传统官僚企业犹如一只笨拙的恐龙,无法适应环境的改变,进而走向灭亡。规模较小的虚拟企业就好比原始的哺乳动物,围着恐龙的脚蹦蹦跳跳,很快就适应了环境的改变。

外包是虚拟企业瘦身的方式之一。企业外包的职能是那些虽然企业需要但是对企业实现其核心目标作用不大的职能。这些职能可能包括大楼物业、自助餐厅、工资与福利发放以及安全保卫。距离核心职能较近的职能也正在被外包出去,包括信息技术、技术支持服务台和网站管理。正如我早前描述的,职业员工组织为公司提供了外包任何类型员工的机会,从文秘到首席执行官 CEO。

通过合伙和联盟,公司的界限也变得越来越相互渗透。两家公司可以签订一份联合开发革新技术项目的协议,因为每家都具备开展项目所需的能力。两家公司将建立通常以虚拟形式出现的协作团队,团队成员来自这两家公司。当技术开发出来,两家公司需要签订更多的协议,协议内容涉及技术的商品化、市场营销、证书许可以及利润分享。

虚拟企业的优势和劣势

哈佛大学商学院的亨利·W. 切斯布拉夫和加州大学伯克利哈斯商学院的大卫·J. 特里斯指出,虚拟企业在一些领域有着显著的优势,但是在另一些领域却劣势明显。[188]它的优势在于具有激励性,并能对变化做出迅速反应。新机会出现时,虚拟企业可以很快进入市场获取所需要的人才与资源。随后,虚拟企业可以激励员工或公司,这些激励可以轻易地超越一家大型官僚企业为其员工提供的一切。相比之下,试图建立自身内部能力的大型官僚企业在互联网时代可能缺乏足够的灵活性来参与竞争。

虚拟企业的劣势在于很难协调所有的合作关系和联盟,其原因正是由于起初使得几家公司建立合作形成联盟的那些激励元素。每个参与者都按照自己的利益开展经营。他们不是在玩帮助大企业成功的游戏,因为这里不存在大企业。它只是一家虚拟企业。我在前几章所讨论的社会两难境地在这里可以用来说明虚拟企业面临的问题,尽管这里的规模更大。当团队成员的自身利益与整个团队的利益发生冲突时,要获得成员

第十章　变化中的就业环境

们的配合以推进团队的目标是极为困难的。这需要极大的信任，而信任在虚拟团队中不易建立。在虚拟企业中建立这样的信任同样很难。

虚拟企业在引入和采用一些类型的革新技术时非常灵活，但是对于其他类型的革新技术虚拟企业却效率奇低。当一项革新技术相对自主时，也就是说它的引入只影响整个过程的一小部分，而不会对过程的任何其他方面造成波动或破坏时，虚拟企业能够处理得很好。例如平板显示，一项电脑显示器方面的革新技术，只要它不要求任何中央处理器CPU背后端口的改变就能够轻松地融入戴尔公司的市场营销之中。戴尔公司可以迅速与供应商添加或替换协议，并为其客户们提供戴尔品牌的新产品。相比之下，大型官僚企业面对这样的自主革新技术可能会遇到一些麻烦，因为它不能迅速地做出反应。例如，与去中心化体系更为明显的汽车制造商相比，通用汽车GM花了很长的时间才改换为碟片刹车系统，因为它与仍专注于老旧技术的供应商有着牢固的垂直关系。

不过，虚拟企业也无法轻松地启动系统性的革新技术，这些革新技术要求企业大多数部门或所有部门做出改变。因为一帮注重自我利益的参与者很难协调，没有人处于企业行政体系的顶端负责化解矛盾冲突，系统性的革新技术举步维艰很容易失败。切斯布拉夫和特里斯提出，最成功的虚拟企业通常不是一个有着相对平等权利的松散型联合企业。相反，某家有实力的公司"位于网络的中心，与平等主义相差甚远"。他们不会外包所有的部门，特别是那些有益于他们重要竞争优势的部门。换句话说，某人负责下命令要求合伙人合作，即使合作的行为与他们的自身利益不相符合。他们并不"拥有"合伙人，但是他们确实对其合伙人的行为有着相当大的影响力。

虚拟企业以及任何去中心化的权力分散的企业还有另外一个弱点，这一弱点与责任有关。安然公司、世界通信和其他大公司的会计丑闻发生之后，公司的股东们迫切希望有一位主管人员能够监督整个企业，并对出现的问题负责。与那些合作松散，由许多拥有各自议程的单位组成的企业相比，大型官僚企业的管控体系，无论有什么弱点，都能在这一点上做得更出色。董事会让 CEO 负责，CEO 接着又让副手们对各自的单位负责。当职权没有明确的等级关系时，责任也就更不明确了。

志愿者组织

新兴的组织形式考虑了变化中的雇主—雇员关系。雇员（尤其是那些拥有宝贵知识技能的员工）不一定都是被较高的薪水、晋升、福利套餐或终身工作保障所激励的。彼得·德鲁克提出，企业开始越来越像一个交响乐合唱团了。乐团的指挥可能一点也不会演奏小提琴，他必须依靠小提琴手的特殊技能（以及合唱团中每个人的天赋和毅力）才能成功。如果指挥令人讨厌或者专横跋扈、目中无人，那么小提琴手可以把表演破坏掉。今天的知识员工可以对一个独裁的管理者做同样的事。[189]

德鲁克提出，新的组织形式更像是一批致力于某一事业的志愿者，而不是一群挂靠在一家公司为薪水而工作的人。这意味着，一家企业可以从救世军或天主教堂运作的方式上学到很多东西。我们还可以从另一个非常成功的知识员工志愿者组织——开放源码组织中得到领悟。

志愿者的开放源码组织

开放源码（open source）是一个宽泛的术语，通常指作为公共产品被许可和发布的软件。开放源码促进会（Open Source Initiative）是一家致力于管理和促进源代码开放的非营利性组织，该组织列出了几条传播标准，软件必须满足这些标准才能被视为开放源代码。例如，许可证必须对软件的重新自由发布没有限制，而且程序必须包含它的源代码，从而让其他人能够检查和改进程序。软件不能是一个只有签署了非公开协议的公司员工才知道其源代码的"黑匣子"。该组织提出的标准还要求许可的软件不得对任何个人或团体或特定的产业存在歧视。例如，开放源代码软件的开发者不得妨碍特定的企业或任何企业使用开放源代码的软件。[190]

几款知名的软件都是开源产品，包括 Apache 网络服务器软件和根据其创始人莱纳斯·托瓦尔兹（Linux Torvalds）命名的 Linux 操作系统。这些产品不是在微软的安全措施非常严密的实验室或者 IBM 的封闭实验室开发的。借助数以千计的开发志愿者的辛勤劳动，用时间和专长开发优质可靠的软件，开源软件逐渐发展、不断改进。这里的根本理念是：最好的软件将出自这样的一个环境——数以千计的程序员核查软件编码，重新发布软件，发现软件漏洞，修补漏洞，从而改进软件质量。参与软件代码工作的人越多，软件的质量就会越好。这与微软公司使用的封闭模式形成了鲜明的对比。Windows 操作系统的代码是受到严密保护从不公布的。

人们为什么在开放源码的运动中变成了志愿者？尽管有些人是公司开放源代码项目的有偿员工，但是绝大多数都不是，他们另有谋生的职业。无偿地为开放源代码软件工作的很大一部分动力是源自以某种方式为一项有价值的事业做出贡献所带来的满足感，许多人认为这种方式比封闭的开发模式更有成效。大量的商用成品软件（COTS）漏洞百出是因为它是在封闭的环境下开发的，在软件发布以前没有足够多的人有机会对它进行全面测试。一旦数以千计的人开始使用它，漏洞就会显现出来。

这些志愿者的另一个强烈动机是希望在很有才能的同行中建立并保持一个良好的声誉。大量开放源代码的开发和讨论都是在互联网上进行的，尤其是借助新闻组和邮件列表，同行的称赞对于一位有才能的程序员来说就像丰厚的心理奖赏。开放源代码项目的历史文件会记录做出过重要贡献的人员姓名，自己的名字能被列入一些项目的历史文件对开发者而言是一项重要的成就。

参与开放源代码项目成为了参与者的一种热情，多数参与者强烈地感到开放源代码不仅仅是软件开发的另一种方式。它是一种使命，这种使命受着巨大的草根力量的推动，旨在与极度贪婪的大型软件公司抗衡。开放源代码促进会的网站在"万圣节"文档中，概述了开放源代码运动与颇具竞争力的传统商业策略间最引人注目的一次冲突。1998 年，微软内部一些讨论开放源代码软件的文件被泄露给了埃里克·雷蒙德,他是开放源代码运动的领导人之一,《教堂与集市》(The Cathedral and the Bazaar)一书的作者,在书中他比较了两种不同的软件开发策略。[191]雷蒙德把文件传给了新闻媒体,当然,还通过互联网将其广泛传播。备忘录证实,微软的主管们认为开放源代码是一种可行的软件创作方式,但他们同时认为这种方式会对他们的商业模式构成严重威胁。一行令人难忘的话这样写道:"OSS[开放源代码软件]是长期可靠的……不能采用FUD策略与OSS抗争。"(FUD指畏惧、不确定性和怀疑。FUD是一种技术,可用来引起人们对软件可靠性的关注。)

尽管参与大多数开源项目是志愿性质的,但是开源项目也不是人人都能参与进来的。许多项目都有开放的成员资格,任何人只要参与并贡献一份力量就可以加入进来,不过,这些项目的组织结构并不是遵循平等主义或者民主主义的。绝大多数开源项目都有着与传统公司迥然不同的管理结构,但是这种管理结构在维持秩序、建立目标和解决争议方面非常有效。开源项目有领导者,或是更常见的领导团队,领导者已经建立了自己应有的声望,而且通常是由开发者团队自己选举产生。领导者在项目开展过程中能够行使相当大的权力。

在较为传统的雇主—雇员关系中,不愿配合、缺乏才能或者制造麻烦的员工可能会被项目领导或经理重新安置或免职。然而,在一个开源项目中,领导者处理这类不合适的志愿者的方法则有些不同。领导团队可以通过他们在开源社区中的社会影响和名望促使成员们遵守规则。在严重的情况下,领导团队将回避、驱逐或者羞辱不守规矩的志愿者,这比解雇还要糟糕。

达成共识是开放源代码项目的又一重要因素,但达成共识并非总是那么容易。在一段志愿者为个人观点辩护的在线讨论之后,通常采用投票表决来达成共识。彼得·韦纳对开放源代码运动进行研究并发现,进行各种争论并达成共识会耗费大量时间。他写道:"团队充满了思想坚定、特立独行的人们,他们会毫不畏惧地表达自己的观点。当人们想要就一些技术问题做出决定时,比如,对长整数和浮点数哪个用来衡量个人财富的美元价值更有意义,激烈的争论就会反复出现。"[192]

从志愿者组织得出的经验

M. 琳内·马库斯和她的同事指出,开源项目的运作所处的环境看起来似乎会激励低质量的贡献、占他人便宜以及不稳定的成员组成。[193]尽管如此,由于项目团队逐步学会了运用许多步骤程序、群体规范、管理机构和操作流程,开源项目通常都能获得成功。开源项目团队展现出与新兴的组织形式相类似的某些特点,因此他们的做法值得好好地考察。例如,他们非常依赖知识员工的内在动机,即为了自己的目的而进行某项工作的动机,特别是在他们所欣赏和羡慕的人群中建立声望的动机。开源项目依赖的不是成员渴望薪酬、福利或者正式升迁的外在动机。此外,开源项目注重开放和流动的会员资格,因此能够吸引到杰出的专业人才负责具体的工作。不过,开源项目仍保有一支稳定的核心队伍。

至少从开放源代码运动这一角度来评判,志愿者组织另一个极佳的重要做法是,其领导层的决策过程对于整个团体来说都是透明而让人看得见的。他们不是民主的组织,但具有相对简单的规章制度。确保成员遵守规则和维持团队秩序的主要方法是利用社会控制和团队压力。

从开放源代码运动中得出的经验让我们对于新的组织形式只能预见到这些了。当然有一些可以从开放源代码中获取利润的方法,但是正如一位拥护者所言,用开放源代码软件挣钱是"非直觉性的"。像红帽子(Red Hat)这样的公司通过为使用 Linux 的企业提供培训、技术服务和个性化软件已经获得了成功。不过,从开放源代码运动得出的最重要的经验不是如何挣钱,而是在志愿的知识员工构成的组织中如何利用员工的动机并对员工进行管理。

作为万圣节文件被公布的微软内部备忘录中,还有一段文字指出了在互联网时代背景下开放源代码模式组织知识员工并赢得他们的热情、信念和能量的巨大力量:

"OSS通过互联网汇集和利用数以千计成员的集体智慧(IQ)的能力简直太惊人了。更重要的是,OSS传播使命(evangelization)的规模比我们大多了。"人们仍需要工资收入,但是志愿者组织具有的活力以及他们传播使命和招募新成员的强大能力表明,工资收入不是努力工作的唯一理由。新兴的组织形式认识到了这一重要的经验。

注 释

181. Hecker, D. E. (2001). Occupational employment projections to 2010. *Monthly Labor Review*, November, 57—84. Retrieved April 12, 2003, from Bureau of Labor Statistics Web site: http://www.bls.gov/opub/mlr/2001/11/art4full.pdf
182. Kary, T. (2002). Study sees IT worker shortage in 2002. c|net news.com, May 6, 2002. Retrieved April 3, 2003, from c|net Web site: http://news.com.com/2100—1017—899730.html
183. Mishel, L., Bernstein, J., & Schmitt, J. (2001). *The state of working America 2000/2001*. Economic Policy Institute. Ithaca: Cornell University Press.
184. Casonato, R., & Morello, D. (2002). Management alert: A certain employee type, "deployee," is changing the IT workforce. *InSide Gartner*, Note Number IGG—07242002—03. Retrieved February 14, 2003, from Gartner Intraweb Database.
185. Rubery, J., Earnshaw, J., Marchington, M., Cooke, F. L., & Vincent, S. (2002). Changing organizational forms and the employment relationship. *Journal of Management Studies*, 39(5), 645—672.
186. Drucker, P. F. (2002). They're not employees, they're people [Electronic version]. *Harvard Business Review*, 80(2), 70—77.
187. Child, J., & McGrath, R. G. (2001). Organizations unfettered: Organizational form in an information-intensive economy. *Academy of Management Journal*, 44(6), 1135—1149.
188. Chesbrough, H. W., & Teece, D. J. (2002). Organizing for innovation: When is virtual virtuous? [Electronic version]. *Harvard Business Review*, 80(8), 127—135.
189. Drucker, P. F. (1998). Management's new paradigms. *Forbes*, 162(7), 152—170.
190. The Open Source Definition, Version 1.9. (2002). Retrieved March 15, 2003, from The Open Source Initiative Web site: http://www.opensource.org
191. Raymond, E. S. (2001). *The cathedral and the bazaar: Musings on Linux*

and open source by an accidental revolutionary. Cambridge, MA: O'Reilly.
192. Wayner, P. (2000). *Free for all*. New York: HarperBusiness, p. 161.
193. Markus, M. L., Manville, B., & Agres, C. E. (2000). What makes a virtual organization work? [Electronic Version]. *Sloan Management Review*, 42(1), 13—26.

第十一章

以网络为中心的工作场所：未来的趋势

保守地讲，千禧年交替的前后几年真是动荡不安。为了了解最新的时事动态，人们沉溺于美国有限电视新闻网（CNN），痴迷于新闻报道，有线电视节目吸引的观众比 O. J. 辛普森审判期间还要多。在这种背景下，互联网渗透到了我们工作场所和工作生活的众多方面，时而悄然无声，时而轰轰烈烈，但却从未停止过。在一次讲演中我问我的听众，是否他们或者他们所知道的某个人曾经在使用了企业的互联网之后再主动将互联网连接取消。一个人说道："你在开玩笑吧？那就像断电一样了。"尽管个别人会选择停用电子邮件，或选择停用互联网和所有令其与工作保持联系的以网络为中心的技术，但是几乎每个人都会在停用一段时间后继续使用。对于企业来说，要断开互联网是绝不可能的，他们通常给出的关键理由是互联网让我们所有人工作效率更高。真的是这样吗？

互联网与生产率

经济学家对生产率的定义是"每人每小时的劳动产出"，或者在一定的时间生产的商品或服务的价值除以生产这些商品或服务所用的时间（以小时计）。人们花费了相当大的精力来研究如何衡量生产率，如何分析生产率的模式，以及在过去的几年生产率的模式受到了哪些因素的影响。生产率很重要，因为它与生活水平的提高关系密切：每小时的劳动产

第十一章　以网络为中心的工作场所：未来的趋势

出增加，我们的生活水平就会相应提高。而生产率的增长尤为重要。得益于技术的进步、更好的培训或者只是从过去的错误中吸取教训，每年我们的生产效率都有望得到提高。生产效率提高，人们的生活水平也随之得到改善。

第二次世界大战以来，生产率的增长趋势表现出一些有趣的变化。从 1948 年到 1973 年，平均生产率增长的势头很好，几乎每年保持在 3％。战后，归来的士兵很快回到了学校进行深造，大批技术有待他们去开发。然而，生产率的增长却在 1973 年开始放缓，持续的缓慢增长延续了近 20 年。减缓的原因不太清楚。其中之一可能是大批婴儿潮时期出生且缺乏经验的人成为了劳动力。不管怎样，较慢的生产率增长意味着人们必须降低他们对生活水平的期望。在这段时期，人们不再像他们的父母那样期望享受较高的生活水平。尽管人们把这一增长放缓看作是正常的事情，但是他们在 1996 年生产率增长加速的时候还是大吃了一惊。

布鲁金斯学会（Brookings Institute）的经济学家罗伯特·E. 阿里坦和艾丽丝·M. 里夫林一直在对生产率问题进行广泛的研究。他们指出，这一突然的加速令人有些迷惑不解。[194] 信息技术显然在其中发挥了作用，但是 1996 年以前，企业就已经在计算机和通信领域投资很多年了。麻省理工学院的经济学家罗伯特·索罗，在 1987 年风趣地说道："除了在生产率统计中，我们在哪里都能见到计算机。"很难理解为什么之前这些非常有用的技术未能对每人每小时的劳动产出产生更大的影响，直到 1990 年代中期其影响才开始显现。此时，伴随信息技术投资的是一些重要的经济环境：低通货膨胀、低失业和密集的劳动力市场。由于低通货膨胀，利率得以降低，投资风险也随之降低，因此企业更有可能投资风险更高的技术。正如阿里坦和里夫林所言："经济明星们被重组了。"

当 2000 年中期经济出现问题，生产率的增长下降时，这些经济明星再次被错误地组合了，这一次的原因似乎与联邦储备委员会一年前的紧缩性货币政策的滞后效应、较高的能源价格，以及由商业网站引发的股市暴跌有关。2001年的恐怖袭击连同2002年的会计丑闻使得经济和生产率的增长更加萧条。

互联网的作用

作为本世纪最具影响力的技术之一，互联网在1996年生产率突然加速中起到了什么作用？或许作用不大，至少开始时还没有，因为像美国这么大的经济体，技术要花很长时间才能对其生产率产生影响。尽管从时间上来看似乎互联网起到了关键的作用，但是绝大多数企业甚至在1990年代中期以前都未曾使用过互联网。在1996年，互联网对工作场所的生产率的影响极有可能微乎其微，但是，在临近1990年代末期时，越来越多的计算机通过网络相互连接，互联网可能为提高生产率做出了较大的贡献。尽管现在不景气，互联网具有很大的潜力在将来为提高生产率做出贡献。

变革新旧经济产业

由阿里坦和里夫林领导的布鲁金斯互联网攻关小组尝试预测互联网在将来对经济的影响，以及这种影响将如何展现。这一小组拥有熟知美国八大经济领域的学者，这八大经济领域总计占据了国内生产总值的70%以上。鉴于互联网还很"年轻"，而且很多因素可能会阻碍互联网功能的广泛传播，上述小组的许多学者不愿意对互联网的影响做出哪怕是间接的预测。尽管精确的数字很难预测，这些学者对于网络终将如何影响所有这些"旧经济"领域的见解还是很有价值的。新经济商业网站出现了，但大多数都失败了。一些公司单纯依靠互联网生存下来，但是网络要以显著的方式影响经济和工作场所的生产率，就必须深入经济的领域的中心。让我们看一些例子，探讨一下在今后的几年里这些基本的经济领域将如何受到互联网的影响。

第十一章 以网络为中心的工作场所:未来的趋势

制造业

一些产业看起来似乎不会成为互联网影响的对象,但是它们却可能是受互联网影响变革最大的产业。制造业是一个重要的例子。思科(Cisco),一家以"助力互联网时代"为标志的网络设备制造商,在制造业引领了众多基于互联网的革新。鉴于自己的产品对网络基础构架的重要作用,思科公司掌握并应用互联网的各种功能是非常明智的,该公司也声称这样做大大降低了成本。思科通过互联网为客户提供技术支持,改进内部业务流程,尤其是提高其供给链的管理效率。

布鲁金斯攻关小组的成员,哈佛大学商学院的安德鲁·麦卡菲指出,对于大多数人来说,思科像是一个世界一流的制造商,但是思科经销的绝大多数产品却是思科员工从未看到或接触过的。[195]思科员工所做的是对全部供应商的整合进行管理,这些管理工作是通过传播和分析有关预测、生产进度表、装运、质量控制报告和制造活动的信息来完成的。路由器生产中使用的有形资产绝大多数都不归思科所有。取而代之的是公司管理的流程,通过该流程所有参与者以合作形式来设计、制造、营销、递送并为其产品提供技术支持。用"电子供给链"一词来描述发生在制造业的这种改变不太贴切。对于思科公司以及遵循思科公司模式的其他公司来说,供给链不是线性序列,链条中的信息和产品并非像一条曲线推进(warp drive)的装配流水线那样,从一个合作伙伴流转到线上的另一个合作伙伴。取而代之的是,网络中所有的合作者都能及时获取自己所需要的所有信息。当网络上下达了订单或网络的任何一个节点出现了问题时,所有的合作者都能即刻知晓。

戴尔公司根据订单生产计算机的方式正是利用了这种网络供给链。与绝大多数PC制造商不同,戴尔没有大量的货品库存。取而代之的是,客户上线或者拨打电话让戴尔准确地了解他们想要哪种电脑。每个客户都从选择列表中选择他们喜欢的个性化产品。网站上有许多选择,客户只需点击就可以为自己的新电脑选择一个CD刻录光驱,或一个DVD播放器。戴尔会几乎即刻装配所需部件,并在几天之内将电脑送达客户。戴尔在部件库存方面的投资极少,这在计算机产业尤为重要,因为老旧的设备是很难卸去的包袱。例如,一旦出现了一款速度更快的调制解调器,慢速的调制解调器**再便宜**也几乎卖不出去。在推出56K调制解调器之后,那些由其他制造商制造的、堆在库房为零售经销商准备的配有28K调制解调器的电脑主机就很难销售出去。库房堆满老旧电脑将使公司遭受损失,而戴尔通常能够避免这种事情的发生,因为它实施的是基于互联网的供销链。通过电子市场的竞争,戴尔还能从供应商那里以极优的价格买到各种部件,因此能够降低各个部件的成本。

汽车制造业也能同样从基于互联网的供销链中获益吗?与电脑购买者相比,购车者在车辆设计、特点和性能方面的需求通常是五花八门的。在许多方面,一台电脑不如一辆汽车复杂。电脑也有很多组件,但大多数组件都比较标准,这意味着一个人可以用从众多供应商那里购买来的配件组装出一台电脑。然而,汽车不具备电脑那样的模块化,而且部件通常不是标准化或是可以互换的。互联网使"根据订单制造"电脑成为可能,这种方法产生了节约成本和提高生产率的效果,但是要在汽车业产生同样的效果恐怕难度要大得多。尽管如此,互联网一定会为节约成本带来许多机会。宾夕法尼亚大学的克里斯·H.法恩和丹尼尔·M. G.雷夫预言,通过提高效率来节约成本几乎将出现在产业的每一环节:采购和供货、产品设计、制造和零售经销。汽车特许经销商的数量和销售佣金一定会减少。由于互联网对汽车产业的逐步影响,总的算一下,一辆汽车的价格下降比例可能会高达13%。

货车运输业

运输业是另一个旧经济产业,其中,货车运输构成了这一领域的主体——贡献超过了国内生产总值的3%。汽车运输公司已经在以各种各样的方式运用互联网,并有一家产业杂志——《运输话题》(Transportation Topics)将1999年称为"互联网年"。货车运输公司借助互联网收集、分析和传播信息,可以缩短在装卸台和库房的等待时间,并减少货车在装载不多或空载时的空驶里程,最终提高生产率。互联网对于像货车运输那样彼此分离且在地理上离散的产业来说尤为重要。在这种产业中,信息的透明和整合可以带来巨大的收益。

这些收益在现实中是如何形成的? Transplace.com 是一个物流管理联盟,最初由几家大型货车运输公司创建,他们决定探究一下互联网如何实现生产率和生产效率的最大化。这几家公司通过整合购买力、物流信息和客户需求信息,能够形成**紧密网络效率**。[196] 紧密网络效率源自三个因素。其一,他们需要有规模几近无限的装卸和搬运能力,Transplace.com 电子市场创造了这一条件。其二,他们需要互联网来发现那些想要运输货物的客户,并利用互联网在这些客户和能提供货车的人之间建立联系。其三,他们使用最优化技术,通过减少等待时间,充分利用货运空间和减少返程空驶来确保以最高的产出方式来利用货车网络。

密歇根大学的阿努拉德哈·纳加拉贾(Anuradha Nagarajan)和同事们预期,货车运输业未来能够从互联网获取一些收益,但是这些未来的收益可能不会很丰厚,因为货车运输业已经获取了大多数收益。[197] 不过,也许更重要的是,效率更高的货车运输业能够促进其他经济领域的生产率与增长——尤其是电子商务领域。当客户收到自己所购货物的实时运输状况信息时,他们对电子商务的信任会大大增强。这些间接收益的实质部分会在将来显现出来。

医疗卫生业

如果你在医疗卫生业工作,你就会知道信息流的种类繁多、效率低下以及支离破碎能达到何种程度。这种信息流是一种令人沮丧的混合物,它包含各种手工表格、复印件、手抄处方、电脑打印账单、人工预约系统以及基于互联网的通信网络。互联网在一些领域已经做出了巨大贡献,但是在另一些领域却几乎没有,至少现在还没有。

患者现在可以从网上获取海量的医疗信息。与一些商业网站一样,国家健康研究院(National Institutes of Health)的网站为患者和卫生服务提供者提供了非常丰富的信息资源,涉及各种疾病、治疗、用药和许多其他健康相关的主题。与在其他产业一样,在医疗卫生业电子市场也正在兴起,它有望为消费者降低供货价格,并使价格对照变得更加容易。

医疗卫生业在另外一些方面遇到了麻烦,例如在纸张交接、记录保存方面耗费时间且容易出错,在计算机系统方面缺乏标准格式因而互不兼容。正因如此,通过推进计算机系统的标准化并加强基于网络的互动,很有可能提高上述医疗卫生领域的生产率。例如,统一保险理赔表格会使开发基于网络的系统更加容易,通过该系统可以替换现有的手工表格,从而使卫生服务提供者能即时看到患者保单所覆盖的治疗范围。更好的信息流以及对信息流进行更多的整合还有利于改善对患者的护理、挽救患者生命。如果医生将他们的处方录入一个数据库,或者是一台手持个人数字助理(PDA),就能少犯错误。此外,如果急救室能够即时获取一名事故伤员的病史,就有可能采用更好的救治方法。

然而,在医疗卫生业,要借助互联网来改善状况存在诸多障碍,这引起了人们的极大关注。医疗记录的保密性是一个关键的问题。在一个松散分离的信息环境下,不同时间采集的不同信息片段不可能被整合到一起,这使得保护隐私更加简便。在一个以网络为中心的世界里,确保医疗信息不被误用,仅在患者有就医需求时才可获取的安全措施仍需要假以时日才能实现。缺乏标准化的医疗表格和记录是另一种障碍。用以识别治疗、疾病、用药、过敏反应和其他医疗要素的编码方案尚未很好地标准化,因此信息在不同健康组织之间交接时还无法做到无缝对接。

医生传统的工作方式是一个潜在的障碍,特别是因为多数现有的医疗卫生的基本架构与医生传统的工作方式紧密相连。例如,开处方药就是一个典型的模式。首先患者要与医生预约一个时间以接受医生的亲自评估。医生要查看病人的病史,进行查体,做一些检查,然后在一张纸上

第十一章 以网络为中心的工作场所:未来的趋势

开出处方,病人再拿着处方到药店取药。保险公司针对上述标准模式制定了详细的保险赔付政策,赔付规则在计算机程序中得到了体现。然而,如果患者在线就诊会发生什么事情呢？在线医生可以根据一张电子表格了解患者的病史和症状,随后开出一份管制药品的电子处方,最后由一家网络药店配送邮寄。保险机构对新的医疗卫生模式没有什么经验,他们可能认为网上就医不是一种正规的就医方式。尽管远程医疗有望成为传统医疗方式的重要补充,但是仍有许多问题需要解决,仍有一些安全措施有待制定。

一些旧的经济产业正在对其经营方式做出巨大的变革,以充分利用以网络为中心的技术的力量来提高生产率。然而,另一些产业会延迟或很少受到互联网的影响。在多数情况下,影响会交织在一起的。基于互联网的电子市场将提高任何产业的采购效率,它还将使客户有机会在全球范围内通过更好的潜在途径获取企业的产品及服务;与此同时,企业们也正在寻找这样的客户。

工作场所和不同产业的工作流程将以不同的速度发生变化,这些变化对于生产率的任何提高都至关重要。工作场所的物理特性也会影响生产率,因此上面所提到的变化可能会各不相同。

未来的办公室

这本书大部分都在谈论以网络为中心的新技术怎样影响和改变我们的工作方式、沟通方式、使用工具的种类、工作地点以及这些改变带来的各种挑战。但是所有这些改变对于工作场所的物理特征意味着什么？未来的工作场所会看起来像在星舰进取号上皮卡德舰长的控制室吗？里面有微声激活的电脑屏幕,一尘不染的整洁表面,放满古旧稀有书籍的书架(保留这些书籍仅仅是因为它们能让人引起对过去的伤感),和别在衬衫上的那个万能通信设备？现在,许多的工作场所都是乱糟糟的,甚至喜欢井然有序的知识员工的办公室也是这样。书桌和办公室充满了19世纪、20世纪和21世纪的办公用品的怪异组合。硕大的电脑显示器，纠缠不清的电线、键盘、网络摄像头、PDA座，鼠标的旁边并排放着电话机、铅笔、墨水瓶、曲别针、白棕绳档案夹、收发信件箱，还有塞得满满当当的文件柜。

图11.1　密歇根州，底特律市，利兰与福克纳
制造公司的私人办公室，摄于约1903年

来源："美国记忆"，国会图书馆，底特律出版公司照片收藏品，LC-D4-43031 DLC(b & w glass neg.)。

百年工作场所

穿越时空从一百多年前来到现在的游客会对21世纪的物理环境感到极为惊诧，但是这里的物理环境不包括典型的办公环境。例如，图11.1摄于1903年利兰与福克纳制造公司私人办公室，这张照片中的办公室与1903年以后的整个20世纪的管理者的办公室十分相似。照片中相似的木桌子、台灯,或许小组会议所用的桌子更精致华丽,但是在家具和摆设方面与现代管理者的办公室没有多少差别。当然,21世纪的管理者的办公室会有一台电脑,但是电脑对办公室的设计没有太大的影响。电脑只是被放在了主桌上或是旁边的副桌上。

图 11.2　卡迪拉克汽车公司办公室员工,1900 至 1920 年间
来源:"美国记忆",国会图书馆,底特律出版公司照片收藏品,LC－D417－1407 DLC(b & w glass neg.)。

管理层以下的办公室经理和其他知识员工在几十年里也没有看到物理的工作空间出现翻天覆地的变化。图 11.2 显示的是 1910 年前后卡迪拉克汽车公司中级员工的工作环境。所有员工都有自己的工作空间,但是没有墙或挡板把他们分开。员工们很容易进入公共区域,利用诸如文件柜的共享资源也非常方便。普通职员同样是被安置在共享的工作空间里。但安排得更加紧凑。图 11.3 显示的是密歇根克莱斯勒公司的办公室文员的工作场所。

第二次世界大战以后,办公楼和工作空间的设计在功能上发生了很大的转变。《建筑记录》的总编，建筑师詹姆士·S.拉塞尔指出，"在二战后，企业开始质疑工作场所的建筑的复杂功能，认为它的功能满足起草文书就够了。"[198]华丽和独特的设计、砖石和陶瓦逐渐被统一的钢筋玻璃所取代。内部设计使不同等级间的空间具有了互换性，同时又不失清晰的等级划分。顶层大型的角落办公室留给最高领导，较小的私人办公室留给企业中的管理者。大而开放的空间安置了一排又一排的文员、打字员、档案员和数据录入员（多数是女性）。

办公室装饰、办公室景观化和开放式布置

沃尔夫冈和埃伯哈德·施内勒在德国汉堡附近建立了速生者（Quickborner）咨询集团，并开始推广一种不强调公司内等级的工作场所设计。这种设计不采用能体现等级划分的私人办公室，而是采用曲线和宽敞开放的空间，这将促进更多的团队合作协作和更广泛的参与。

在这样一个大而开放的空间里噪音和干扰成了一个问题，但是这个问题的负面影响也许赶不上因缺少隐私和感到地位缺失所造成的心理影响。一位原先拥有私人办公室的中层管理者会抵制搬入设计成这种风格的新的办公大楼，最初的私人办公室的景观设计也很快就演化成了**开放式布置**(open plan)的工作空间。开放式设计是一排排模块化的格子间，这些格子间具有可以互换的部分以及消除噪音的可移动的挡板，它们在一定程度上可以保护隐私。设计师通常在宽敞的照明良好的公共空间增设一些绿色植物、桌子、沙发或其他生活便利设施，以供大家在工作或娱乐时都能享用。大楼里仍然为高层管理者保留了私人办公室，尽管这些私人办公室少了很多。就内部办公场地的设置以及它所表征的等级地位而言，公司中层和低层的人员被拉平了，变得更加的一致。然而，最高等级的管理者们仍然享受着他们的特殊待遇，这种现象与我在前面的某一章曾描述过的高层管理者补偿金过高以及它与公司员工的收入差距越来越大的现象是一致的。

第十一章 以网络为中心的工作场所：未来的趋势

图 11.3 密歇根州，底特律市，克莱斯勒企业的员工在工作

来源："美国记忆"，国会图书馆，底特律出版公司照片收藏品，LC－USW3－016395 DLC（b&w glass neg.）。

这些开放式的设计对一家公司来说有很多好处，因为这种设计的成本较低并且具有较高的灵活性。在公司开展新项目，雇用更多的员工，或者调动项目间的人员时，这种设计的模块很容易扩展和重组。尽管这种设计很实用，它的确也受到了指责，有人认为它可能产生去个性化效应。例如，卡通作家斯科特·亚当在1989年创作了卡通人物迪尔伯特，用以讽刺开放式工作场所中的生活。

以网络为中心的工作场所的设计

为了适应以网络为中心的工作风格，现有的开放式布置和私人办公室都多少有所改变，有时甚至是大刀阔斧的改变。在有许多员工利用电脑进行远程办公的工作场所更小的格子间被留作了**旅馆式的办公室**（hoteling)，办公室管理员接受预订，并且会将预定员工的文件柜、私人照片或其他随身物品都送到他的预留空间。配置有电源和网络接口的更小的空间或公共桌面是为那些没有预订时间但是仍需要待在办公室的**汽车旅馆客人**(moteler)准备的。洞穴和公共房间的方法强调的是两类空间的区别，一类空间是为需要安静思考和独自专心工作的员工而设计的，另一类空间是为支持协作和团队合作而设计的。作为激活和支持同在一处工作团队的手段，"作战室"也正变得越来越常见。

支持各种各样的移动是以网络为中心的工作场所设计的一个核心特色。为坐着或站立而设计的工作站都是带轮子的，这样员工可以推着它们往返于不同的地点，然后把它们集合起来用于团队的会议。在公司的园区里，办公室设计师开发出了一些两倍于小汽车的工作站，它们可以被开到不同的楼层或是附近的大楼。其中的一项设计是一辆概念型的内设座椅外带轮子的鸡蛋型手推车，由一个操控杆控制，并配有四屏幕电脑显示。

其他公司也在着手为出差在外、远离自己家的员工提供服务。有越来越多的宾馆在客房内提供宽带上网服务。与采用房间内电话拨号上网方式相比，宽带上网是一种非常必要的改进。机场和其他公共场所正在为那些想要保持网络连接的旅客安装无线网络，这样他们就可以在等待飞机起飞的时间里上网。手机的广泛使用让公用付费电话开始变得过时，一些公司正在考虑以革新的方式复兴那些广泛存在的付费电话"工作站"，使之能够更好地支持移动中的员工。例如，一家公司正在将付费电话间转换为手机充电站，客户可以将他们的手机锁在里面充电半个小时，公司则通过手机（和信用卡）收费。到公话亭为 PDA 充电或者从那里登录网络与公司电子邮件系统保持同步也即将成为现实。

由于以网络为中心的技术的影响和广泛的使用，未来的工作场所与目前的工作场所会存在明显区别吗？尽管许多办公室设计师可能认为会有明显差异，但是工作场所却不可能发生太大改变。对一名 20 世纪早期的知识员工，尤其是一名坐在桌前的打字员来说，我所描述过的当今办公

第十一章 以网络为中心的工作场所：未来的趋势

室所发生的物理特征的改变并不是革命性的改变。尽管如此，以网络为中心的工作场所会以各种特定的方式得到一定的改进，从而更好地适应知识性工作。一项明显的改进涉及屏幕的大小，屏幕是知识员工访问互联网、公司网络和信息资源以完成任务的主要窗口。屏幕是一天中人们眼睛注视时间最长的地方，但是与写字台和办公室的大小相比，屏幕仍然太小了。大小反映出一个较早的观念，即电脑将成为一台功能更为强大的办公室机器，从物理布局的观点来看，这台机器应该像打字机那样唾手可得。新兴的显示技术可以根据我们对大小以及数量的需要显示信息。它们可以被投射到墙上、柔韧的纸质材料上，或作为微型显示器嵌在眼镜上，员工随时都可以轻松地调节它们。能够扩展显示屏幕尺寸，使显示不再是一项瓶颈或眼睛的疲劳之源，这是一项非常受欢迎的技术进步。

对输入设备的改进也在进行之中。鼠标是早期添加的一个器件，它使人们能够轻松地与图形界面互动，语音输入及手写板设备技术也在取得进展。办公环境中听写设备的发展反映了工作风格和习惯如何随着新的输入技术而改变。在早期的形式中，一位经理构思后说出一封信的内容，秘书使用特殊的符号（被称为**速记**）把这些文字记录在一个两栏的书写板上。秘书随后再把符号翻译回文字，打印到纸上，最后再把信拿给经理签字。高效的口述和完成一封语法正确、内容明确、自然流畅的信件是一项重要的管理技能。熟悉速记，尤其是格雷格（Gregg）速记法，也是一项确保较高收入的重要技能，因为学习那些深奥的符号需要花一些时间。当录音机在办公室中变得常见时，经理可以先对着一个麦克风口述，然后秘书再用专门的听写设备去听，这种设备配有耳机和控制磁带停止和开始的脚踏板。这是一项重要的改进，因为经理可以随时随地地口述一份文件而不用考虑掌握速记的秘书是否在场。自从开始使用电脑和键盘，许多经理就停止了使用口述的方法，并开始自己撰写文件和电子邮件。尽管现在许多经理的口述技术都生疏了（或者不具备口述技术了），但是语音输入技术可能令口述技术恢复。经过几个小时对经理声音和口音的训练之后，软件能够在经理说话的时候相当准确地"录入"，根据现场口述或者录音都可以录入。键盘和鼠标不会就此消失,至少在相当长的一段时间里不会。但是录音输入技术将在通过电脑和网络沟通时给予人们更多的选择。当然,他们还去居间化了一些低水平办公职位,那些工作与键盘输入设备紧密联系的职位。

一些革新技术正在大大提升可移动性。无线计算和电池电量技术的进步可以让员工们离开办公桌,随身带着自己的工作并保持通信连接。可佩戴技术是可移动性技术的前沿,因为一个穿戴着与互联网相连的轻型眼镜、汗衫或其他衣服的员工要比带着笔记本电脑的员工更加灵活。

无纸办公的预言已经出现了几十年,但是在大多数办公场所,无纸办公远未成为现实。由于屏幕大小的限制,员工在需要从多个来源阅读信息时还是得打印出来。屏幕分辨率较低也使得在电脑上阅读令人生厌,尽管电子纸的发展可能缓解这些问题。当我们对众多办公室的组成部分——例如,内部备忘录或者采购订单——进行精简与数字化时,我们就会取得进步。不过,我们也会面对各种难以数字化的难题而经常感到沮丧,这些难题包括医生处方和护照。当美国航空濒临破产时,分析人士们强烈地建议,人们应该将手中持有的电子机票或电子累计飞行里程账户马上拿到公司换回相应的纸制文件材料。在人们对数字文件有更大的信任之前,无纸办公将面对巨大障碍。那个把办公室比作一家纸厂的讥讽,还会在今后的一段时间里继续让人们觉得好笑。

工作场所中的互联网:SWOT 分析

每个商科学生都会学习 SWOT 的价值。SWOT 是对一家公司的优势、劣势、机会和威胁进行分析的一种方法。优势和劣势是内部因素,例如核心能力、地理位置或生产线。一家制作幽默贺卡的公司列出的优势可能是它强大的设计队伍,以及因使用回收纸而在环保人群中树立的极佳形象,对于劣势,公司可能会提到资金基础不稳定或是缺乏分销渠道。

第十一章 以网络为中心的工作场所:未来的趋势

机会和威胁是外部因素,他们会影响一个公司如何运作,以及采取何种最佳策略来使自己的优势与机会紧密结合,同时规避威胁。对于上述贺卡公司而言,机会可能是一份放在桌上的与另外一家制作宗教题材的贺卡公司合并的要约。面临的威胁可能是电子贺卡的兴起,不管贺卡公司用什么纸作为材料,电子贺卡总比纸质贺卡更环保。

SWOT 是分析工具,常常用于头脑风暴和认清公司的地位和环境。SWOT 强调每个人对大局的关注,而非日常的实际运作细节。它还是帮助公司高层管理者们避免自欺欺人或团体迷思的一个方法。尽管互联网不是一家公司,但是它确实有优势、劣势、机会和威胁。在 SWOT 的框架下考察工作场所中的互联网是很有意义的。不过,对于网络来说,更为合适的做法是:使用 SWOT 方法时对其略作调整,考虑一下互联网的每一种特征是如何体现其优势和劣势的,以及每一种外部因素会如何表现出机会和威胁。

优势和劣势

■ 互联网为所有联网的人们提供了快速而廉价的通信方法

互联网最显而易见的特色就是支持快速而廉价的通信,这也是它在工作场所里最重要的优势。企业可以通过创建网站来寻找新的客户,在硬件和软件上所需的投入极少,而且可以通过电子邮件非常轻松地与客户或供应商沟通。在公司内部,互联网被用于协调工作和确保所有人员都能得知各种消息。在电子邮件的发送列表里添加一位新人,或者将数字通信记录转发给一位刚刚加入项目的同事,其成本微不足道。因为互联网是全球性的,对于这个快速而廉价的通信系统来说,空间的距离不是障碍。互联网传送的信息几乎是在同时送达到我在印度、巴尔的摩以及德国的同事。互联网对通信的贡献正如电力对能源的贡献一样。在工作场所里,网络接口和电线插座一起被安装在了墙上。

快速而廉价的通信很容易被滥用和轻视,在这个意义上,它也是互联网的劣势。当通信变得过于快速而廉价时,接收者很难分辨出哪些信息是重要的。当员工在电子邮件的讨论和过度地使用抄送(cc:),并且将同事拖入纯粹浪费时间的辩论时,上述现象就会发生。垃圾邮件也同样如此。"快速而廉价"被认为是互联网的劣势的另一个原因正是让它变得如此快速而廉价的原因——它缺乏社会呈现度和媒介丰富性。尽管如此,人们在工作场所中仍通过互联网完成日常通信,而在缺乏非言语线索的情况下,这些通信内容很容易被误解,或者因缺乏媒介丰富性,信息的含义和影响将被扭曲。

■ 互联网的沙漏结构支持开放与革新

互联网的开放设计强调通过制定一小批简单协议来推行数字信息的特定传输标准以及确保系统间的操作互换性,这为网络的沙漏结构边缘的革新提供了很大的空间。只要设备、协议和新的应用软件遵循这些简单的协议,它们就可以加入网络,实现与所有联网设备的信息互递。一台摄像机可以被设置在某一 IP 地址下,并将高速公路上的交通图像传送给每一个登录网站的人。其他公司可以迅速改进那个构想,以更低的成本安装一台功能更多的设备。这与美国电话电报公司(AT&T)的电话垄断不同,在那段时期,消费者只能够从贝尔母公司(Ma Bell)购买到电话机。由网络的沙漏结构引发的革新与竞争已经导致工作场所发生了许多明显的变化,出现了新的商业模式、新的小型设备以及新的组织形式。网络的沙漏结构带来了一股创造性破坏浪潮,这股浪潮已经革新了一些产业,去居间化了许多员工,使得很多职业完全过时,同时也给员工们创造了新的岗位。对于其他产业来说,这股浪潮只是刚刚来临,以网络为中心的技术所产生的影响在将来会显现出来。

互联网的结构设计特征也使防护、调节和控制网络变得非常困难。尽管过去专用的网络协议很难相互对接,无法形成一个整体性的全球网络,但是它们却更容易防护和集中管理。互联网是一种协议之间能无缝对接的全球性网络,在国界范围内约束本国公民的法律在互联网内难以执行。它还是一个对等风格的网络,信息流可以有许多路径,没有集中的管控。

第十一章　以网络为中心的工作场所：未来的趋势

■ 信息以数字形式存储和传送

网络的结构体系要求信息要以 0 和 1 的数字形式进行传送。这两个数字在不同传送媒介中的表征方式可能有所不同，但是信息本身必须按照标准码以 0 和 1 的形式进行编码，这样的话，信息才可以在后来被解码。人们对于向互联网添加更多的内容并传送这些内容很有兴趣，这使得他们特别希望将信息数字化，无论这些信息是文本、音频、图像、视频还是多媒体。

这一方式的缺点在于，数字信息必须以某种格式存储，而将 0 和 1 翻译成有意义信息的技术变化却非常快。例如，被保存为 DVD 格式的书在 55 年后还能被读取吗？而书籍本身，如果 55 年后还存在的话，应该是可以读的，但是那时可能就没有什么技术可以将以数字形式存储的书转化为可读的文本了。如何让数字文档比制作它们的技术保存更长的时间的讨论非常普遍，特别是在图书馆员、档案保管员和历史学家这些人当中。例如，国会图书馆面临一项保存早期胶卷的浩大工程，许多胶卷正在金属筒中腐坏。他们必须确保子孙后代能够看到它们。

■ 互联网随时都在，而且支持随时随地的访问

人们一天 24 小时的任何时候都可以从他们的工作场所通过互联网获取所需的资源，无论这些资源在什么地方，人们随时都可以得到。对越来越多的人而言，工作场所不再是一个特定的场所，也不再是一天中定义了"工作时间"的某一具体时段。它正在成为一个"时间片"（time slices）的流动过程，在这一过程中，工人可随时随地集中精力完成工作。由于这一特色，公司可以推行弹性的工作时间，员工可以远程办公，并有效地利用那些以前无法利用的时间，例如上下班路上的时间。它还为工作场所引入了许多新的元素，如公用台式电脑、宾馆式办公室、汽车旅馆式办公室，以及负责组织和协调资源共享的工作场所管理员。二十四小时全天候还意味着人们随时都能获得基于信息的服务和活动；电子学习就是一个例子。

以网络为中心的技术日益广泛的应用缩小了工作与非工作之间的差

别,同时,人们对压力增加、工作时间延长以及家庭生活受到的影响也越来越担忧。越来越多的人从事多重的工作任务,他们将注意力分散在越来越小的时间片段内以便迅速地从一项工作转向下一项工作。当然,在互联网出现以前他们就这样做了,但是以网络为中心的技术更有可能导致认知负荷过重。目前对于以网络为中心的技术对工作和生活质量的长期影响还不太清楚。

机会与威胁

互联网在工作场所中的优势和劣势导致了机会与威胁引人入胜的结合。互联网的设计特征及其与外部环境的交互作用既在预料之中又令人惊讶,在这里我把人算作了外部环境的一部分。

■ 互联网促进去抑制效应

互联网通信特征的一种副产品是去抑制,尤其是在这种物理距离太远、自我意识降低以及非语言线索缺乏的情况下,在面对面的环境中人们通常通过非语言线索来调整他们的行为。在一些环境下,去抑制意味着很有价值的机会,就像在在线论坛里通常不发话的人在去抑制效应下会感到更加放松,并愿意表达他们的观点。总的来说,在工作场所中,互联网通信环境的去抑制效应还是弊多于利。这种结论是正确的,特别是当我们考虑到有那么多人都没有意识到互联网环境对行为的影响有多么强大,也没有意识到在低媒介丰富性的情况下误解通信内容有多么容易。

■ 互联网分散权力

互联网促进了新的通信模式,因而它改变了公司内部的权力结构。正如我们在前几章所讨论过的,互联网通信可以轻松地绕过传统的公司等级结构,而且事实上是频繁地绕过。此外,网络还能以许多新颖的方式来抵抗和抵消传统的权力基础。一位心怀不满的员工可以创建一个网站,并从访问者那里收集有关公司不轨行为的逸事。此外,一位工会领袖可以非常轻松、迅速地联系到公司的所有员工,向他们发布信息,并获得对一次怠工或罢工提议的反馈。

第十一章　以网络为中心的工作场所：未来的趋势

权力分配的改变还能以更加微妙的方式发生，因为互联网具有较低的社会呈现度和地位平等化效应。与现实中面对面的讨论相比，在大多数在线讨论中，地位高的人主导团体讨论和决策的可能性更小。害羞的人，或者那些在现实的面对面的讨论中感到拘束而很少发表意见和施加影响的人，在在线讨论时将表现得更加积极。

员工们已经对权力的分配表示热烈欢迎，但是经理们或者管理团队却不一定能够做到这一点。即便是在有员工高度参与的公司，在决策过程中权力的分配对于常规的做事方式来说仍然会令人心神不宁并引起混乱。

■ 互联网的结构设计为访问快速增长的大量信息提供了无与伦比的方式

网络的沙漏结构能够极好地支持容易获取的信息的快速增长。通过免费浏览器软件，将传送协议标准化并降低信息显示的复杂性，就可以快速形成足够的信息量。一旦所形成的足量信息吸引了更多的人、更多的应用软件以及更多的内容，网络的价值就会猛增。每当一个新的用户或新的工作场所被添加进来，网络的价值就会进一步扩大，就像一个滚下山去的雪球。有这么多的公司和人使用网络，没有人会再问一家公司**是否**应该在网站的发展上继续投资，无论那家公司坐落在哪里。在网络壮大的同时，有关人们使用的信息数量也在激增。这对于工作场所的威胁在于，数据量越大并不意味着信息越好，也不一定能导致知识的进步。如果一个员工被淹没在海量信息里，根本无法阅读和分析全部的内容，他能做出更好的决策吗？正如我们先前在这本书中讨论过的，海量信息本身正在激励着研究者开发革新性的工具来处理它们。数据挖掘和知识管理项目就是其中的两个例子。

■ 互联网对于快速而廉价通信的支持导致了过多的通信

在互联网能够支持快速而廉价的通信这一明显事实的背后，既存在着许多机会，也存在着巨大威胁。这些机会表现为：可能会有更多的知识共享，更多的虚拟团队合作，更密切的供给链协调关系，与公司股东更适时的联络，以及工作场所总体上更高的效率。相比之下，邮政信件、传真机乃至电话在互联网时代似乎都显得繁琐而低效。

然而，更多的通信未必是件好事。如果一名员工每天都收到几十个甚至数以百计的电子邮件或即时消息，而且许多都与自己的工作无关，这就会制造麻烦。过量的通信有许多源头。一种是善意的同事想让别人知道某个项目的许多细节，即使接收者和该项目几乎没什么关系。另一种可能是来自公司的出版人员，如今他们出版的是旨在弘扬团队精神的信息量很大的内部电子周刊，而不是等时事通讯都被印刷后才发行的月刊。表面上，由于快速而廉价的通信，电子杂志似乎节约了公司的印刷成本。然而，与以前的纸质月刊相比，电子周刊的制作要耗费出版人员更多的时间，而且员工要花费四倍的时间来阅读它。因此，一个合理的问题是：电子周刊的好处能否超过它所造成的时间上的隐性损失？

在电子商务背景下，企业有着管理客户关系的强烈愿望，这也是工作场所中出现过量通信的原因。许多公司由于过于急切地想与客户（这些客户也碰巧是在其他公司工作的员工）保持联系而犯了大错，他们滥用新发现的互联网的新功能来发送带有公司内部通讯、特价商品和产品广告的电子邮件。垃圾邮件已经成了工作场所的噩梦，各州正在迅速通过法律试图对它进行控制，并对发送者处以罚金。从垃圾邮件的发送者的角度来看，互联网通信如此快速而廉价，这强烈地激励着他们挖掘搜索互联网上的所有存在的电子邮件地址，建立大规模的用于市场营销的电子邮件列表，并尽可能频繁地发送垃圾邮件。对于集中注意尽力工作的员工来说，垃圾邮件对注意力构成的额外负担会令人无法忍受。

■ 互联网的结构设计有利于互联网的增长，但却使防卫网络安全和保持信任变得困难

互联网的开放性已经成为一种巨大的优势，导致了众多积极的革新性的网络技术应用。由于为通信和信息的获取带来了诸多好处，因而互联网迅速增长。没有人看管，但是对于信息包来说，即便节点或线路出了问题，它的路由机制也可以轻松地发现快速而可靠的其他路径。然而，由

第十一章 以网络为中心的工作场所：未来的趋势

于互联网的这种结构设计，以及很难制定政策来控制网上发生的事情——即使我们想这样做，防卫网络安全和保持信任成了巨大的挑战。

在诸如老旧的经济巨头、医疗卫生、政府和教育的许多行业，如果以网络为中心的技术得到更好的应用，那个生产率就应该出现增长，但是如果网络变得不可靠，生产率的增长马上便会出现问题。出于种种原因，网络可能会在实质上变得不可靠或在人们的感知上变得不可靠。例如，如果我们不能防止许多通过网络传播的病毒、蠕虫和其他恶意的编码，其结果便会降低和破坏信任。罗伯特·莫里斯在1988年互联网上散播的蠕虫病毒，一时间击垮了网上超过半数的主机。他声称自己只是想做一个实验，从未想过去搞任何蓄意破坏。政府会计办公室估计，清理蠕虫病毒的烂摊子至少需要1000万到1亿美元。2000年一名菲律宾青少年制作了"我爱你"病毒，清理这种病毒所需要的费用达到了几十亿美元。如果网络如此容易遭受上述事件的侵害，在防范恐怖分子们下定决心的攻击时，网络的安全体系又能有多么强健呢？

社会的两难困境

网络不仅面临着来自外部的重大威胁，它还很容易遭受极度热情的狂热分子的侵害。网络可能变得完全无法使用，就像下面讲述的公地的悲剧一样，陷入社会两难困境。根据业余数学家威廉·福斯特·劳埃德[288] 1833年出版的一本小册子，加勒特·哈丁在1968年描述了这种两难困境。[199]

"设想有一块对所有人开放的牧场。可以料想到这块公地上每一个牧人都会尽可能多地保有牲畜。这样的模式也许会令人满意地持续几个世纪，因为部落战争、偷猎和疾病使得人口和牲畜的数量都大大低于这块土地的承载能力。但随后人们学会算计，也就是说，可以长期追求社会稳定这一目标的那一天到来了。此时，公地内在的逻辑就会产生无情的悲剧。"

作为一个理性人,每位牧人会寻求收益最大化,直截了当或是隐晦地,或多或少有意识地,他会问:'在我的牧群中增添一头牲畜对我来说有什么效用?'这个效用既有正面的成分也有负面的成分。

1. 正面的成分是增添一头牲畜所起的作用。因为牧人可以获得卖掉这头额外牲畜的全部收益,所以正效用几乎等于+1。

2. 负面的成分是由于增加一头牲畜而加重的过度放牧。不过,过度放牧的影响是由所有牧人分担的,因而对于做出决定的牧羊人个人来说,负效用只是-1的一部分。"

随着更多的公司和个人对网络更多的功能使用,每一公司和个人都会做出对自己有利的理性的决策。然而,这样造成的总体效应是网络的可用性可能会变得越来越少,就像公共的牧场一样。工作中你的电子邮件可能塞满了无关的信息,因而从中拣选有用的内容变得十分费力。在网上查询信息时可能会被如此多的弹出广告或"注册"并提供个人信息的要求所打断,查询者只得放弃。网络自身和网上的服务器也可能遇上出人预料的死机和通信拥堵,有时甚至连宽带接入都变得几乎无法使用。

怎样才能培养工作场所中互联网的优势,并利用它所带来的机会?怎样才能为下一代减少那些来自互联网的威胁?那些将限制互联网对工作场所和我们的工作生活产生积极作用的威胁。我们正随着互联网带来的创造性破坏浪潮前行,到现在为止,这段行程既令人非常激动欣喜,又令人焦虑万分。创造性破坏浪潮这一比喻暗示,不管我们做什么,网络有其自己的推动力。那个基于技术决定论的假设很可能得不到支持。我在SWOT分析中所描述的机会和威胁所带来的影响都没有超出我们的控制范围。

在上一段最后一句中的"我们"这个词包含了1970年代非常小的一部分人,1990年代的数百万人和2000年代的数亿人。到2010年,它也许会包括几乎所有的商业企业和政府机关,大多数人,以及数目不断增长的将进一步扩大网络价值的非人设备和技术。虽然这种快速增长在用户的数量和应用的软件种类方面带来了众多挑战,但是这种快速增长可能成为促使互联网长期成功的关键因素。

扩展范围

在《联邦制拥护者报》上,[200]詹姆斯·麦迪逊主张,将"扩展范围"作为一种避免社会遭遇特定类型的危险以及社会两难困境的方法。他担心一个由少数派别和利益群体组成的监管体系更有可能成为"主体",其共同的目的可能是破坏或者侵害其他人的权利。詹姆斯·麦迪逊渴望的不是一个强有力的中央政府,他只是想推动一些措施来防止小集团或联盟获得太多的权力,无论他们获得权力是出于何种目的。通过让越来越多的具有不同利益、动机和议程的派别参与政务,就不太可能出现一个联合主体掌控整个局面的情况。

麦迪逊认为,参与事务的人数越多,也会抑制某些派别的通信;如果不受到抑制,这些派别可能会聚到一起运用不当的影响力来实现一些或许不正当的目的。麦迪逊说道:"如果某些派别有这样一个共同动机,那么所有能够感觉到这种动机的人更难发现自己的优势,而且更难联合采取行动。"互联网似乎与麦迪逊的想法大不相同。虽然现在很难发现有类似想法的人,但是麦迪逊的基本论点仍有合理之处。对互联网长期生存怀有兴趣的派别越多,他们就会有更多的动机以一定的方式采取行动,以确保互联网的长期生存。他们的行动方式包括通过制定政策、协调行动,建立统一标准和防止滥用。各派别的观点不同,这有助于确保他们缓慢达成行动的共识,他们总是不得不在各种观点间建立平衡,进而找出折中的方案。

扩展范围确实影响了对加密、隐私和执法这些话题的讨论。它还影响了关于对等计算、知识产权以及旨在保护版权的革新技术的讨论。如今互联网在工作场所、商业、教育、政府、娱乐和犯罪领域都起到关键的作用，参与的范围从来没有现在这么大，争议也从来没有现在这么多。像麦迪逊所提倡的扩展几乎是必然发生的事情，它将进一步使那些希望快速行动以制定强势政策、采取更严格的控制和稳固规范的人们感到沮丧。正如不同派别在技术标准的制定、电子商务实践和众多其他领域正在达成一致意见那样，具有不同动机和利益的派别将最终达成一致，但是这个过程会缓慢得令人痛苦。不过，截至目前，扩展范围（让更多的派别参与）已经对互联网产生了积极的影响，它最有可能成就互联网的未来。

注 释

194. Litan，R. E.，& Rivlin，A. M.（2001）. *Beyond the dot.coms*：*The economic promise of the Internet*. Washington，DC：Brookings Institution Press.
195. McAfee，A.（2001）. Manufacturing：Lowering boundaries, improving productivity. In R. E. Litan & A. M. Rivlin, (Eds.), *The economic payoff from the Internet revolution*. Washington，DC：Internet Policy Institute，Brookings Institution Press.
196. Transplace, The Market for Transportation Sevices.（n. d.）. Retrieved April 16，2003, from Transplace Web site：http://www.transplace.com/aboutUs.jsp
197. Nagarajan，A.，Canessa，E.，Mitchell，W.，& White，C. C. Ⅲ.（2001）. Trucking industry：Challenges to keep pace. In R. E. Litan & A. M. Rivlin, (Eds.), *The economic payoff from the Internet revolution*. Washington，DC：Internet Policy Institute，Brookings Institution Press.
198. Russell，J. S.（2000）. Form follows fad：The troubled love affair of architectural style and management ideal. In D. Albrecht & C. B. Broikos, (Eds.), *On the job：Design and the American office*. New York，NY：Princeton Architectural Press and Washington，DC：National Building Museum.
199. Hardin，G.（1968）. The tragedy of the commons. *Science*，163，1243—1248.
200. Madison，J.（1787）. Federalist Papers, Federalist Number 10. Retrieved April 10，2003, from The James Madison University Web site：http://www.jmu.edu/madison/federalist/fed10.htm

索引

（中译文之后是英文原著的页码，请查检中译本的边码）

academic publishing 学术刊物的出版 13
Ackerman，Mark S. 马克·S. 阿克曼 186
Adam，Scott 斯科特·亚当 278
Adecco Company 阿弟克公司 257
Advanced Distributed Learning Initiative 高级分散式学习先导计划 213
air traffic controllers 空港管制员 74
Allen，Woody 伍迪·艾伦 189
Amazon.com 亚马逊网站 9，21
American Management Association (AMA) 美国管理联合会 215，229，234
anthrax scare 炭疽恐慌 244—245
anytime/anyplace workplace 随时/随地的工作场所 67
Apache web server Apache 网络服务器 263
Application Service Provider 应用软件服务供应商 247
Applied Cryptography（Schenier）《实用密码技术》施奈尔 217
ARPANET ARPA 计算机网 89—90
Arthur Andersen 安达信会计师事务所 129
assurance，level 保障，机制 96
asynchronous communication 非同步交流 164
AT&T 美国电话电报公司 60
Atkinson study 阿特金森的研究 18
audio conferencing 音频会议 170—171
authentication 验证 95—96，216—217
auto-identification technology 自动识别技术 221
automobile industry 汽车制造业 271

baby boomers 婴儿潮出生的一代 125
Bagley，Constance 康斯坦斯·巴格丽 132
Bailey study 贝利的研究 8—9
Banc One Systems Banc One 系统 147—148
Barki，Henri 亨利·巴尔基 174
Barnes and Noble 巴诺书店 9
behavioral science 行为科学 116，143
Bell，Alexander Graham 亚历山大·格雷厄姆·贝尔 29—30
Bell-Freeman study 理查德·弗里曼的研究 65
Bell Labs 贝尔实验室 178
Benbasat，Izak 伊扎克·邦巴萨 173—174
best practice programs 最佳实践项目 147

321

biased discussions 带有偏见的讨论 177

Block, Walter 沃尔特·布洛克 228

Blodget incident 最优实践程序 96—97

Bloom-Michel study 马特·布鲁姆和约翰·米歇尔的研究 123—124

Bloom-Michel study 蓝牙 45

Bohm Dialogue method 博姆对话法 151

Bos, Nathan 纳坦·博斯 170

brainstorming 头脑风暴 39—40,142,151,172—175

Bravo, Ellen 埃伦·布罗 224

breadmaking example 烤面包范例 140

Brookings Task Force on the Internet 布鲁金斯互联网攻关小组 269

browser software 浏览器程序 143—144

bureaucracy 官僚 259—260

Burolandschaft 办公室装饰 277

business communications 商务通信 3,83,90—91,106 见交流系统

Business Communication Today《现代商务通信》93

business intelligence 商业智能 58—59

business models 商业模型 20,120

Business To Business, B2C 公司对公司 (B2B) 14—15,23,260

Business To Consumer, B2C 企业—消费者关系系统 14

Campbell, Charles P. 查尔斯·P.坎贝尔 109

Carlson-Zmud study 卡尔森和兹马德的研究 88

Castelluccio, Michael 迈克尔·卡特鲁西奥 110

Cathedral and the Bazaar,(Raymond)《大教堂与集市》雷蒙德 264

cell phones 手机 44,46,83,220

central control 中央控制 33—35,46—47

Cerner incident 萨斯城事件 78,80,86

Chambers, John 约翰·钱伯斯 118

change management system 变化管理系统 178

channel expansion theory 通信方式扩展理论 88

chat networks 聊天网络 111

Chebrough, Henry W. 亨利·W.切斯布拉夫 261—262

Chief Executive Officer(CEO)首席执行官 122—124,126—129,132

Chief Information Officer(CIO)首席资讯官 127,153

childcare 照看小孩 75

Child-McGrath study 蔡尔德和麦格拉斯的研究 258—259

Cisco Systems 思科系统 118,270

closed model 封闭模式 263

closed user groups 封闭用户群 43

COBOL COBOL(通用商业语言) 251—252

Code Red worm Code Red 蠕虫 49

cognitive information processing 认知信息加工 70

Collaboratory for Research on Electronic Work 电子工作合作研究实验室 167—168,170,176

collective strategy 集体策略 168

collocated groups 在同一处工作的团队

167

commercial off the shelf（COTS）商用成品软件 264

commons，tragedy of 公地，悲剧 287－288

communication systems 交流系统

    channels for 渠道 83

    choice of medium 媒介选择 85

    components of 成分 79

    cost of 成本 85

    cultural factors 文化因素 87

    effectiveness of 有效性 81

    email. See email 电子邮件，见电子邮件

    equivocality of 模棱两可性 85

    face-to-face. See face-to-face communications 面对面，见面对面的交流

    high context cultures 高语境文化 107－109

    instant message. See instant message interactive 即时消息，见即时消息互动 201

    Internet and. See Internet 互联网，见互联网

    low-context cultures 低语境文化 107－109

    media. See media theory 媒介，见媒介理论

    over-communications 过量通信 286

    sender to recipient and back 发送者接收并回复 79

    uncertainties in 不确定性 80

    video. See video conferencing 视频，见视频会议

    virtual teams. See virtual teams 虚拟团队，见虚拟团队

See also specific topics 见具体的话题

communities of practice 实践社区 39－40

commuting 通勤 67

comparison shopping 消费比较 8

competition 竞争 7,20

Computer-based Education Research Laboratory（CERL）计算机辅助教育研究实验室（CERL）211

Computer-based Education Research Laboratory（CERL）计算机支持的协同工作（CSCW）39－40,159

connectedness 联通性 81－82

consumer studies 消费者研究 8,70, 17

contact lenses 隐形眼镜 18

Continental Airlines 大陆航空公司 224

contingency approaches 因地制宜 117

contingent work 视情况而定的工作 254

contract work 合同工作 254

convenience 便捷性 85

cooperative methods 合作方式 157, 162－164,168

coping strategies 应对策略 73,74

copy machines 复印机 46

copyright 版权 210

    cut and paste phenomenon and 剪切粘贴现象 209

    DRM and 数字版权管理（DRM）208－209

    e-learning and 电子学习 210

    ownership 所有权 209

    plagiarism 剽窃 211

    publishing and 发行 210

Copyright Act of 版权协调法 210
corporate manuals 公司政策指南手册 141—142
corporate norms 企业制度 63
cost of communications 通信成本 85
coupled work 耦合工作 181
Covey,Stephen R. 斯蒂芬·柯维 116
Cramton,Catherine Durnell 凯瑟琳·德内尔·克兰顿 179—180
creative destruction 创造性破坏浪潮 247—248,283,288
credit cards 信用卡 17
Crouter study 克劳特尔的研究 72
Crystal,David 大卫·克里斯特尔 91
cultural factors 文化因素 87,106—107
customer-oriented infomediaries 消费者导向信息居间商 18
customer relationship management(CRM) 消费者关系管理 149
cut and paste methods 剪切粘贴方法 209
cyberslacking 工作网虫 222,226—228
cybersquatting 域名抢注 35
CYBIS program CYBIS 程序 211
cyclic patterns 循环模式 27—28

data mining 数据挖掘 114—145
dead time 死时间 69
decentralization 去中心化 262
defector's sprint 叛徒的最后冲刺 171
Dell Computer 戴尔电脑 270—271
denial of service 拒绝服务 48—49
dense network efficiency 紧密网络效率 272
deployees,concept of 调配人员 254—255
Desktop Surveillance software 台式机监控软件 218
desktop systems 电脑系统
　docking stations 接入点 37
　hot desks 热桌面 37
　mouse use 使用鼠标 36
　multimedia and 多媒体 36
　technology changes 技术改变 35
　telecommuting 电信 37
　thin clients 瘦客户 36—37
　video cameras 数码摄像机 36
　wireless 无线 37
　see also specific systems,topics 见具体的系统,话题
dictation methods 听写方法 280
digital products 数码产品 19
digital rights management(DRM) 数字版权管理(DRM) 208—209
Dilbert cartoons 卡通人物迪尔伯特 278
disinhibition 脱抑制 97,233—234,284
disintermediation 去居间化 12,124
　between businesses 企业间 14
　creative destruction and 创造性破坏 247
　definition of 定义 11
　digital products and 数码产品 19
　ethical leadership and 符合道德标准的领导行为 133
　infomediaries 信息居间商 17
　Internet and 互联网 11,204
　protection from 保护 18
　resistance to 限制 16
　value chain 价值链 11
distance learning. See e-learning 远程学

习,见电子学习

distributed denial of service 分布式拒绝服务　48－49

distributed learning. See e-learning 分布式学习,见电子学习

diversity in workforce 劳动力多样性　124

docking stations 接入点　37

document management 文档管理　147

domain name 域名　34－35

Donaldson,Sam 山姆·唐纳德森　93,105

dot-com era 点 com 时代(商业网站时代)　11,21,120,250,269

Douthitt-Aiello study 杜希特和艾洛的研究　237－238

Dow Chemical 陶氏化学　233

downsizing 裁员　61

DRM. See digital rights management DRM,见数字版权管理

Drucker,Peter 彼得·德鲁克　262－263

drugs 药品　273－274

dual earner couples 双收入夫妻　72

eBay auction house 易趣在线房屋拍卖　21

e-books 电子书　11－12

e-commerce 电子商务　10

EDI. See electronic data interchange education. See e-learning

Educause organization Educause 项目　213

e-learning 电子学习
　　advantages of 优势　200－201,205
　　challenges of 挑战　206

copyright issues and 版权问题　209－210

courseware 课程软件　201,212

definitions and 定义　198,200

digital content and 数字内容　207－208

distance education 远程教育　4－5,197－200,205

e-books 电子书　11－12

effectiveness of 效果　202

ethnographic studies 民族志的研究　213－214

Gartner Dataquest survey 加特纳数据探索公司的调查　200

general description 通常的描述　192

Johnson study 约翰逊的研究　202

learning management system 学习管理系统　213－214

live classroom and 现场课堂　202－203

marketing and 市场　191

nontraditional students 非传统学生　192

occupations 职位　249

plagiarism and 剽窃　211

software products 软件产品　212

student's perspective 学生的角度　193

teacher's perspective 老师的角度　196

technological challenges 技术的挑战　211

tele-learning 远程学习　198

training and 培训　4－5,191,206,248－249

videoconferencing 视频会议　213

workforce and 劳动力 248－249
Electronic Communications Privacy Act 电子通信隐私法 243
electronic data interchange（EDI）电子数据交换系统 15
Electronic Mail Briefing Blurb 电子邮件使用简介 104－106
Electronic Society for Social Scientists 社会科学家电子协会 13
elevator problem 电梯问题 150－151
email 电子邮件 79,83
 advantages of 优势 89
 audience for 受众 98
 business letter 商务信函 90－91
 case study 个案研究 89
 commons and 公地 288
 convenience of 便捷性 99
 disinhibition and 脱抑制 97,234
 effects of 效果 2
 emotions 表情符 105
 etiquette guidelines 使用规则指导 104
 as evidence 证据 96
 evolving norms 发展中的规范 90
 formal uses of 正式使用 94
 forwarding 格式 94－95
 formatting 抄送 98－99
 global communications and 全球通信 108
 government investigations and 政府调查 234－235
 history of 历史 90
 hoaxes and 骗局 102,104
 impression formation 印象形成 93
 informational roots of 信息根源 89
 instant message. See instant message 即时消息，见即时消息
 lack of standards of 标准缺失 92
 language 语言 91
 letter format and 信函格式 94
 limitations on 不足 95
 marketing and 营销 100
 media theory and 媒介理论 84
 misdeliveries 误发 98－99
 monitoring 监控 243
 opt in 选择加入 100
 opt out 选择退出 100
 paper memo and 纸质备忘录 80
 privacy and 隐私 98－99
 spam and 垃圾邮件 100
 standards for 标准 90－91
 technologies 技术 38
 templates for 模板 90
 tone-setting 语气设定 92
 truth bias 真实性偏向 104
 virtual teams 虚拟团队 93
 volume of 卷 3
 workshops for 工作坊 97－98
emotions 表情符 105
employee Internet management（EIM）员工互联网管理（EIM） 218－219
employment 雇佣 126
 changing context of 变化中的就业环境 246
 cognitive information processing 认知信息加工 70
 deployees 调配人员 254
 distributing and 分配 57
 diversity in 多样性 124
 downsizing 裁员 61
 employee-employer relationships 雇员—雇主关系 252－253

employee handbooks 员工手册 259
  growth rates 增长率 249
  human resources management 人力资源管理 256
  information on 信息 142
  IT workers IT 员工 250—251
  job security 职业安全 59
  layoffs 失业 61
  monitoring and 监控 216,218—219,222—223,229,232,239—241
  outsourcing 外包 257
  technology and 技术 247—248,250—251
  trends 趋势 247
  unemployment and 失业 57
  unlawful conduct in 违法行为 223
Engelbart, Douglas 道格拉斯·恩格尔巴特 36
Enron scandal 安然公司丑闻 129—130,245,262
enterprise portal 企业门户 41
eSniff software 网络嗅探器软件 225
e-supply chain 电子供给链 270
e-tagging 电子标签 221—222
ethical leadership 符合道德标准的领导行为 132—133
etiquette for email 电子邮件礼仪 104
E-Trade 电子交易 12
expert power 专家力量 115—116
expert systems 专家系统 142,149
explicit knowledge 外显知识 139—141
extensible markup language 可扩展标记语言 143—144,213
extranets 外网 42—43
extraversion 外向 115

e-zines 电子周刊 286

face-to-face communications 面对面的交流 83,87,171
  biased discussions 带有偏见的讨论 177
  communication process 通信过程 100
  cooperative work 协作 162
  group brainstorming and 团队头脑风暴 173
  group dynamics 团队动力学 168
  nonverbal communications 非言语交流 284
  sensory cues and 感官线索 162
  styles of 风格 100
  video conferencing and 视频会议 169
facial recognition technology 面部识别技术 219—220
family life 家庭生活
  both parents working 夫妻二人都上班 74
  childcare and 照看孩子 75
  latchkey kids 钥匙儿童 75
  marital tensions 婚姻紧张 71
  nonwork hours and 非工作时间 71
  outsourcing and 外购 74,75
  women and 女性 71,75
  work stress and 工作压力 70,71,74
fax systems 传真系统 83
Federalist Papers（Madison）《联邦制拥护者报》（麦迪逊） 289
50-foot rule 50 英尺法则 35
filtering 过滤 120
Fine, Charies H. 克里斯·H. 法恩

271
firewalls 防火墙 50
five forces model 五力模型 22—23
flex-time 灵活时间 74
flowers online 在线花卉公司 14
Fortune 500 companies 财富 500 强企业 145
4—1—9 hoax 4—1—9 骗局 103
Frank, Howard 霍华德·弗兰克 260
Friedman, Thomas 托马斯·弗里德曼 24
Frunham, Adrian 艾德里安·弗恩汉姆 175
FUN tactics FUD 策略 264
fundamental attribution error 根本性归因错误 179—181

Gartner Group studies 加特纳团队的研究 146,152,200
Gates, Bill 比尔·盖茨 87,127
Generation Xers X 世代 125
Germany 德国 66
Gerstner, Louis 路易斯·郭士纳 62
globalization 全球化 125—126,137,164
global positioning satellite technology (GPS) 全球卫星定位系统(GPS) 220
Google 谷歌 10
Great Depression 大萧条 58
Great man theory 伟人理论 114—115
group decision support systems(GDSS) 团队决策支持系统（GDSS） 39—40,163
group dynamics 团队动力学
 advantages of 优势 165
 audio conferencing 音频会议 170—171
 bias 偏见 177—178
 brainstorming. See brain storming 头脑风暴,见头脑风暴
 collocated groups 同在一处工作的团队 167
 communications and 交流 166
 cooperative strategy 合作策略 167—168
 cyberslacking 上网怠工 228
 defector's sprint 叛徒的最后冲刺 171
 electronic communication and 电子交流 168—169
 face-to-face. See face-to-face communications 面对面,见面对面的交流
 function 功能 171
 individual perspectives and 个人的角度 165
 inequalities in 不均等性 175
 media richness and 媒介丰富性 170
 motivation and 动机 166
 polarization and 两极分化 171—172
 Prisoner's Dilemma and 囚徒的两难困境 167
 problems of 问题 171
 problem solving and 解决问题 171
 relationships and 关系 165
 social dilemas and 社会两难 167,169
 social loafing 滥竽充数 173
 social loafing and 滥竽充数 173
 trust and 信任 165—168
 videoconferencing 视频会议 169,171,176—177
 virtual teams and See virtual teams 虚

328

拟团队,见 虚拟团队
groupthink 团体迷思　172,177
groupware 群组软件　161－162,173－174,188
Gulf War 海湾战争　110

Hall,Edward T. 爱德华·霍尔　107
Halloween documents 万圣节文档　264,266
Handy,Charles 查尔斯·汉迪　165－166
harassment 骚扰　223－224
Hardin,Garrett 加勒特·哈丁　288
health care 医疗卫生　272
high bandwidth 高带宽　83
high context cultures 高语境文化　107－108
high performance organizations 高效组织机构　63
high-tech sector 高科技部门　123－124,126,128
Hightower,Ross 罗斯·海托华　177
hoaxes 骗局　103
hoaxes,email and 骗局,电子邮件　104
hot desks 热桌面　37
hourglass architecture 沙漏结构　31－32,44,119,282,285
Hovorka-Mead study 霍沃尔卡和米德的研究　238－239
Huang,Wei 黄伟　176
Hughe's study 休斯的研究　71
human resources management 人力资源管理　256
hype cycle 欺骗周期　152
hyper text markup language（HTML）超文本链接标示语言　143－144

IBM. See International Business Machines IBM,见 美国国际商用机器公司
ICANN 互联网域名与数字分配机构　35
immigration 移民　250
impression formation 印象形成　93
inequality-hours hypothesis 不平衡—工作时间假设　65
infomediaries 信息居间商　17－18
information 信息
　appliances 应用软件　46
　asymmetry 非对称性　7,10
　data and 数据　139
　digitization and 数码化　136
　dissemination of 传播　40
　enhancement of 提高　139
　knowledge and. See knowledge 知识,见 知识
　pre-Internet methods 前互联网方式　141
　storage of 存储　136
　volume of 量　136－137
input devices 输入设备　279－280
instant message（IM）即时消息　3,33－34,79,83
　chat network 聊天网络　111
　communication 通信　109
　description of 描写　38
　disadvantages of 劣势　111
　email 电子邮件　110
　technical support 技术支持　111
　types of work 工作类型　111
　virtual teams 虚拟团队　111,187
　workplace 工作场所　109
Institute of Knowledge Management 知识管理研究所　137

Instructional Management System（IMS）教学管理系统　213
insurance 保险　273—274
integrity of message 信息完整性　96
intellectual capital 智力资本　150
intellectual property 智力财富　148
interactive media 互动媒介　201
interactive whiteboards 互动白板　39
International Business Machines（IBM）美国国际商用机器公司　36
Internet 互联网
　amplification power 放大能力　106
　design principle 设计原则　30
　development of 发展　1
　disconnecting 取消链接　267
　disinhibition 脱抑制　233
　disintermediation 去居间化　11,204
　EDI 电子数据交换系统　15
　effects on business models 商业模式影响　1—2
　filtering 过滤　120
　funding 资金　119—120
　globalization 全球化　125
　growth 增长　142,287
　hourglass architecture 沙漏结构　32,44,282,285
　information asymmetry 信息不对称　7
　information 信息　4
　information volume 信息量　136—137
　leadership 领导力　3—4,113,118
　management 管理　3—4
　manufacturing 制造　270
　netcentric environment 以网络为中心的环境　1—2

network effect 网络效应　33
online retailers 在线零售　9—10
pre-Internet methods 前互联网方式　141
pricing strategies 价格策略　9—10
productivity 生产率　267,269
security threats 安全威胁　48
service provider（ISP）服务提供商　143
supranet 超网　221
teamwork 团队协作　5
technological innovation 技术革新　3
as user interface 用户界面　44
workplace and. See workplace 工作场所,见工作场所
See also specific topics 也见具体的话题
Internet Corporation for Assigned Names and Numbers ICANN 互联网域名与数字分配机构　34—35
Internet Relay Chat（IRC）互联网中继聊天服务器　110
inter office memo 办公空间备忘录　3,83
intranet 内网　40—41,146—147
Intuit Intuit 公司　209
inventory 库存量水平　15
IP address IP 地址　34—35,46—47

Japan 日本　107,253
Japanese Advanced Institute of Science and Technology 日本高等科技研究院　140
Sirkka，J 西尔卡　166—167
job security 职业安全感　253
Jones，E 琼斯　241

Judge,T 贾奇 115
just-in-time knowledge 适当的知识 144

Kayworth,T 海沃斯 185—186
Kiesler,S 基斯勒 175—176
King,S 金 11
knowledge 知识 139
 data-mining 数据挖掘 144
 definition 定义 135,138—139,144
 information 信息 139
 knowledge-building experiences 知识建构经验 112
 meaning 意义 139
knowledge management 知识管理 135,154
 computers 电脑 136—137,141
 document management 文档管理 147
 e-business 电子商务 149
 five categories of 五种类型 146
 future 未来 155
 globalization 全球化 137
 hoarding 储藏 154
 hype cycle 欺骗周期 151
 meaning 意义 139
 origins of 起源 136
 post-Internet methods 后互联网方式 142
 practices of 实践 146
 pre-Internet methods 前互联网方式 141
 process knowledge 加工知识 139
 psychological factors 心理因素 153
 social factors 社会因素 153
 technologies for 技术 152—153

knowledge worker 知识员工 135—136,259,279
Kondratiev,N 康德拉季耶夫 28

labor statistics 劳动统计 55
La Manna,M 玛纳 13
Language and the Internet《语言与互联网》 91
Lao-Tse 老子 119
latchkey kids 钥匙儿童 75
layoffs 失业 61
leadership 领导力
 attributes of 归因 185
 behavioral approach 行为方法 116
 challenges of 挑战 185—186
 communication 交流 185
 consideration behavior 关怀行为 116—117
 contingency method 因地制宜方式 117
 decision making processes 决策的过程 266
 definition 定义 114,183
 ethics 符合道德标准的 132
 future 未来 133
 initiating structure 启动性结构 116—117
 Internet 互联网 3—4,113
 Ohio State study 俄亥俄州立研究 116
 organization 组织 4
 performance 绩效 184—185
 power 力量 115—116
 role clarity 明确的责任 186
 Sheffield study 谢菲尔德的研究 118
 styles of 风格 118,183

successful aspects 成功的方面 184
systemic leadership 系统领导力 119
trait approach 特质理论 114—115
transactional leader 事务型领导 118—119
transformative leader 转换型领导者 118—119
trust 信任 184—185
virtual teams and. See virtual teams 虚拟团队,见虚拟团队

Leidner, D 雷德纳 166—167,185—186
Li and Fung textile 李和方的纺织品公司 16—17
Licklider, J 利克里德尔 89—90
life science industry 生命科学工业 15
Lim, J 林 173—174
link farms 链接地带 10—11
Linux system Linux 操作系统 263
Lipnack, J 利普纳克 189
Litan, R 阿里坦 268—269
livestock tagging 标记牲畜 221
Lloyd, W 劳埃德 288
local area network (LAN) 局域网 44—45
location-aware technology 位置感知技术 220
Lotus Notes Lotus Notes 程序 153
Love Bug virus 爱虫病毒 48
low bandwidth 低带宽 83
low context cultures 低语境文化 107—109
Lucent Technology 朗讯科技 178

Madison, J 麦迪逊 289
market efficiencies 市场效益 9—11

marketing 营销 10,143
markup language 标示语言 129,143—144,213
Markus, L 马库斯 265
Mayans 玛雅人 27
McAfee, A 麦卡菲 270
meaning and knowledge 意义与知识 139
media theory 媒介理论 83—87
Mensch, G 门什 28
menu cost 调配成本 9
META study META 研究 127
metaphor change 隐喻改变 151
Microsoft 微软
   closed model 封闭模式 263
   FUD tactics FUD 策略 264
   Gates 盖茨 127
   Holloween documents 万圣节文档 266
   Netscape 网景公司 234
   software 软件 263
millenials 千禧年 125
MIThril project MIThril 项目 46
monetary policy 货币政策 268—269
monitoring 监控
   authentication 验证 216
   computer-based desktop 基于电脑的桌面监控 218
   designing policies 制定政策 237
   Douthitt-Aliello 杜希特和艾洛的研究 237—238
   of employee 雇员 216,218—219,239—241
   implementation 实施 235
   performance 绩效 229
   productivity 生产率 226,231

social context 社会环境 229
Stanton-Weiss study 斯坦顿和韦斯的研究 240
stress 压力 229
Trojan horse approach 特洛伊木马的方式 219
video camera 视频摄像机 238
Morris,R 莫里斯 287
Morse,S 莫尔斯 29
Mosaic browser Mosa 浏览器 27
Motley Fool site Motley Fool 网站 150
mouse use 鼠标的使用 36,143,279—280
multimedia 多媒体 36
multinational corporations 跨国公司 125—126
Muter study 芒特的研究 105—106
Mutual.com Mutual.com 120
mySimon.com mySimon.com 58

Nagarajan,A 纳加拉贾 272
Namath,J 拿马斯 113
Napster Napster 19,290
netcentric technology 以网络为中心的技术 27,38
　anytime/anyplace workplace 随时/随地的工作场所 67
　central control 中央控制 33,34
　coping with 复制 51
　discription 描写 46
　evolution 发展 6
　extranet 外网 42
　fifth wave 第五次浪潮 28
　future trend 未来的趋势 267
　interconnection 互连 33

support chain 供应链 42
technology change 技术变革 29,35,38,44
workplace 工作场所 267,278
netiquette 网络礼节 98,106,112
Netscape 网景公司 234
network effect 网络效应 33—34
neuroticism 神经质 115
Ikujiro Nonaka 野中郁次郎 140
Netscape 网景公司 107,284
nonverbal communication 非言语沟通 53,71

offices 办公室 274,276—277
Ohio State study 俄亥俄州立研究 116
old economy 旧经济产业 269,271—272,274—275
Olson study 奥尔森的研究 176,182—183
Omnibus Crime Control and Safe Street Act 综合犯罪控制与街道安全法 243
online discussion groups 在线讨论组 105,110
online retailers 在线零售上 9—10
online shopping 在线购物 75
on-the-job training 在职培训 248
open plan 开放式布置 277—278,282
open source 开放源码 263—264
Open Source Initiative 开放源码促进会 263—264
optimization technology 最优化技术 272
opt in/out 选择加入/退出 100
Oracle database Oracle 数据库 252
organizational structure 组织结构 148,258,260,262—263

Organization Man《组织人》 60
Orlikowski,W 奥尔林斯基 153
Osborn,A 奥斯本 172—173
O'Toole,J 詹姆斯·奥图尔 130
outrage factor 怒火 128
outsourcing 外包 257,260
overtime option 加班的选择 209—210
ownership rights 所有权 209—210

Palm Pilots 掌上电脑 37,46,220
paperless office 无纸办公室 80,280
part-time work 兼职工作 254
password 密码 217
The Patriot Act 爱国者法 226,244
PEO, See professional employee organizations PEO,见专业投资团体
performance monitoring 绩效监控 229
personal area network 个人域 44—45
pharmaceuticals 药品 274
Pinsoneault,A 平松内奥特 174
plagiarism 剽窃 211
PLATO software PLATO 软件 211—212
policy manuals 政策指南手册 141—142
pornography 色情 217,234
portals 门户 40—42,146—147
Porter,M 波特 21,23—24
power relationship 权力关系 2,284—285
pricing 定价 8,10
privacy 隐私 222—223
　consumer 消费者 17
　employees 员工 5,241,243
　Forth Amendment《第四次修正案》242

medical records 医疗记录 273
spammers 垃圾邮件制造者 101
surveillance 监控 5
workplace 工作场所 215,241
problem solving 问题解决 171—172
process knowledge 加工知识 147
procurement 采购 26
productivity 生产率
　assembly lines 生产线 231
　blocking 阻滞 173
　cyberslacking 上网怠工 227
　defined 定义 267
　growth 增长 268,287
　Internet 互联网 267,269
　monitoring 监控 226,231
　old economy industries 旧经济产业 274
　slower growth 缓慢增长 268
profession 职业员工组织 257—258
professional employee organization 专业投资团体 149
Proflowers Proflowers 公司 14
Porter,M 波特 22
Psychology of the Internet《互联网心理学》 93,233
public key infrastructure（PKI）公共密钥基础结构 51
publishing 出版 208—210

Quickborner 速生者咨询集团 277

radio frequency identification（RFID）射频识别 221
radius of collaboration 协作圈的半径 159—161
Raff,D 雷夫 271

334

ranking process 排队算法 10—11
Rear view mirror 后视镜 188
referent power 参照性力量 115—116
Reich，R 莱克 57—58
Repetti study 里佩蒂的研究 74
rightsizing 最优化规模 61
risky shift phenomenon 风险转移现象 172
Rivlin，A 里夫林 268—269
robustness 鲁棒性 33
Rocco，E 罗科 167—170
Roth，E 罗斯 99
Rubery，J 鲁纳利 257
Ruller，R 富勒 93
Russsell，T 拉塞尔 202

Sapio，R 萨皮欧 120
Sayeed，L 赛义德 177
Scarry，D 史盖瑞 60
screen size 屏幕大小 279
security 安全 51
 authentication 验证 217
 authorization 授权 48—49
 denial service 拒绝服务 48—49
 electronic media 电子媒介 95—96
 employee education 员工教育 49
 e-tagging 电子标签 221—222
 firewall 防火墙 50
 history 历史 47
 hoaxes 骗局 49
 Internet 互联网 48
 IT advancement IT 进步 49
 leaks 泄露 225—226
 netcentric technology 网络核心化技术 47
 PKI 公共密钥基础结构 51

productivity 生产率 51
Trojan horse 特洛伊木马 48
trust 信任 50—51
viruses 病毒 48
wireless technology 无线技术 49
worm 蠕虫 48
Securities and Exchange Commission 社会公众和证券及交易委员会 129
self-management team 自我管理型团队 63
semiconnectivity 半联通 82
sensory cues 感官线索 162
Seven Habits of Highly Effective People (Covey)《高效人士的七个习惯》(柯维) 116
Sharable content Reference Model 可分享内容对象参考模型 213
Sheffield study 谢菲尔德的研究 118
Shopbots 购物虫 10，17
shorthand 速记 280
smart objects 智能对象 221
(Smyth vs. Pillsbury Company) 史密斯对驳皮尔斯伯里公司 242
social context 社会环境 162，173，186，229
Solow，R 索罗 268
spamming 垃圾邮件 100—102，286—287
Stamps，J 斯坦普斯 189
Stanton-Julia study 斯坦顿和朱莉的研究 231—232
Stanton-Weiss study 斯坦顿和韦斯的研究 240
State of Working America 2000/2001 (Mishel, Bernstein, Schmitt)《2000/2001 美国工作状况》(米歇尔、伯恩斯坦

和施米特）251
status equalization 地位均等 175—176
Stewart，M 斯图尔特 131
stock market tumble 2000 2000年股市暴跌 119,268—269
stress and work 压力与工作 70—74
superconnectivity 超联通 82
support chain 供应链 42
surveillance 监视 243
 AMA 美国管理联合会（AMA） 215
 employees 员工 218—219,222
 ethics 道德规范 244
 facial recognition software 面部识别软件 219
 Hovorka-Mead study 霍沃尔卡-米德的研究 238
 legal concerns 法律责任 222
 location-aware devices 定位感知设备 220
 warnings 警告 238
 web cams 网络摄像头 219
 workplace 工作场所 215
Surveillance Anywhere 随处监控软件 218
swift trust 迅速的信任 167,171,184—185
SWOT analysis SWOT分析 281,289
symbolism 象征意义 86—87
synchronous awareness 同步感知 187
systemic leadership 系统领导力 119

tacit knowledge 内隐知识 140
Ikuko Tanaka 田中郁子 141
tax preparation software 报税软件 209

TEACH Act 版权融合法 210
teamwork See virtual teams 团队合作，见虚拟团队
technological change 技术改变
 barriers 障碍 188
 CEOs 首席执行官 126
 cycles in 周期 28
 desktop changes 桌面改变 35
 employment and 就业 247—248,250—251
 employment trend 就业趋势 247
 high-tech arena 高科技领域 126
 Internet 互联网 3
 netcentric technology 网络中心技术 35
 problem 问题 187
 user feedback 用户反馈 188
 virtual teams 虚拟团队 186
 wave 浪潮 27
 in workplace 在工作场所中 35
 See also specific systems, topics 见具体的系统，话题
technology, collaborative 技术，协作 38—40
technology-related occupations 技术相关的职业 250
tech support 技术支持 111
telecommunication 电信 141—142
telecommuting 远程办公 37,161,278
telegraph 电报机 29
tele-learning 远程学习 198
television industry 电视产业 226
terrorism 恐怖主义 220,226,244,268—269
text messaging 手机短信 82
thin client 瘦客户 36—37

Tolkien 托尔金 46
Tomilison, R 汤姆林森 38
tourist industry 旅游业 12－13
Townsend-Bennett study 汤森和贝内特的研究 240－241
treading scandals 交易丑闻 131
training programs 培训项目 4－5, 191, 206, 249
　See specific systems, programs 见具体的系统, 项目
transactional leader 事务型领导 118－119
transformative leader 转换型领导者 118－119
transportation 运输业 271
travel business 旅游业 12
Treece, David J. 大卫·J. 特里斯 261－262
Trevino-Webster study 区维诺和韦伯斯特的研究 84－86
Trojan horse 特洛伊木马 48, 219
trucking 火车运输业 271－272
trust 信任 128, 168, 183
truth bias 真实性偏向 104
Twigg, C 特威格 205

unemployment 失业 56, 61
universities 大学 13, 259－260

vacation 假期 68
value-added network 增值网络 15
value chain 价值链 11, 16
Varian, H 维瑞恩 9－10
venture capitalists 风险投资者 119－120
Verazza, A 贝拉萨 89－90

Verschoor, C 维斯库勒 130
video camera 数码摄像机 36, 219
videoconference 视频会议 79, 82－84, 170
　distance education 远程教育 198－200
　e-learning 电子学习 213
　electronic communication 电子交流 169
　face-to-face context 面对面的环境 169
　fundamental attribution error 根本性归隐错误 180－181
　group dynamics 团队动力学 169, 171, 176－177
　impression formation 印象形成 176
video technology 视频技术 219
virtual collaboratory system 虚拟合作系统 189－190
virtual context 虚拟环境 163
virtual enterprises 虚拟企业 260－262
virtual teams 虚拟团队 125, 161, 167, 260
　advantages 优势 164
　best approach to 最优方法 190
　collocation 在同一地点 182－183
　common ground 共同点 182
　communication 交流 182
　company perspective 公司的角度 161
　coupled work 耦合工作 181－182
　CSCW 计算机支持的协同工作 157, 159, 189－190
　electronic brainstorming 电子头脑风暴 173－174

email 电子邮件 93
employee perspective 员工的角度 161
fundamental attribution error 根本性归隐错误 179
global teams 全球化团队 125
group dynamics 团队动力学 157,165
instant message 即时消息 111,187
leadership 领导方式 183
limitations of 局限性 189
main context for 主要环境 164
performance 绩效 178
problem solving 解决问题 172
radius of collaboration 协作圈的半径 159
research 研究 158—159
social-technical gap 社会—技术鸿沟 186
social perspective 社会的角度 161
software development 软件开发 178—179
specialized expertise 有特殊专长 157
support 支持 158
synchronous awareness 同步感知 187
teamwork 团队协作 5
technology 技术 186
telecommuting 远程办公 161
trust 信任 183
viruses 病毒 48,102,287
VisCalc VisCalc 电子制表软件 36
voice input technologies 语音输入技术 280
voice mail 语音邮件 83

volunteer organization 志愿者组织 262,263,265
virtual leadership 虚拟领导 2

wages levels of 工资水平 123—124,251
warnings 警告 238
war room 作战室 160
Watson, T 华生 6
wave theory 浪潮理论 27—28
Wayner, P 韦纳 265
wearable technology movement 可佩戴技术 280
web cams 网络摄像头 5,219
Weisband, S 韦斯班德 184
whiteboards 白色书写板 159,163
white collar workers 白领工人 61
Whyte, W 威廉姆·怀特 60
wide area network 广域 45
wireless technology 无线技术 37,44—45,49,243
wire tapping 搭线偷听 243
women 妇女 224,253
work hours 工作时间 3
work-life balance 工作—生活平衡 3
workplace 工作场所
　anytime/anyplace workplace 随时/随地的工作场所 67
　building design 建筑设计 276
　future 未来 274
　instant message 即时消息 109
　Internet 互联网 1,2,24
　knowledge workplace 知识工作场所 149
　monitoring 监控 222
　netcentric workplace design 以网络

为中心的工作场所的设计 278
offices 办公室 274
old design 老旧的设计 275
(open plan) 开放式布置的工作空间 278
organization 组织 138
privacy 隐私 215,241
surveillance 监控 215
transforming 转型 1
work week 工作周 68
WorldCom scandal WorldCom 公司丑闻 131,235,262
World Wide Web 万维网 1,27,136—137,141,142
worms 蠕虫 48,287
writing, authors 写作,作者 11

XML. See extensible markup language
XML 见可扩展标记语言

Y2K 千年虫 251

译后记

　　1969年起源于美国的互联网可谓是20世纪最伟大的发明之一。时至今日，互联网所带来的信息化浪潮已席卷全球。截止到2007年底，中国网民达到2.1亿人，仅以500万人之差屈居全球第二。互联网以及与此相关的各项技术发明为各行各业的人们架起了一座连接世界的桥梁，迅速地改变了人们的工作空间和职业生活，其全天候在线的连接方式更模糊了人们上下班之间原本曲径分明的界限。网络的出现催生了大批新生事物：新型的团队协作理念、领导方式和沟通模式，全新的职业角色和劳资关系，以及存在争议但十分有效的工作监控系统。各种技术新产品的问世似乎向人们传递着这样的信息，物理工作空间已成为鸡肋。事实上，尽管工厂、企业的工作场所保持着一如既往的外部形态，但是互联网对工作空间的"入侵"却给人们的心理带来了翻天覆地的变化。从传达室的办事员到首席执行官的各层员工都在学着如何让新技术发挥最大的功效，同时避免其带来的负面效应。随着网络的放大效应日益显现，学习如何有效地使用网络并有效地调整自己就更显得至关重要了。

　　本书作者帕特里夏·华莱士(Patricia Wallace)博士是美国约翰·霍普金斯大学英才少年中心(the Center for Talented Youth)信息技术与远程项目的负责人。她曾是美国马里兰大学商学院知识和信息管理中心主任。华莱士的学术背景涵盖了信息技术、心理学、教育学以及商学领域。她的研究关注互联网以及网络核心技术对企业及社会所造成的影响。她对心理学理论和互联网的发展都有深入的研究，善于从心理学的角度对互联网现状进行分析。在本书中，华莱士博士深入探讨了网络带给劳资双方的各种复杂棘手的难题与困境。例如，24小时工作的无线工具和电子邮件可能使员工难以维系工作和家庭生活之间的平衡；工作场所的监控设备是否影响员工的生产效率和心理状态等。通过对当今铺天盖地、形形色色的网络技术的透彻观察以及其独到而富有洞察力的分析使本书成为科技发展与社会进步领域中的又一力作。

尽管当前已有众多书籍关注网络对于商业领袖与商业策略的重要影响，然而华莱士博士在本书中则将视角放在网络核心化技术对工作场所本身所带来的变革，以及核心化技术如何改变了工作场所中人与人在心理层面上的"关系"。核心化技术所带来的不仅是模糊的工作/非工作界限、虚拟团队、电子学习，同时带来的问题还包括如何在无法见面的员工之间构建信任，电子监控所带来的伦理难题，以及劳资双方关系的不同。本书第一章介绍了互联网对工作空间改变的现状。第二章介绍了以互联网为核心的技术变革浪潮的出现。第三章到第十章分析了随着技术浪潮的涌现而显现的八个具体问题，即员工工作与休闲之间界限的日渐模糊、商业沟通方式的转变、网络时代的领导模式、知识管理、现实的和网络技术支持的虚拟合作团队、电子学习、监控设备和个人隐私以及处于转型中的雇佣方式。第十一章展望了工作空间中互联网的未来发展趋势。

本书既有严谨的逻辑分析，又包含大量生动的商业实例，如美林证券及安然丑闻；同时行文不拘泥于枯燥的学术论调，文字简洁流畅。《今日美国》曾以"史无前例的开创性"评价本书。正因如此，这本著作将带领读者进入一个全新的领域，或者以一种全新的视角观察曾自以为熟知的事物。

本书第 1 至 6 章由王思睿翻译，第 7 至 12 章由印童翻译。在翻译过程中，我们尽自己最大的努力以期将本书以最准确的面貌呈现给读者。尽管如此，由于译者水平有限，难免有不尽及欠妥之处，还望广大读者批评指正。在本书的翻译过程中，我们得到了傅小兰博士和严正博士的指导与帮助。两位老师的认真严谨的工作态度和敬业精神深深地感染了我们，翻译本书的过程同时也是我们学习并提高自身的过程。感谢汪波同学在做博士论文期间花费大量时间对我们的译稿进行校对修订。同时，感谢商务印书馆的朱泱编辑在本书出版过程中给予的大力支持及宝贵意见。在此,感谢所有帮助过我们的人。

王思睿　印童

2009 年 3 月

中国科学院心理研究所

图书在版编目(CIP)数据

工作场所中的互联网：新技术如何改变工作/(美)华莱士著；王思睿，印童译.—北京：商务印书馆，2010
（电子社会与当代心理学名著译丛）
ISBN 978-7-100-06813-0

Ⅰ.工… Ⅱ.①华…②王…③印… Ⅲ.互联网络—社会—影响—研究 Ⅳ.C913 TP393.4

中国版本图书馆CIP数据核字(2009)第197880号

所有权利保留。
未经许可，不得以任何方式使用。

工作场所中的互联网
——新技术如何改变工作
〔美〕帕特里夏·华莱士 著
王思睿 印童 译
傅小兰 严正 汪波 审校

商 务 印 书 馆 出 版
(北京王府井大街36号 邮政编码100710)
商 务 印 书 馆 发 行
北京民族印务有限责任公司印刷
ISBN 978-7-100-06813-0

2010年5月第1版　　　　开本 787×960 1/16
2010年5月北京第1次印刷　印张 22
定价：40.00元